阅读 1+1 工程

根据中小学语文教学要求编写。青少年必读的100部中外名著

顾振彪◎主编

论语·孟子·庄子

韩雪 等◎改编

延边人民出版社

主编推荐

　　文学是人类感情的最丰富最生动的表达，是人类历史的最形象的诠释。优秀的文学作品传达着人类的憧憬和理想，凝聚着人类美好的感情和灿烂的智慧，是大师们智慧的结晶，那里面充满了智者的箴言。正如德国诗人歌德所言："读一本好书，就等于和一位高尚的人对话。"

　　文学名著的最大特点，是丰富的情感内涵。作家在文学作品中投入了深沉炽热的情感，文学故事中体现了人与人之间最普遍的情感，那至死不渝的忠贞，热情似火的浪漫，纯洁无瑕的童真，舐犊情深的母爱，山盟海誓的爱情，使读者的心灵受到震动，受到洗礼，受到启迪，从而激发出其内在的激情，增强对世界、对人生、对情感的感受力。

　　因此，亲近文学，阅读优秀的文学作品，是一个文明人增长知识、提高修养、丰富情感的极为重要的途径，这已经成为很多人的共识。

　　这套书所选的都是经历史和时间检验的文学经典名著，这些经典名著凝聚着人类的大智慧和高尚情感，是我们取之不竭的精神源泉。我们相信，这套书能够成为读者的良师益友，成为大众家庭的必备藏书。

顾振彪

目　录

书路领航 …………………………………………………… 1

论　语

学而篇 …………………………………………………… 3
为政篇 …………………………………………………… 13
八佾篇 …………………………………………………… 23
里仁篇 …………………………………………………… 35
乡党篇 …………………………………………………… 43
先进篇 …………………………………………………… 53
颜渊篇 …………………………………………………… 66
子路篇 …………………………………………………… 77
宪问第十四 ……………………………………………… 89

综合测试 ……………………………………………… 104
读后感 ………………………………………………… 106

孟　子

孟子·梁惠王上	111
孟子·梁惠王下	131
孟子·公孙丑上	145
孟子·滕文公下	153
孟子·离娄上	158
孟子·离娄下	163
孟子·万章上	168
孟子·万章下	173
孟子·告子上	180
孟子·告子下	187
孟子·尽心上	192
孟子·尽心下	198
考题回顾	**203**
读后感	**209**

庄　子

内篇　逍遥游第一	213
内篇　齐物论第二	225
外篇　秋水第十七	245
杂篇　说剑第三十	258
考题回顾	**264**
读后感	**267**

书路领航
SHULULINGHANG

《论语》

孔子(公元前551年~前479年),名丘,字仲尼。春秋后期鲁国人,汉族。孔子是春秋末期伟大的思想家、政治家、教育家,儒家思想的创始人,任鲁国司寇,后携弟子周游列国,最终返鲁,专心执教。在世时已被誉为"天纵之圣"、"天之木铎"、"千古圣人",是当时社会上最博学者之一,并且被后世尊为至圣(圣人之中的圣人)、万世师表。因父母曾为生子而祷于尼丘山,故名丘,曾修《诗》、《书》,定《礼》、《乐》,序《周易》,作《春秋》。

《论语》是一部记载孔子及其弟子言行的书,它由孔子的弟子和再传弟子编辑而成。孔子学说的核心思想是"仁",《论语》中始终如一地贯穿了他的这一思想。

《论语》的篇章排列在内容上没有什么必然联系,各章各节独立成篇。它涉及的领域极其广泛,记录了孔子关于哲学、经济、政治、伦理、美学、文学、音乐、道德等方面的言论,是研究孔子及其创立的儒家学说的主要文献。

《论语》作为孔子及其门人的言行集,内容十分广泛,多半涉及人类社会的生活问题,对中华民族的心理素质及道德行为起到过重大影响。直到近代新文化运动之前,约在两千多年的历史中,一直是中国人初学的必读之书。

五四运动以后,《论语》作为封建文化的象征被列为批判否定的对象,尔后虽有新儒学的研究与萌生,但在中国民主革命的大背景下,儒家文化在中国并未形成新的气候。时代的发展,社会的前进,不能不使人们重新选择新生的思想文化,这就是马克思主义在中国的传播以及社会主义新文化的诞生与发展。

《论语》的中心思想是礼和仁,而礼和仁则是依托人的存在而存在的,他所追求的是依托个人的发展来促进整个社会和谐。《论语》是诸子散文的早期代表,具有鲜明的艺术特色和风格。它能在简短的记言、记事中,传神刻画孔子及其门徒的音容笑貌、性格特征。语言含意丰富,概括性强,浅近易懂,接近口语等。运用记言为主的语录体散文集形式,注意人物描写,增强了叙事文的形象性,其语言对后世文学语言和论说、应用体语言的发展,都产生了深远的积极影响。

《论语》是早期语录体散文。似乎只是些只言片语及穿插其中的小故事,没有一个固定的主题,章与章之间也没有什么逻辑上的联系,这就是我们比较难把握的地方。要读懂它,必须通读全文,抓住一些关键的词,对一些语段进行分类整理,把位于书中各处的概念组织起来,最后才能清楚全书总的到底是在说什么,以及各种思想之间的联系。由于孔子对现实人生和社会生活往往有很深刻的认识,《论语》中颇多言简意赅、富于哲理性和启发性的语句。如"学而不思则罔,思而不学则殆""岁寒,然后知松柏之后凋也"等,流传后世,成为人们常用的成语、格言。阅读时可以有意识地积累。

虽然从整体上看,《论语》是一些零散的语录体,但并不是说各章之间绝对没有关联,在一些章之间,有时存在着一个相对统一的主题,比如《公冶长第五》、《雍也第六》有多章写孔子对弟子们以及其他人的评价;《为政第二》有五章集中谈他对于孝的看法;《八佾第三》有多章谈论礼和祭祀的事情;《里仁第四》前面五章谈了有关仁的问题;而《乡党第十》更突出,几乎所有的篇章都是叙述,主题也只有一个,就是孔子日常生活中对礼的恭行。

《论语》的记录者通过简短的对话,显示出人物的性格特点,因而也具有一定的文学意义。如《述而》中:"子曰:饭疏食饮水,曲肱而枕之,乐亦在其中矣。"写出了孔子安贫乐道的一面,较有感情色彩。

《孟　子》

孟子(公元前372年~前289年),战国时期鲁国人,今山东邹城人,汉族。名轲,字子舆,又字子车、子居。孟子是中国古代著名的思想家、教育家,战国时期儒家代表人物,著有《孟子》一书。孟子继承并发扬了孔子的思想,成为仅次于孔子的一代儒家宗师,有"亚圣"之称,与孔子合称为"孔孟"。孟子3岁丧父,孟母艰辛地将他抚养成人,孟母管束甚严,其"孟母三迁"、"孟母断织"等故事,成为千古美谈,是后世母教之典范。

《孟子》一书是孟子的言论汇编,由孟子及其弟子共同编写而成,是记录孟子的语言、政治观点(仁政、王霸之辨、民本、格君心之非)和政治行动的儒家经典著作。孟子曾仿效孔子,带领门徒游说各国。但不被当时各国所接受,后退隐与弟子一起著书。《孟子》有七篇传世:《梁惠王》上下、《公孙丑》上下、《滕文公》上下、《离娄》上下、《万章》上下、《告子》上下、《尽心》上下。其学说出发点为性善论,提出"仁政"、"王道",主张德治。南宋时朱熹将《孟子》与《论语》、《大学》、《中庸》合在一起称"四书"。从此,直到清末,"四书"一直是科举必考内容。孟子的文章说理畅达,气势充沛并长于论辩。孟子在人性问题上提出了性善论。

艺术特色

首先，是它的雄辩色彩。《孟子》的雄辩，并非简单的义正词严、理直气壮，而是具有独到的特点：一是准确地把握对方的心理，循循善诱，引导对方在不知不觉中投入到自己所设置的机縠中来，使对方心悦诚服。二是感情充沛，气势强劲，是非鲜明，一旦对方被纳入机縠，便铺张扬厉，纵横恣肆，步步紧逼，不给对方辩驳的机会。这两点在行文中相互配合，使其文章雄辩滔滔，极富气势。

其次，气势充沛，笔力锋芒，富于鼓动性，有纵横家、雄辩家的气概。常用巧妙的比喻和寓言式的小故事来阐明道理，生动而有说服力。善于以典型事例、比喻和寓言来说理。使抽象的道理变得浅显易懂，也使文章形象生动。《孟子》中还有一些精彩的寓言故事，著名的有《梁惠王上》中的"五十步笑百步"，《公孙丑上》中的"揠苗助长"，《离娄下》中的"齐人乞墦"等，这些寓言本身都写得精粹生动，形象传神，使文章大为增色。

最后，孟子对儒家思想的继承和发展，是从时代特征出发的，对孔子思想做出了全新的诠释，在基本遵循孔子论述的前提下，努力提升儒家学说的精神品格，从而发展孔子所创立的学说。他在孔子解诗实际的基础上，提出了"以意逆志"的理论，对孔子以"仁义"为标准的人格美的形成，做出了合理的解释，从而发展并完善了孔子的美学思想。

孟子是孔子思想的重要继承人和发扬者。孔子思想体系的核心是政治、伦理及教育三大焦点。这些观点在《孟子》中皆有集中体现，孟子和孔子一样，限于当时的历史条件，对宇宙观不想多究，而致力于国情、国民世界观的剖析。

孟子的政治思想主要是继承和发展了孔子的仁，并以"仁德"作为孟子王道的核心。孟子仁德又以"民本"思想为中心,民本的宗旨为"贵民轻君"。足见孟子的王道思想相当具有时代的进步性。

孔子思想体系的核心同样是"仁",并且是以"仁礼"并列为轴心,孟子则以"仁义"并列为主体。

孟子的政治思想继承了孔子政治思想的特征,即道德政治,其实质即为强调王道为仁政德治,即孔子所说的"为政以德"。

总之,孟子充分继承和发展了孔子的仁政,把孔子的政治思想体系推向了更完美的高度,奠定了以政治道德为主体的儒家学术思想体系,为中国古代政治学术思想的发展做出了不朽的贡献。

《庄 子》

庄子(约公元前369年~前286年),汉族。名周,字子休(一说子沐),后人称之为"南华真人",战国时期宋国蒙(今安徽省蒙城县,又说今河南省商丘市东北民权县境内)人。著名的思想家、哲学家、文学家,是道家学派的代表人物,老子哲学思想的继承者和发展者,先秦庄子学派的创始人。他的学说涵盖着当时社会生活的方方面面,但根本精神还是皈依于老子的哲学。后世将他与老子并称为"老庄",将他们的哲学称为"老庄哲学"。

《庄子》共33篇,分"内篇"、"外篇"和"杂篇"3个部分,"内篇"的7篇文字一般认为肯定是庄子所写的;"外篇"的15篇一般认为是庄子的弟子所写,或者说是庄子与他的弟子一起合作写成的,它反映的是庄子真实的思想;"杂篇"11篇的情形就要复杂些,应当是庄子学派或者后来的学者所写,但有一些篇幅就认为肯定不是庄子学派所有的思想,如《盗跖》、《说剑》等;内篇最集中表现庄子哲学的是《齐物论》、《逍遥游》等。

艺术特色

庄子的文章想象力很强,文笔变化多端,具有浓厚的浪漫主义色彩,并采用寓言故事形式,富有幽默讽刺的意味,对后世文学语言有着很大的影响。他的思想包含着朴素辩证法因素,主要思想是"天道无为",认为一切事物都在变化,主张"无为",放弃一切妄为。又认为一切事物都是相对的,因此他否定知识,否定一切事物的本质区别,极力否定现实,幻想一种"天地与我并生,万物与我为一"的主观精神境界,安时处顺,逍遥自得,倒向了相对主义和宿命论。在政治上主张"无为而治",反对一切社会制度,摒弃一切文化知识。

阅读指导

《庄子》散文是诸子散文中最富于文学性和艺术价值的,对后代散文的发展有很大的影响。作为道家和道教的经典,《庄子》对中国社会的影响是非常深远而复杂的。《庄子》书中许多文章都有寓言故事,作者的哲学思想和政治观点,大多通过这些故事和人物的对话表现出来。它的寓言故事取材广泛,设想奇诡,意境开阔,描写生动传神,艺术技巧相当高超。

今天来看,《庄子》关于道的理论,是继《老子》之后对中国哲学本体学说的深化,为提高中华民族的思维能力做出了贡献。他关于逍遥齐物的论述是对世俗观念、日常意识的重大超越,这种思想的超越与西方宗教的超越相比,在理论上显得更加深刻;他对生死问题的看法有助于人们去除对死亡的恐惧和焦虑,为后世中国无神论传统的形成提供了思想资源;他关于社会政治文化的学说具有反抗专制制度和等级压迫的进步作用,对于人类社会纠正自身的文化偏向,消除异化亦具有恒久价值。当然,《庄子》一书中也存在着许多内在的矛盾,尤其是书中关于无政府主义的论述,反映了一个隐士的玄想。

论 语

学而篇

导语

《学而》是《论语》第一篇的篇名。《论语》中各篇一般都是以第一章的前两三个字作为该篇的篇名。《学而》一篇包括16章，内容涉及诸多方面。其中重点是"吾日三省吾身""节用而爱人，使民以时""礼之用，和为贵"以及仁、孝、信等道德范畴。

【原文】

子①曰："学②而时习③之，不亦说④乎？有朋⑤自远方来，不亦乐⑥乎？人不知⑦而不愠⑧，不亦君子⑨乎？"

【注释】

①子：中国古代对于有地位、有学问的男子的尊称，有时也泛称男子。《论语》书中"子曰"的子，都是指孔子而言。②学：孔子在这里所讲的"学"，主要是指学习西周的礼、乐、诗、书等传统文化典籍。③时习：在周秦时代，"时"字用作副词，意为"在一定的时候"或者"在适当的时候"。但朱熹在《论语集注》一书中把"时"解释为"时常"。"习"，指演习礼、乐，复习诗、书。也含有温习、实习、练习的意思。④说(yuè)：同悦，愉快、高兴的意思。⑤有朋：一本作"友朋"。旧注说"同门曰朋"，即同在一位老师门下学习的叫朋，也就是志同道合的人。⑥乐：与说有所区别。旧注说："悦在内心，乐则见于外。"⑦人不知：此句不完整，没有说出人不知道什么。缺少宾语。一般而言，知，是了解的意思。人不知，是说别人不了解自己。⑧愠(yùn)：恼怒、怨恨。⑨君子：《论语》书中的君子，有时

指有德者,有时指有位者。此处指孔子理想中具有高尚人格的人。

【译文】

孔子说:"学了之后又时常温习和练习,不是很愉快吗?有志同道合的人从远方来,不是很令人高兴吗?人家不了解我,我也不怨恨、恼怒,这样我不也是一个有德的君子吗?"

【原文】

有子①曰:"其为人也孝弟②而好犯上③者,鲜④矣。不好犯上而好作乱者,未之有也⑤。君子务本⑥,本立而道⑦生。孝弟也者,其为仁之本⑧与?"

【注释】

①有子:孔子的学生,姓有,名若,比孔子小13岁,一说小33岁。后一说较为可信。在《论语》书中,记载的孔子学生,一般都称字,只有曾参和有若称"子"。因此,许多人认为《论语》即由曾参和有若所著述。②孝弟:孝,奴隶社会时期所认为的子女对待父母的正确态度;弟,读音和意义与"悌(tì)"相同,即弟弟对待兄长的正确态度。孝、弟是孔子和儒家特别提倡的两个基本道德规范。旧注说:"善事父母曰孝,善事兄长曰弟。"③犯上:犯,冒犯、干犯。上,指在上位的人。④鲜(xiǎn):少的意思。《论语》书中的"鲜"字,都是如此用法。⑤未之有也:此为"未有之也"的倒装句型。古代汉语的句法有一条规律,否定句的宾语若为代词,一般置于动词之前。⑥务本:务,专心、致力于。本,根本。⑦道:在中国古代思想里,道有多种含义。此处的道,指孔子提倡的仁道,即以仁为核心的整个道德思想体系及其在实际生活的体现。简单地讲,就是治国、做人的基本原则。⑧为仁之本:仁是孔子哲学思想的最高范畴,又是伦理道德准则。为仁之本,即以孝悌作为仁的根本。还有一种解释,认为古代的"仁"就是"人"字,为仁之本即做人的根本。

【译文】

有子说:"能够孝顺父母,顺从兄长,却喜好触犯上层统治者,这样的人是很少见的。不喜好触犯上层统治者,却喜好造反的人是没有的。君子专心致力于根本的事务,根本建立了,治国做人的原则也就有了。孝顺父母、顺从兄长,这就是仁的根本啊!"

【原文】

子曰:"巧言令色①,鲜②矣仁。"

曾子③曰:"吾日三省④乎吾身。为人谋而不忠⑤乎?与朋友交而不信⑥乎?传不习乎⑦?"

【注释】

①巧言令色:朱熹注曰:"好其言,善其色,致饰于外,务以说人。"巧和令都是美好的意思。但此处应解释为装出和颜悦色的样子。②鲜:少的意思。③曾子:曾子姓曾,名参(shēn),字子舆,生于公元前505年,鲁国人,是被鲁国灭亡了的鄫国贵族的后代。曾参是孔子的得意门生,以孝出名。据说《孝经》就是他撰写的。④三省(xǐng):省,检查、察看。三省有几种解释:一是三次检查,二是从三个方面检查,三是多次检查。其实,古代在有动作性的动词前加上数字,表示动作频率高,不必认定为三次。⑤忠:旧注曰:"尽己之谓忠。"此处指对人应当尽心竭力。⑥信:旧注曰:"信者,诚也。"以诚实之谓信。要求人们按照礼的规定相互守信,以调整人们之间的关系。⑦传不习:传,旧注曰:"受之于师谓之传。"老师传授给自己的。习,与"学而时习之"的"习"字一样,指温习、实习、演习等。

【译文】

孔子说:"花言巧语,装出和颜悦色的样子,这种人的仁心就很少了。"

曾子说:"我每天多次反省自己,为别人办事是不是尽心竭力了呢?同朋友交往是不是做到诚实可信了呢?老师传授给我的学业是不是复习了呢?"

【原文】

子曰:"道①千乘之国②,敬事③而信,节用而爱人④,使民以时⑤。"

【注释】

①道:一本作"导",作动词用。这里是治理的意思。②千乘(shèng)之国:乘,意为辆。这里指古代军队的基层单位。每乘拥有四匹马拉的兵车一辆,车上甲士3人,车下步卒72人,后勤人员25人,共计100人。千乘之国,指拥有1000辆战车的国家,即诸侯国。春秋时代,战争频繁,所以国家的强弱都用车辆的数目来计算。在孔子时代,千乘之国已经不是大国。③敬事:敬字一般用于表示个人的态度,尤其是对待所从事的事务要谨慎专一、兢兢业业。④爱人:古代"人"的含义有广义与狭义的区别。广义的"人",指一切人群;狭义的"人",仅指士大夫以上各个阶层的人。此处的"人"与"民"相对而言,可见其用法为狭义。⑤使民以时:时指农时。古代百姓以农业为主,这是说要役使百姓按照农时来耕作与收获。

【译文】

孔子说:"治理能出动一千辆兵车的大国,诚心诚意地为老百姓办事,对老百姓承诺一件事情,就要办得到,不能够失了信用。付出钱财办的事情,是完全替民众办的事情,不能够有其他的浪费,必须要节省花用,要爱护民众。国家有时候需要动用民间的力量,来替国家办事情时,也都要考虑到他们的时间。"

【原文】

子曰:"弟子①入②则孝,出③则弟,谨④而信,汎⑤爱众而亲仁⑥,行有余力⑦,则以学文⑧。"

【注释】

①弟子:一般有两种意义:一是指年纪较小为人弟和为人子的人,二是指学生。这里是第一种意义上的"弟子"。②入:古代时父子分别住在不同的居处,学习则在外舍。《礼记·内则》:"由命士以上,父子皆异官。"入是入父官,指进到父亲住处,或说在家。③出:与"入"相对而言,指外出拜师学习。出则弟,是说要用弟道对待师长,也可泛指年长于自己的人。④谨:寡言少语称之为谨。⑤汎(fàn):同泛,广泛的意思。⑥仁:即仁人,有仁德之人。⑦行有余力:指有

闲暇时间。⑧文:古代文献。主要有诗、书、礼、乐等文化知识。

【译文】

孔子说:"弟子们在父母跟前时,就孝顺父母;出门在外时,就要顺从师长,言行要谨慎,要诚实可信,寡言少语,要广泛地去爱众人,亲近那些有仁德的人。这样躬行实践之后,如果还有余力的话,就再去学习文献知识。"

【原文】

子夏①曰:"贤贤②易③色,事父母,能竭其力。事君,能致其身④。与朋友交,言而有信。虽曰未学,吾必谓之学矣。"

【注释】

①子夏:姓卜,名商,字子夏,孔子的学生,比孔子小44岁,生于公元前507年。孔子死后,他在魏国宣传孔子的思想主张。②贤贤:第一个"贤"字作动词用,尊重的意思。贤贤即尊重贤者。③易:有两种解释:一是改变的意思,此句即为尊重贤者而改变好色之心;二是轻视的意思,即看重贤德而轻视女色。④致其身:致,意为"献纳"、"尽力"。这里是说把生命奉献给君主。

【译文】

子夏说:"一个人能够看重贤德而不以女色为重;侍奉父母,能够竭尽全力;服侍君主,能够献出自己的生命;同朋友交往,说话能够诚实恪守信用。这样的人,尽管他自己说没有学习过,我一定说他已经学习过了。"

【原文】

子曰:"君子①不重②则不威,学则不固③。主忠信④,无⑤友不如己⑥者,过⑦则勿惮⑧改。"

曾子曰:"慎终⑨追远⑩,民德归厚矣。"

【注释】

①君子:这个词一直贯穿于本段始终,因此这里应当有一个断句。②重:庄

重、自持。③学则不固:有两种解释:一是作坚固解,与上句相连,不庄重就没有威严,所学也不坚固;二是作固陋解,喻人见闻少,学了就可以不固陋。④主忠信:以忠信为主。⑤无:通毋,"不要"的意思。⑥不如己:一般解释为不如自己。另一种解释说:"不如己者,不类乎己,所谓'道不同不相为谋'也。"把"如"解释为"类似"。后一种解释更为符合孔子的原意。⑦过:过错、过失。⑧惮(dàn):害怕、畏惧。⑨终:人死为终。这里指父母的去世。旧注曰:"慎终者丧尽其哀。"⑩追远:远指祖先。旧注曰:"追远者祭尽其敬。"

【译文】

孔子说:"君子,不庄重就没有威严;学习可以使人不闭塞;要以忠信为主,不要与自己不同道的人交朋友;有了过错时,不要怕改正。"

曾子说:"谨慎地对待父母的去世,追念久远的祖先,自然会导致老百姓日趋忠厚老实了。"

【原文】

子禽①问于子贡②曰:"夫子③至于是邦④也,必闻其政。求之与?抑⑤与之与?"子贡曰:"夫子温良恭俭让⑥以得之。夫子求之也,其诸⑦异乎人之求之与?"

【注释】

①子禽:姓陈,名亢,字子禽。郑玄所注《论语》说他是孔子的学生,但《史记·仲尼弟子列传》未载此人,故一说子禽非孔子学生。②子贡:姓端木,名赐,字子贡,卫国人,比孔子小31岁,是孔子的学生,生于公元前520年。子贡善辩,孔子认为他可以做大国的宰相。据《史记》记载,子贡在卫国做了商人,家有财产千金,成了有名的商业家。③夫子:这是古代的一种敬称,凡是做过大夫的人都可以取得这一称谓。孔子曾担任过鲁国的司寇,所以他的学生们称他为"夫子"。后来,因此而沿袭以称呼老师。《论语》书中所说的"夫子",都是孔子的学生对他的称呼。④邦:指当时割据的诸侯国家。⑤抑:表示选择的文言连词,有"还是"的意思。⑥温良恭俭让:就字面理解即为:温顺、善良、恭敬、俭朴、谦让。这是孔子的弟子对他的赞誉。⑦其诸:语气词,有"大概"、"或者"的意思。

【译文】

　　子禽问子贡说:"老师到了一个国家,总是预闻这个国家的政事。(这种资格)是他自己求得呢,还是人家国君主动给他的呢?"子贡说:"老师温良恭俭让,所以才得到这样的资格,(这种资格也可以说是求得的),但他求的方法,或许与别人的求法不同吧?"

【原文】

　　子曰:"父在,观其①志。父没,观其行②。三年③无改于父之道④,可谓孝矣。"

【注释】

　　①其:他的,指儿子,不是指父亲。②行(xìng):指行为举止等。③三年:对于古人所说的数字不必过于机械地理解,只是说要经过一个较长的时间而已,不一定仅指3年的时间。④道:有时候是一般意义上的名词,无论好坏、善恶都可以叫作道。但更多时候是积极意义的名词,表示善的、好的东西。这里表示"合理内容"的意思。

【译文】

　　孔子说:"当他父亲在世的时候,(因为他无权独立行动)要观察他的志向;在他父亲死后,要考察他的行为;若是他对他父亲的合理部分长期不加改变,这样的人可以说是尽到孝了。"

【原文】

　　有子曰:"礼①之用,和②为贵。先王之道③斯④为美。小大由之,有所不行。知和而和,不以礼节之,亦不可行也。"

【注释】

　　①礼:在春秋时代,"礼"泛指奴隶社会的典章制度和道德规范。孔子的

"礼",既指"周礼"、礼节、仪式,也指人们的道德规范。②和:调和、和谐、协调。③先王之道:指尧、舜、禹、汤、文、武、周公等古代帝王的治世之道。④斯:这、此等意。这里指礼,也指和。

【译文】

有子说:"礼的应用,以和谐为贵。古代君主的治国方法,宝贵的地方就在这里。但不论大事小事只顾按和谐的办法去做,有的时候就行不通。(这是因为)为和谐而和谐,不以礼来节制和谐,也是不可行的。"

【原文】

有子曰:"信近①于义②,言可复③也。恭近于礼,远④耻辱也。因⑤不失其亲,亦可宗⑥也。"

【注释】

①近:接近、符合的意思。②义:义是儒家的伦理范畴。是指思想和行为符合一定的标准。这个标准就是"礼"。③复:实践的意思。朱熹《集注》云:"复,践言也。"④远:音yuàn,动词,使动用法,使之远离的意思,此外亦可以译为避免。⑤因:依靠,凭借。一说因写作姻,但从上下文看似有不妥之处。⑥宗:主、可靠,一般解释为"尊敬"似有不妥之处。

【译文】

有子说:"讲信用要符合于义,(符合于义的)话才能实行;恭敬要符合于礼,这样才能远离耻辱;如果所依靠的都是可靠的人,也就值得尊敬了。"

【原文】

子曰:"君子食无求饱,居无求安。敏于事而慎于言,就①有道②而正③焉。可谓好学也已。"

【注释】

①就:靠近、看齐。②有道:指有道德的人。③正:匡正、端正。

【译文】

　　孔子说:"君子,对于饮食不求饱足,对于居住不要求舒适,对于工作勤劳敏捷,而说话却小心谨慎,到有道的人那里去匡正自己,这样便可以说是好学了。"

【原文】

　　子贡曰:"贫而无谄①,富而无骄。何如②?"子曰:"可也。未若贫而乐③,富而好礼者也。"子贡曰:"诗云:如切如磋,如琢如磨④。其斯之谓与?"子曰:"赐⑤也,始可与言诗已矣。告诸往而知来者⑥。"

【注释】

　　①谄(chǎn):意为巴结、奉承。②何如:《论语》书中的"何如",都可以译为"怎么样"。③而乐:一本作"贫而乐道"。④如切如磋,如琢如磨:此二句见《诗经·卫风·淇澳》。有两种解释:一说切磋、琢磨分别指对骨、象牙、玉、石四种不同材料的加工,否则不能成器;一说加工象牙和骨,切了还要磋,加工玉石,琢了还要磨,有精益求精之意。⑤赐:子贡名,孔子对学生都称其名。⑥告诸往而知来者:诸,同之;往,过去的事情;来,未来的事情。

【译文】

　　子贡说:"贫穷而能不谄媚,富有而能不骄傲自大,怎么样?"孔子说:"这也算可以了。但是还不如虽贫穷却乐于道,虽富裕而又好礼之人。"子贡说:"《诗》上说:'要像对待骨、角、象牙、玉石一样,切磋它,琢磨它。'就是讲的这个意思吧?"孔子说:"赐呀,你能从我已经讲过的话中领会到我还没有说到的意思,举一反三,现在我可以同你谈论《诗》了。"

【原文】

　　子曰:"不患①人②之不己知,患不知人也。"

【注释】

①患：忧虑、怕。②人：指有教养、有知识的人。

【译文】

孔子说："不怕别人不了解自己，只怕自己不了解别人。"

孔子的教育是以道德为中心的，重在培养学生的品德修为。孔子要求弟子们首先致力于孝悌、忠信、仁爱、孝义，修习自己的理想人格。其中许多道德范畴及修为方式，是中华传统思想文化的精华内容，在今天也仍然有其积极的借鉴和指导意义。

本篇多处使用反问和对比的修辞手法，增强了文字的表现力和感染力。如第一则提出以学习为乐事，要做到人不知而不愠的观点时，以反问形式，寓答案于问句之中，语气强烈，使学习的快乐呼之而出。在谈到为人处世之道时，以"不患"和"患"两相对举，语意形成鲜明的对照，更能突出要了解他人这一重点。

1.孔子认为与朋友交往时要讲诚信。请在文中用横线标出表明这一观点的两处例句。

2."赐也，始可与言诗已矣。告诸往而知来者。"这是孔子对子贡的评价，你从中发现了子贡的哪些特点？请你用自己的语言概括。

3.宋代朱熹对本篇的第一则评价很高，称它为"入道之门，积德之基"。请你想一想，本则在学习的过程中为什么这样重要？

为政篇

导语

《为政》篇包括24章。本篇主要内容涉及孔子"为政以德"的思想,如何谋求官职和从政为官的基本原则,学习与思考的关系,孔子本人学习和修养的过程、温故而知新的学习方法,以及对孝、悌等道德范畴的进一步阐述。

【原文】

子曰:"为政以德①,譬如北辰②,居其所③而众星共④之。"

子曰:"诗三百⑤,一言以蔽⑥之,曰:'思无邪⑦。'"

【注释】

①为政以德:以,用的意思。此句是说统治者应以道德进行统治,即"德治"。②北辰:北极星。③所:处所,位置。④共:同拱,环绕的意思。⑤诗三百:诗,指《诗经》一书,此书实有305篇,三百只是举其整数。⑥蔽:概括的意思。⑦思无邪:此为《诗经·鲁颂》上的一句,此处的"思"作思想解。无邪,一解为"纯正",一解为"直",后者较妥。

【译文】

孔子说:"(周君)以道德教化来治理政事,就会像北极星那样,自己居于一定的方位,而群星都会环绕在它的周围。"

孔子说:"《诗经》三百篇,可以用一句话来概括它,就是'思想纯正'。"

【原文】

子曰:"道①之以政,齐②之以刑,民免③而无耻④,道之以德,齐之以礼,有耻且格⑤。"

【注释】

①道:有两种解释:一为"引导",二为"治理"。前者较为妥帖。②齐:整齐、约束。③免:避免、躲避。④耻:羞耻之心。⑤格:有两种解释:一为"至",二为"正"。

【译文】

孔子说:"用法制禁令去引导百姓,使用刑法来约束他们,老百姓就会只是求得免于犯罪受惩,却失去了廉耻之心;用道德教化去引导百姓,使用礼制去统一百姓的言行,这样百姓不仅会有羞耻之心,而且也守规矩了。"

【原文】

子曰:"吾十有①五而志于学,三十而立②,四十而不惑③,五十而知天命④,六十而耳顺⑤,七十而从心所欲不逾矩⑥。"

【注释】

①有:同"又"。②立:站得住的意思。③不惑:掌握了知识,不被外界事物所迷惑。④天命:指不能为人力所支配的事情。⑤耳顺:对此有多种解释。一般而言,指对那些于己不利的意见也能正确对待。⑥从心所欲不逾矩:从,遵从的意思。逾,越过。矩,规矩。

【译文】

孔子说:"我十五岁立志于学习;三十岁能够自立;四十岁能不被外界事物所迷惑;五十岁懂得了天命;六十岁能正确对待各种言论,不觉得不顺;七十岁能随心所欲而不越出规矩。"

【原文】

　　孟懿子①问孝,子曰:"无违②。"樊迟③御④,子告之曰:"孟孙⑤问孝于我,我对曰无违。"樊迟曰:"何谓也。"子曰:"生,事之以礼;死,葬之以礼,祭之以礼。"

【注释】

　　①孟懿子:鲁国的大夫,三家之一,姓仲孙,名何忌,"懿"是谥号。其父临终前要他向孔子学礼。②无违:不要违背。③樊迟:姓樊,名须,字子迟。孔子的弟子,比孔子小46岁。他曾和冉求一起帮助季康子进行革新。④御:驾驭马车。⑤孟孙:指孟懿子。

【译文】

　　孟懿子问什么是孝,孔子说:"孝就是不要违背礼。"后来樊迟给孔子驾车,孔子告诉他:"孟孙问我什么是孝,我回答他说不要违背礼。"樊迟说:"不要违背礼是什么意思呢?"孔子说:"父母活着的时候,要按礼侍奉他们;父母去世后,要按礼埋葬他们、祭祀他们。"

【原文】

　　孟武伯①问孝,子曰:"父母唯其疾之忧②。"

　　子游③问孝,子曰:"今之孝者,是谓能养。至于犬马,皆能有养,不敬,何以别乎?"

【注释】

　　①孟武伯:孟懿子的儿子,名彘,武是他的谥号。②父母唯其疾之忧:其,代词,指父母。疾,病。③子游:姓言,名偃,字子游,吴人,比孔子小45岁。

【译文】

　　孟武伯向孔子请教孝道。孔子说:"对父母,要特别为他们的疾病担忧。(这样做就可以算是尽孝了。)"

　　子游问什么是孝,孔子说:"如今所谓的孝,只是说能够赡养父母便足够了。然而,就算是犬马都能够得到饲养。如果不存心孝敬父母,那么赡养父母与饲养犬马又有什么区别呢?"

【原文】

子夏问孝,子曰:"色难①。有事,弟子服其劳②;有酒食,先生③馔④,曾是以为孝乎?"

【注释】

①色难:色,脸色。难,不容易的意思。②服其劳:即服侍。服,从事,担负。③先生:指长者或父母。前面说的弟子,指晚辈、儿女等。④馔(zhuàn):意为饮食、吃喝。

【译文】

子夏问什么是孝,孔子说:"(当子女的要尽到孝),最不容易的就是对父母和颜悦色,仅仅是有了事情,儿女需要替父母去做,有了酒饭,让父母吃,难道能认为这样就可以算是孝了吗?"

【原文】

子曰:"吾与回①言,终日不违②,如愚。退而省其私③,亦足以发,回也不愚。"

【注释】

①回:姓颜,名回,字子渊,生于公元前521年,比孔子小30岁,鲁国人,孔子的得意门生。②不违:不提相反的意见和问题。③退而省其私:考察颜回私下里与其他学生讨论学问的言行。

【译文】

孔子说:"我整天给颜回讲学,他从来不提反对意见和疑问,像个蠢人。等他退下之后,我考察他私下的言论,发现他对我所讲授的内容有所发挥,可见颜回其实并不蠢。"

【原文】

子曰:"视其所以①,观其所由②,察其所安③,人焉廋④哉?人焉廋哉?"

【注释】

①所以:所做的事情。②所由:所走过的道路。③所安:所安的心境。④廋(sōu):隐藏、藏匿。

【译文】

孔子说:"(要了解一个人),应看他言行的动机,观察他所走的道路,考察他安心干什么,这样,这个人怎么能隐藏得了呢?"

【原文】

子曰:"温故而知新①,可以为师矣。"

子曰:"君子不器②。"

【注释】

①温故而知新:故,已经过去的。新,刚刚学到的知识。②器:器具。

【译文】

孔子说:"在温习旧知识时,能有新体会、新发现,就可以当老师了。"

孔子说:"君子不像器具那样,(只有某一方面的用途)。"

【原文】

子贡问君子。子曰:"先行其言而后从之。"

子曰:"君子周①而不比②,小人③比而不周。"

子曰:"学而不思则罔④,思而不学则殆⑤。"

【注释】

①周:合群。②比(bì):勾结。③小人:没有道德修养的凡人。④罔:迷惑、

糊涂。⑤殆：疑惑、危险。

【译文】

子贡问怎样做一个君子。孔子说："对于你要说的话，先实行了，再说出来,(这就够说是一个君子了)。"

孔子说："君子合群却不与人勾结，而小人与人勾结却不合群。"

孔子说："只读书学习，而不思考问题，就会惘然无知而没有收获；只空想而不读书学习，就会疑惑而不能肯定。"

【原文】

子曰："攻①乎异端②，斯③害也已④。"

子曰："由⑤，诲女⑥，知之乎？知之为知之，不知为不知，是知也。"

【注释】

①攻：攻击。有人将"攻"解释为"治"。不妥。②异端：不正确的言论。另外、不同的一端。③斯：代词，这。④也已：这里用作语气词。⑤由：姓仲，名由，字子路。生于公元前542年，孔子的学生，长期追随孔子。⑥女：同汝，你。

【译文】

孔子说："攻击那些不正确的言论，祸害就可以消除了。"

孔子说："由，我教给你关于怎样做的话，你明白了吗？知道的就是知道，不知道就是不知道，这就是智慧啊！"

【原文】

子张①学干禄②，子曰："多闻阙③疑④，慎言其余，则寡尤⑤；多见阙殆，慎行其余，则寡悔。言寡尤，行寡悔，禄在其中矣。"

【注释】

①子张：姓颛孙，名师，字子张，生于公元前503年，比孔子小48岁，孔子的

学生。②干禄:就是求取官职。干,求的意思。禄,即古代官吏的俸禄。③阙:缺,此处意为放置在一旁。④疑:怀疑。⑤寡尤:寡,少的意思。尤,过错。

【译文】

子张要学谋取官职的办法。孔子说:"要多听,有怀疑的地方先放在一旁不说,其余有把握的,也要谨慎地说出来,这样就可以少犯错误;要多看,有怀疑的地方先放在一旁不做,其余有把握的,也要谨慎地去做,就能减少后悔。说话少过失,做事少后悔,官职俸禄就在这里了。"

【原文】

哀公①问曰:"何为则民服?"孔子对曰②:"举直错诸枉③,则民服;举枉错诸直,则民不服。"

【注释】

①哀公:姓姬,名蒋,哀是其谥号,鲁国国君,公元前494年至公元前468年在位。②对曰:《论语》中记载对国君及在上位者问话的回答都用"对曰",以表示尊敬。③举直错诸枉:举,选拔的意思。直,正直,公平。错,同措,放置。枉,不正直。

【译文】

鲁哀公问:"怎样做才能使百姓服从呢?"孔子回答说:"把正直无私的人提拔起来,把邪恶不正的人置于一旁,老百姓就会服从了统治;把邪恶不正的人提拔起来,把正直无私的人置于一旁,老百姓就不会服从统治。"

【原文】

季康子①问:"使民敬、忠以②劝③,如之何?"子曰:"临④之以庄,则敬;孝慈⑤,则忠;举善而教不能,则劝。"

【注释】

①季康子:姓季孙,名肥,康是他的谥号,鲁哀公时任正卿,是当时政治上最

有权势的人。②以:连接词,与"而"同。③劝:勉励。这里是自勉努力的意思。④临:对待。⑤孝慈:一说当政者自己孝慈,一说当政者引导老百姓孝慈。此处采用后者。

【译文】

　　季康子问道:"要使老百姓对当政的人尊敬、尽忠而努力干活,该怎样去做呢?"孔子说:"你用庄重的态度对待老百姓,他们就会尊敬你;你对父母孝顺、对子弟慈祥,百姓就会尽忠于你;你选用善良的人,又教育能力差的人,百姓就会互相勉励,加倍努力。"

【原文】

　　或①谓孔子曰:"子奚②不为政?"子曰:"《书》③云:'孝乎惟孝,友于兄弟。'施于有政④,是亦为政,奚其为为政?"

【注释】

　　①或:有人。不定代词。②奚:疑问词,相当于"为什么"。③《书》:指《尚书》。④施于有政:施,一作施行讲,一作延及讲。

【译文】

　　有人对孔子说:"你为什么不从事政治呢?"孔子回答说:"《尚书》上说:'孝就是孝敬父母,友爱兄弟。'把这孝悌的道理施于政事,也就是从事政治,又要怎样做才能算是为政呢?"

【原文】

　　子曰:"人而无信,不知其可也。大车无輗①,小车无軏②,其何以行之哉?"

【注释】

　　①輗(ní):古代大车车辕前面横木上的木销子。大车指的是牛车。②軏

(yuè)：古代小车车辕前面横木上的木销子。没有輗和軏，车就不能走。

【译文】

孔子说："一个人不讲信用，是根本不可以的。这就好像大车没有輗、小车没有軏一样，它靠什么行走呢？"

【原文】

子张问："十世①可知也？"子曰："殷因②于夏礼，所损益③可知也；周因于殷礼，所损益可知也。其或继周者，虽百世，可知也。"

【注释】

①世：古时称30年为一世。也有的把"世"解释为朝代。②因：沿用，继承。③损益：减少和增加，即优化、变动之意。

【译文】

子张问孔子："今后十世（的礼仪制度）可以预先知道吗？"孔子回答说："商朝继承了夏朝的礼仪制度，所减少和所增加的内容是可以知道的；周朝又继承商朝的礼仪制度，所废除和所增加的内容也是可以知道的。将来有继承周朝的，所以就是一百世以后的情况，也是可以预先知道的。"

【原文】

子曰："非其鬼①而祭之，谄②也。见义③不为，无勇也。"

【注释】

①鬼：有两种解释：一是指鬼神，二是指死去的祖先。这里泛指鬼神。②谄(chǎn)：谄媚、阿谀。③义：人应该做的事就是义。

【译文】

孔子说："不是你应该祭的鬼神，你却去祭它，这就是谄媚。见到应该挺身而出的事情,你却袖手旁观,这就是怯懦。"

　　孔子的教育培养目标,一是用仁、义、礼净化人们的灵魂,让人们的家庭行为符合道德要求的规范。二是也即更重要的目的是培养具有仁义之心的"仕"和"君子",以期为当时的社会服务。本篇中第四则中孔子关于自身学习和修养过程的叙述,已成为后人耳熟能详并广泛引用的经典名句。

　　本篇中最突出的特点是使用比喻和对比的修辞手法,把有德之君比做北极星,把群臣比做众星,以直观的天象来形容君臣关系,生动形象,准确地揭示了有德君主巨大的吸引力。把人"人而无信"比做"大车无輗,小车无軏",以常见的生活用来设喻,通俗易懂,有说服力。

回味思考

1.在谈到学习和思考的关系时,孔子的主张是什么?

2.孔子认为"先行其言而后从之"才能做一个君子,请你根据自己的积累列举一位这样的实例。可以是古代的,也可以是现代的。

3.现在有一句流行语是"一招鲜,吃遍天"。但孔子的主张却是"君子不器",请问你赞同哪一种观点?并阐述理由。

八佾篇

《八佾》篇包括26章。本篇内容主要涉及"礼"的问题,主张维护礼在制度上、礼节上的种种规定。孔子提出"绘事后素"的命题,表达了他的伦理思想以及"君使臣以礼,臣事君以忠"的政治道德主张。

【原文】

孔子谓季氏①:"八佾②舞于庭,是可忍③,孰不可忍也!"

【注释】

①季氏:鲁国正卿季孙氏,即季平子。②八佾(yì):行列的意思。古时一佾8人,八佾就是64人,据《周礼》规定,只有周天子才可以使用八佾,诸侯为六佾,卿大夫为四佾,士用二佾。季氏是正卿,只能用四佾。③可忍:可以忍心。一说可以容忍。

【译文】

孔子谈到季氏,说:"他用六十四人在自己的庭院中奏乐舞蹈,这样的事他都忍心去做,还有什么事情他不可狠心做出来呢?"

【原文】

三家①者以《雍》彻②。子曰:"'相维辟公,天子穆穆'③,奚取于三家之堂④?"

【注释】

①三家:鲁国当政的三家:孟孙氏、叔孙氏、季孙氏。他们都是鲁桓公的后代,又称"三桓"。②《雍》:《诗经·周颂》中的一篇。古代天子祭宗庙完毕撤去祭品时唱的诗。③相维辟公,天子穆穆:《雍》诗中的两句。相,助。维,语气助词,无意义。辟公,指诸侯。穆穆,庄严肃穆。④堂:接客祭祖的地方。

【译文】

孟孙氏、叔孙氏、季孙氏三家在祭祖完毕撤去祭品时,也命乐工唱《雍》这篇诗。孔子说:"(《雍》诗上这两句)'助祭的是诸侯,天子严肃静穆地在那里主祭',这样的意思,怎么能用在你三家的庙堂里呢?"

【原文】

子曰:"人而不仁,如礼何?人而不仁,如乐何?"

【译文】

孔子说:"如果一个人没有仁德,他怎么能实行礼呢?如果一个人没有仁德,他怎么能运用乐呢?"

【原文】

林放①问礼之本。子曰:"大哉问!礼,与其奢也,宁俭;丧,与其易②也,宁戚③。"

【注释】

①林放:鲁国人。②易:治理。这里指有关丧葬的礼节仪式办理得很周到。一说谦和、平易。③戚:心中悲哀的意思。

【译文】

林放问什么是礼的根本。孔子回答说:"你问的问题意义重大,就礼节仪式的一般情况而言,就是与其奢侈,不如节俭;就丧事而言,就是与其仪式上治办周备,不如内心真正哀伤。"

【原文】

子曰:"夷狄①之有君,不如诸夏②之亡③也。"

【注释】

①夷狄:古代中原地区的人对周边地区的贬称,谓之不开化,缺乏教养,不知书达礼。②诸夏:古代中原地区华夏族的自称。③亡:同无。古书中的"无"字多写作"亡"。

【译文】

孔子说:"夷狄(文化落后)虽然有君主,可还不如中原诸国没有君主呢。"

【原文】

季氏旅①于泰山,子谓冉有②曰:"女③弗能救④与?"对曰:"不能。"子曰:"呜呼!曾谓泰山不如林放乎?"

【注释】

①旅:祭名。祭祀山川为旅。当时,只有天子和诸侯才有祭祀名山大川的资格。②冉有:姓冉,名求,字子有,生于公元前522年,孔子的弟子,比孔子小29岁。当时是季氏的家臣,所以孔子责备他。③女:同汝,你。④救:挽求劝阻的意思。这里指谏止。

【译文】

季孙氏去祭祀泰山。孔子对冉有说:"你难道不能劝阻他吗?"冉有说:"不能。"孔子说:"唉!难道说泰山神还不如林放知礼吗?"

【原文】

子曰:"君子无所争,必也射①乎!揖②让而升,下而饮,其争也君子。"

【注释】

①射：原意为射箭。此处指古代的射礼。②揖：拱手行礼，表示尊敬。

【译文】

孔子说："君子没有什么可与别人争的事情。如果有的话，那就是射箭比赛。比赛时，先相互作揖谦让，然后上场。射完后，又相互作揖再退下来，然后登堂喝酒。这就是君子之争。"

【原文】

子夏问曰："'巧笑倩兮，美目盼兮，素以为绚兮。'①何谓也？"子曰："绘事后素②。"曰："礼后乎？"子曰："起予者商也③，始可与言诗已矣。"

【注释】

①巧笑倩兮，美目盼兮，素以为绚兮：前两句见《诗经·卫风·硕人》篇。倩(qiàn)：笑得好看。兮，语气助词，相当于"啊"。盼，眼睛黑白分明。绚，有文采。②绘事后素：绘，画。素，白底。③起予者商也：起，启发。予，我，孔子自指。商，子夏名商。

【译文】

子夏问孔子："'笑得真好看啊，美丽的眼睛真明亮啊，用素粉来打扮啊。'这几句话是什么意思呢？"孔子说："这是说先有白底然后画画。"子夏又问："那么，是不是说礼也是后起的事呢？"孔子说："商，你真是能启发我的人，现在可以同你讨论《诗经》了。"

【原文】

子曰："夏礼吾能言之，杞①不足徵②也；殷礼吾能言之，宋③不足徵也。文献④不足故也。足，则吾能徵之矣。"

【注释】

①杞：春秋时国名，是夏禹的后裔。在今河南杞县一带。②徵：证明。③宋：

春秋时国名,是商汤的后裔,在今河南商丘一带。④文献:文,指历史典籍。献,指贤人。

【译文】

孔子说"夏朝的礼,我能说出来,(但是它的后代)杞国不足以证明我的话;殷朝的礼,我能说出来,(但它的后代)宋国不足以证明我的话。这都是由于文字资料和熟悉夏礼和殷礼的人不足的缘故。如果足够的话,我就可以得到证明了。"

【原文】

子曰:"禘①自既灌②而往者,吾不欲观之矣③。"

【注释】

①禘(dì):古代只有天子才可以举行的祭祀祖先的非常隆重的典礼。②灌:禘礼中的第一次献酒。③吾不欲观之矣:我不愿意看了。

【译文】

孔子说:"对于行禘礼的仪式,从第一次献酒以后,我就不愿意看了。"

【原文】

或问禘之说①,子曰:"不知也。知其说者之于天下也,其如示诸斯②乎!"指其掌。

【注释】

①禘之说:意为关于禘祭的规定。说,理论、道理、规定。②示诸斯:"斯"指后面的"掌"字。

【译文】

有人问孔子关于举行禘祭的规定。孔子说:"我不知道。知道这种规定的人,对于治理天下的事,就会像把这东西摆在这里一样(容易)吧!"(一面说一面)指着他的手掌。

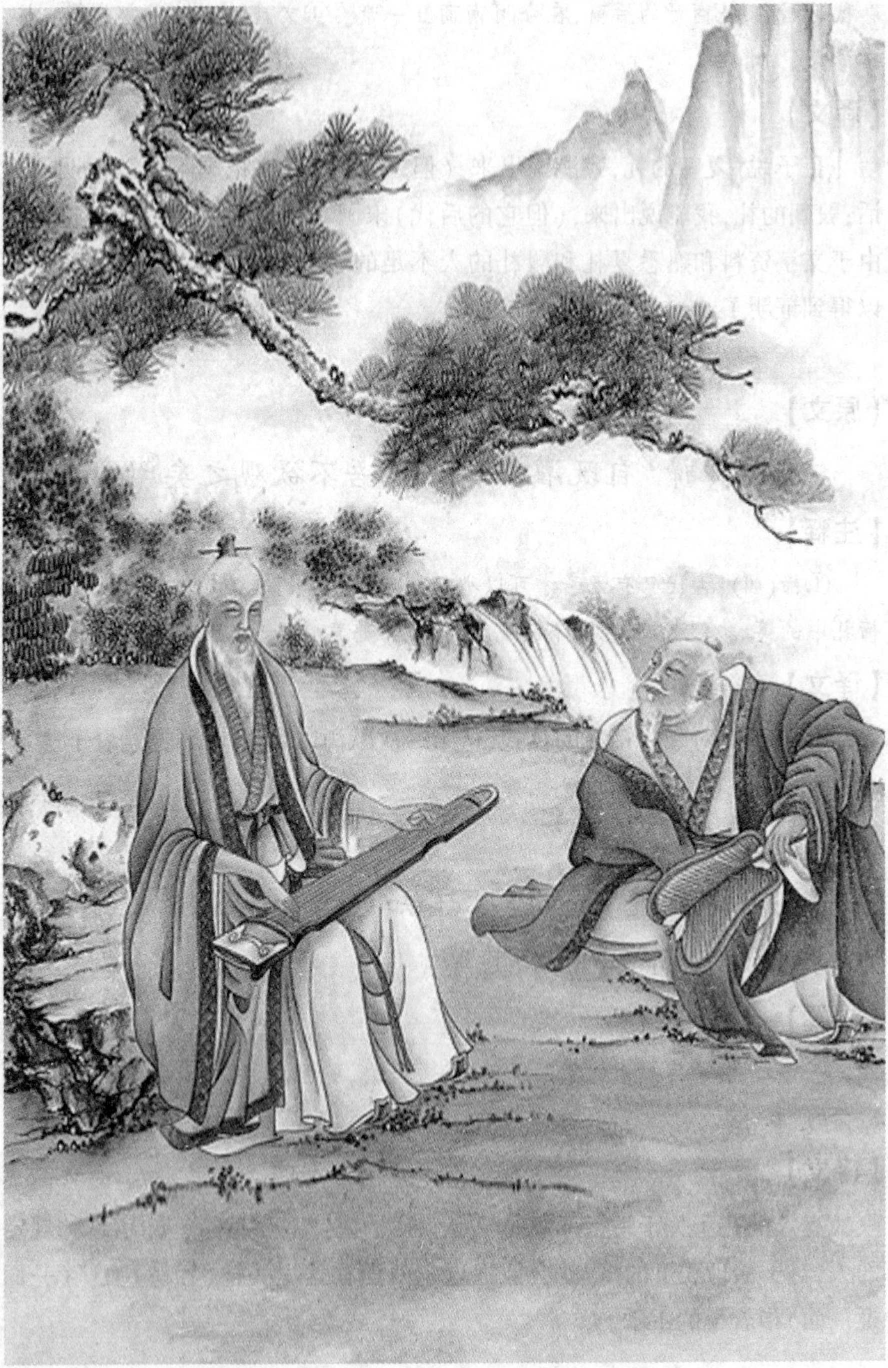

【原文】

祭如在,祭神如神在。子曰:"吾不与祭,如不祭。"

【译文】

祭祀祖先就像祖先真在面前,祭神就像神真在面前。孔子说:"我如果不亲自参加祭祀,那就和没有举行祭祀一样。"

【原文】

王孙贾①问曰:"与其媚②于奥③,宁媚于灶④,何谓也?"子曰:"不然。获罪于天⑤,无所祷也。"

【注释】

①王孙贾:卫灵公的大臣,当时任大夫。②媚:谄媚、巴结、奉承。③奥:这里指屋内位居西南角的神。④灶:这里指灶旁管烹饪做饭的神。⑤天:以天喻君,一说天即理。

【译文】

王孙贾问道:"(人家都说)与其奉承奥神,不如奉承灶神。这话是什么意思?"孔子说:"不是这样的。如果得罪了天,那就没有地方可以祷告了。"

【原文】

子曰:"周监①于二代②,郁郁③乎文哉,吾从周。"

【注释】

①监(jiàn):同鉴,借鉴的意思。②二代:这里指夏代和周代。③郁郁:文采盛貌。丰富、浓郁的意思。

【译文】

孔子说:"周朝的礼仪制度是借鉴于夏、商二代,是多么丰富多彩啊。我遵从周朝的制度。"

【原文】

子入太庙①,每事问。或曰:"孰谓鄹②人之子知礼乎?入太庙,每事问。"子闻之,曰:"是礼也。"

子曰:"射不主皮③,为力不同科④,古之道也。"

【注释】

①太庙:君主的祖庙。鲁国太庙,即周公旦的庙,供鲁国祭祀周公。②鄹(zōu):春秋时鲁国地名,又写作"陬",在今山东曲阜附近。"鄹人之子"指孔子。③皮:用兽皮做成的箭靶子。④科:等级。

【译文】

孔子到了太庙,每件事都要问。有人说:"谁说此人懂得礼呀,他到了太庙里,什么事都要问别人。"孔子听到此话后说:"这就是礼呀!"

孔子说:"比赛射箭,不在于穿透靶子,因为各人的力气大小不同。自古以来就是这样。"

【原文】

子贡欲去告朔①之饩羊②。子曰:"赐也!尔爱③其羊,我爱其礼。"

子曰:"事君尽礼,人以为谄也。"

【注释】

①告朔:古代制度,天子每年秋冬之际,把第二年的历书颁发给诸侯,告知每个月的初一日。朔,农历每月初一为朔日。②饩(xì)羊:祭祀用的活羊。③爱:爱惜的意思。

【译文】

子贡提出去掉每月初一告祭祖庙用的活羊。孔子说:"赐,你爱惜那只羊,可我却爱惜那种礼。"

孔子说:"我完完全全按照周礼的规定去侍奉君主,而别人却以为这是谄媚呢。"

【原文】

定公①问:"君使臣,臣事君,如之何?"孔子对曰:"君使臣以礼,臣事君以忠。"

子曰:"《关雎》②,乐而不淫,哀而不伤。"

【注释】

①定公:鲁国国君,姓姬,名宋,定是谥号。公元前509年至公元前495年在位。②《关雎(jū)》:这是《诗经》的第一篇。此篇写一君子"追求"淑女,思念时辗转反侧,寤寐思之的忧思,以及结婚时钟鼓乐之琴瑟友之的欢乐。

【译文】

鲁定公问孔子:"君主是怎样使唤臣下,臣子是怎样侍奉君主呢?"孔子回答说:"君主应该按照礼的要求去使唤臣子,臣子应该以忠来侍奉君主。"

孔子说:"《关雎》这首诗,快乐而不放荡,忧愁而不哀伤。"

【原文】

哀公问社①于宰我,宰我②对曰:"夏后氏以松,殷人以柏,周人以栗,曰:使民战栗③。"子闻之,曰:"成事不说,遂事不谏,既往不咎。"

【注释】

①社:土地神,祭祀土神的庙也称社。②宰我:名予,字子我,孔子的学生。③战栗:恐惧,发抖。

【译文】

鲁哀公问宰我,土地神的神主应该用什么树木,宰我回答:"夏朝用松树,商朝用柏树,周朝用栗子树。用栗子树的意思是说使老百姓战栗。"孔子听到后说:"已经做过的事就不用提了,已经完成的事就不用再去劝阻了,已经过去的事也不必再追究了。"

【原文】

子曰:"管仲①之器小哉!"或曰:"管仲俭乎?"曰:"管氏有三归②,官事不摄③,焉得俭?""然则管仲知礼乎?"曰:"邦君树塞门④,管氏亦树塞门;邦君为两君之好有反坫⑤,管氏亦有反坫。管氏而知礼,孰不知礼?"

【注释】

①管仲:姓管,名夷吾,齐国人,春秋时期的法家先驱。齐桓公的宰相,辅助齐桓公成为诸侯的霸主,死于公元前645年。②三归:相传是三处藏钱币的府库。③摄:兼任。④树塞门:树,树立。塞门,在大门口筑的一道短墙,用来区别内外,相当于屏风、照壁等。⑤反坫(diàn):古代君主招待别国国君时,放置献过酒的空杯子的土台。

【译文】

孔子说:"管仲这个人的器量真是狭小呀!"有人问:"管仲节俭吗?"孔子说:"他有三处豪华的藏金府库,家里的管事也是一人一职而不兼任,怎么谈得上节俭呢?"那人又问:"那么管仲知礼吗?"孔子回答:"国君大门口设立照壁,管仲在大门口也设立照壁。国君同别国国君举行会见时在堂上有放空酒杯的设备,管仲也有这样的设备。如果说管仲知礼,那么还有谁不知礼呢?"

【原文】

子语①鲁大师②乐,曰:"乐其可知也:始作,翕③如也;从④之,纯⑤如也,皦⑥如也,绎⑦如也,以成。"

【注释】

①语(yù):告诉,此处为动词用法。②大(tài)师:大师是乐官名。③翕

(xī):意为合、聚、协调。④从(zòng):意为放纵、展开。⑤纯:美好、和谐。⑥皦(jiǎo):音节分明。⑦绎:连续不断。

【译文】

孔子对鲁国乐官谈论演奏音乐的道理时说:"奏乐的道理是可以知道的:开始演奏,各种乐器合奏,声音繁美;继续展开下去,悠扬悦耳,音节分明,连续不断,最后完成。"

【原文】

仪封人①请见,曰:"君子之至于斯也,吾未尝不得见也。"从者见之②。出曰:"二三子何患于丧③乎?天下之无道也久矣,天将以夫子为木铎④。"

【注释】

①仪封人:仪,地名,在今河南兰考县境内。封人,系镇守边疆的官。②从者见之:随行的人见了他。③丧:失去,这里指失去官职。④木铎:木舌的铜铃。古代天子发布政令时摇它以召集听众。

【译文】

仪这个地方的长官请求见孔子,他说:"凡是君子到这里来,我从没有见不到的。"孔子的随从学生便引他去见了孔子。他出来后(对孔子的学生们)说:"你们几位何必为没有官位而发愁呢?天下无道已经很久了,上天将以孔夫子为圣人来号令天下。"

【原文】

子谓韶①:"尽美②矣,又尽善③也。"谓武④:"尽美矣,未尽美也。"

子曰:"居上不宽,为礼不敬,临丧不哀,吾何以观之哉?"

【注释】

①韶:相传是古代歌颂虞舜的一种乐舞。②美:是对于乐曲的音调、舞蹈的形式而言。③善:是对于乐舞的思想内容而言的。④武:相传是歌颂周武王的一种乐舞。

【译文】

孔子讲到"韶"这一乐舞时说:"艺术形式美极了,内容也很好。"谈到"武"这一乐舞时说:"艺术形式很美,但内容却差一些。"

孔子说:"居于执政地位的人,不能宽厚待人,行礼的时候不严肃,参加丧礼时也不悲哀,这种情况我怎么能看得下去呢?"

阅读理解

"礼"是孔子思想的核心之一。孔子对于夏、商、周代的礼仪制度非常熟悉,他希望人人都能做道德高尚的君子,恪守礼的规范。天子遵守天子之礼,诸侯遵守诸侯之礼,无论是谁也不可随便僭礼。这实际上是基于"德治"和"礼治"对当政者提出了相应的道德要求,起到了维护社会秩序的重要作用。

写作借鉴

本篇中多处使用对话描写刻画人物性格,宣扬孔子极力维护"礼"的政治主张。人物语言简洁凝练,大多于一问一答中表现孔子的不满和不悦,睿智、谦逊。

回味思考

1.孔子认为管仲器量狭小的根据有哪些?请你用自己的话概括。

2.子贡提出去掉祭祀用的活羊,孔子的态度是什么?这说明了什么?

3."夷狄之有君,不如诸夏之亡也"一句中的"诸夏"是古代中原地区华夏族的自称。我们中华民族还有哪些独特的称呼呢?请写出来。

里仁篇

导语

本篇包括26章,主要内容涉及义与利的关系问题、个人的道德修养问题、孝敬父母的问题以及君子与小人的区别。这一篇包括了儒家的若干重要范畴、原则和理论,对后世产生了较大影响。

【原文】

子曰:"里仁为美①,择不处②仁,焉得知③?"

子曰:"不仁者不可以久处约④,不可以长处乐。仁者安仁⑤,知者利仁。"

【注释】

①里仁为美:里,住处,借作动词用。住在有仁者的地方才好。②处:居住。③知(zhì):同智。④约:穷困、困窘。⑤安仁、利仁:安仁,安于仁道。利仁,认为仁有利自己才去行仁。

【译文】

孔子说:"跟有仁德的人住在一起,才是好的。如果你选择的住处不是跟有仁德的人在一起,怎么能说你是明智的呢?"

孔子说:"没有仁德的人不能长久地处在贫困中,也不能长久地处在安乐中。仁人是安于仁道的,有智慧的人则是知道仁对自己有利才去行仁的。"

【原文】

子曰:"唯仁者能好①人,能恶②人。"

子曰:"苟志于仁矣,无恶也。"

【注释】

①好(hào):喜爱的意思。作动词。②恶(wù):憎恶、讨厌。作动词。

【译文】

孔子说:"只有那些有仁德的人,才会去爱人和恨人。"

孔子说:"如果立志于仁,就不会做坏事了。"

【原文】

子曰:"富与贵,是人之所欲也,不以其道得之,不处也;贫与贱,是人之所恶也,不以其道得之,不去也。君子去仁,恶乎成名?君子无终食之间违仁,造次必于是,颠沛必于是。"

【译文】

孔子说:"富裕和显贵是人人都想得到的,但不用正当的方法得到它,就不会去享受它;贫穷与低贱是人人都厌恶的,但不用正当的方法去摆脱它,就不会摆脱它。君子如果离开了仁德,又怎么能叫君子呢?君子没有一顿饭的时间是背离仁德的,就是在最紧迫的时刻也必须按照仁德办事,就是在颠沛流离的时候,也一定会按仁德去办事的。"

【原文】

子曰:"我未见好仁者、恶不仁者。好仁者,无以尚之;恶不仁者,其为仁矣,不使不仁者加乎其身。有能一日用其力于仁矣乎?我未见力不足者。盖有之矣,我未之见也。"

【译文】

孔子说:"我没有见过爱好仁德的人,也没有见过厌恶不仁的人。爱好仁德的人,是不能再好的了;厌恶不仁的人,在实行仁德的时候,不让不仁德的人影响自己。有能一天把自己的力量用在实行仁德上吗?我还没有看见力量不够的。这种人可能还是有的,但我没见过。"

【原文】

子曰:"人之过也,各于其党。观过,斯知仁矣。"
子曰:"朝闻道,夕死可矣。"
子曰:"士志于道,而耻恶衣恶食者,未足与议也。"
子曰:"君子之于天下也,无适①也,无莫②也,义③之与比④。"

【注释】

①适(dí):意为亲近、厚待。②莫:疏远、冷淡。③义:适宜、妥当。④比:亲近、相近、靠近。

【译文】

孔子说:"人们的错误,总是与他那个集团的人所犯错误的性质是一样的。所以,考察一个人所犯的错误,就可以知道他有没有仁德了。"

孔子说:"早晨得知了道,就是当天晚上死去也心甘。"

孔子说:"士有志于(学习和实行圣人的)道理,但又以自己吃穿得不好为耻辱,对这种人,是不值得与他谈论道的。"

孔子说:"君子对于天下的人和事,没有固定的厚薄亲疏,只是按照义去做。"

【原文】

子曰:"君子怀①德,小人怀土②;君子怀刑③,小人怀惠。"

子曰："放④于利而行，多怨⑤。"

【注释】

①怀：思念。②土：乡土。③刑：法制惩罚。④放(fǎng)：同仿，效法，引申为追求。⑤怨：别人的怨恨。

【译文】

孔子说："君子思念的是道德，小人思念的是乡土；君子想的是法制，小人想的是恩惠。"

孔子说："为追求利益而行动，就会招致更多的怨恨。"

【原文】

子曰："能以礼让为国乎，何有①？不能以礼让为国，如礼何②？"

子曰："不患无位，患所以立；不患莫己知，求为可知也。"

【注释】

①何有：全意为"何难之有"，即不难的意思。②如礼何：把礼怎么办？

【译文】

孔子说："能够用礼让原则来治理国家，那还有什么困难呢？不能用礼让原则来治理国家，怎么能实行礼呢？"

孔子说："不怕没有官位，就怕自己没有学到赖以站得住脚的东西。不怕没有人知道自己，只求自己成为有真才实学值得为人们知道的人。"

【原文】

子曰："参乎，吾道一以贯之。"曾子曰："唯。"子出，门人问曰："何谓也？"曾子曰："夫子之道，忠恕而已矣。"

【译文】

　　孔子说:"参啊,我讲的道是由一个基本的思想贯彻始终的。"曾子说:"是。"孔子出去之后,同学便问曾子:"这是什么意思?"曾子说:"老师的道,就是忠恕罢了。"

【原文】

　　子曰:"君子喻于义,小人喻于利。"

　　子曰:"见贤思齐焉,见不贤而内自省也。"

　　子曰:"事父母几①谏,见志不从,又敬不违,劳②而不怨。"

【注释】

　　①几(jī):轻微、婉转的意思。②劳:忧愁、烦劳的意思。

【译文】

　　孔子说:"君子明白大义,小人只知道小利。"

　　孔子说:"见到贤人,就应该向他学习、看齐,见到不贤的人,就应该自我反省(自己有没有与他相类似的错误)。"

　　孔子说:"事奉父母,(如果父母有不对的地方)要委婉地劝说他们。(自己的意见表达了)见父母心里不愿听从,还是要对他们恭恭敬敬,并不违抗,替他们操劳而不怨恨。"

【原文】

　　子曰:"父母在,不远游①,游必有方②。"

【注释】

　　①游:指游学、游官、经商等外出活动。②方:一定的地方。

【译文】

　　孔子说:"父母在世,就不远离家乡;如果不得已一定要出远门,也必须有一定的地方。"

【原文】

子曰:"父母之年,不可不知也。一则以喜,一则以惧。"

子曰:"古者言之不出,耻躬之不逮也。"

子曰:"以约①失之者鲜②矣。"

【注释】

①约:约束。这里指"约之以礼"。②鲜:少的意思。

【译文】

孔子说:"父母的年纪,不可不知道并且常常记在心里。一方面为他们的长寿而高兴,一方面又为他们的衰老而恐惧。"

孔子说:"古代人不轻易把话说出口,因为他们以自己做不到为可耻啊。"

孔子说:"用礼来约束自己,再犯错误的人就少了。"

【原文】

子曰:"君子欲讷①于言而敏②于行。"

子曰:"德不孤,必有邻。"

子游曰:"事君数③,斯④辱矣;朋友数,斯疏矣。"

【注释】

①讷:迟钝。这里指说话要谨慎。②敏:敏捷、快速的意思。③数(shuò):屡次、多次,引申为烦琐的意思。④斯:就。

【译文】

孔子说:"君子说话要谨慎,而行动却要敏捷。"

孔子说:"有道德的人是不会孤立的,一定会有思想一致的人与他相处。"

子游说:"侍奉君主太过烦琐,就会受到侮辱;对待朋友太过烦琐,就会被疏远。"

阅读理解

就个人修养而言,孔子对君子的基本要求是"义之于比",即一切按照"义"去做,为了突出"义"的重要性,孔子多次把"义"和"利"放在一起来谈,指出任何时候利都要服从义,作为君子要重义轻利,由此明确了义、利之间的关系,并以此作为区分君子和小人的重要标志,从而告诫弟子首先要立足于自身的学识、修养和才能的培养。

写作借鉴

本篇中多处使用对比手法,有君子与小人在内心情感上的对比,有君子和小人在推究事理上的对比,有君子在修习过程中个人内心思想冲突的对比,有"里仁"和"不处仁"的对比,也有"不仁者"和"仁者"的对比。两相对照,更鲜明地表明了自己关于道德修养的种种观点。

回味思考

1.孔子"仁"的基本要求之一是待人忠恕,请你从孔子自己的语录中找出相关句子来印证这一点。

2.本篇中孔子说,即使父母不愿听从儿女的意见,我们也要绝对服从,百依百顺。你同意这一主张吗?为什么?

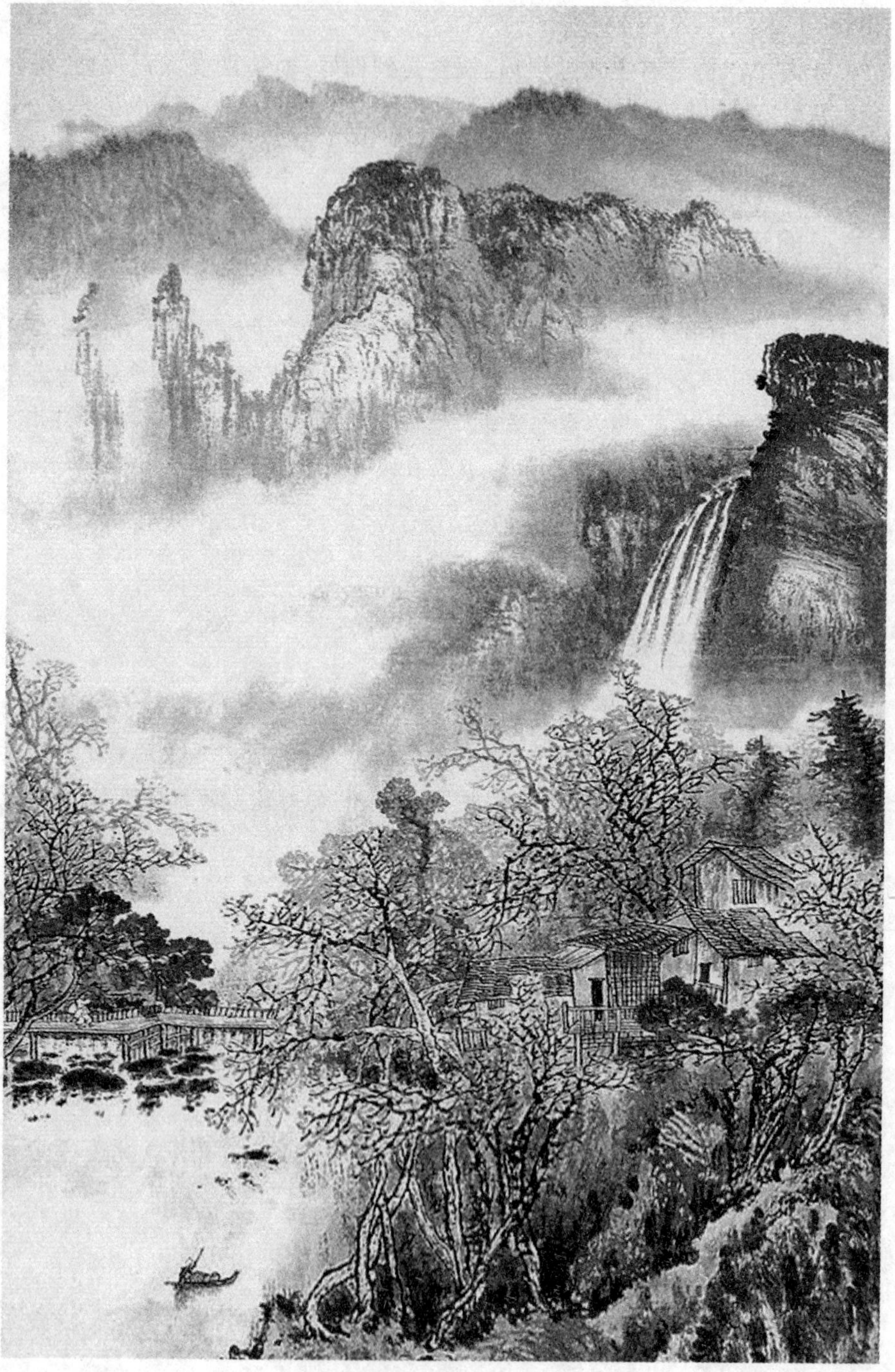

乡党篇

导语

本篇共27章,集中记载了孔子的容色言动、衣食住行,颂扬孔子是个一举一动都符合礼的正人君子。例如孔子在面见国君时、面见大夫时的态度,他出入于公门和出使别国时的表现,都显示出其正直、仁德的品格。本篇中还记载了孔子日常生活的一些侧面,为人们全面了解孔子、研究孔子提供了生动的素材。

【原文】

孔子于乡党,恂恂①如也,似不能言者。其在宗庙、朝廷,便便②言,唯谨尔。

【注释】

①恂恂:温和恭顺。②便便:能言善辩。

【译文】

孔子在家乡,显得温和恭顺,像不会说话的样子。他在宗庙里、朝廷上,却能言善辩,只是比较谨慎罢了。

【原文】

朝,与下大夫言,侃侃①如也;与上大夫言,訚訚②如也。君在,踧踖③如也,与与④如也。

【注释】

①侃侃:从容不迫的样子。②訚訚:温和恭顺的样子。③踧踖:恭敬不安的样子。④与与:小心谨慎的样子。

【译文】

上朝时,同下大夫交谈,从容不迫的样子;同上大夫交谈,温和恭顺的样子。国君在场,显得恭敬不安又小心谨慎的样子。

【原文】

君召使摈①,色勃②如也,足躩③如也。揖所与立,左右手,衣前后,襜④如也。趋进,翼如也⑤。宾退,必复命曰:"宾不顾矣。"

【注释】

①摈:同"傧",动词。接待宾客。②色勃:表情庄重。③躩:脚步快的样子。④襜:整齐。⑤翼如也:像鸟展翅一样。

【译文】

国君下召派去接待宾客,表情庄重起来,走路脚步也快起来。向站在一起的人作揖,向左向右拱手,衣服前后飘动,整齐不乱。快步走时,像鸟展翅一样。宾客退下,必定回报君主说:"宾客已经不回头了。"

【原文】

入公门,鞠躬如也,如不容。立不中门,行不履阈①。过位,色勃如也,足躩如也,其言似不足者。摄齐②升堂,鞠躬如也,屏气似不息者。出,降一等③,逞④颜色,怡怡如也。没阶⑤,趋进,翼如也。复其位,踧踖如也。

【注释】

①履阈:脚踩门槛。阈,门槛。②摄齐:提起衣服的下摆。齐,衣服的下摆。

摄,提起。③降一等:从台阶上走下一级。④逞:舒展开,松口气。⑤没阶:走完台阶。

【译文】

走进国君的大门时,低头躬身,如同直不起身子。站立时不在门的中间,行走时不踩门槛。经过国君的座位时,表情庄重起来,脚步也加快起来,说话好像底气不足。提起衣服下摆走入大堂,低头躬身,屏住气如同不能呼吸。退出来,走下一级台阶,舒展开脸色表情,怡然自得的样子。走完台阶,快步向前走,像鸟展翅一样。回到自己的位置,恭敬不安的样子。

【原文】

执圭①,鞠躬如也,如不胜。上如揖,下如授。勃如战色②,足蹜蹜③,如有循④。享礼⑤,有容色。私觌⑥,愉愉如也。

【注释】

①圭:上圆下方的玉器,典礼时,不同身份的人拿着不同的圭。出使别国的使臣拿着圭作为本国君主的信物。②战色:战战兢兢,表情庄重。③蹜蹜:小步快走。④如有循:好像沿着一条线。循,沿着。⑤享礼:向对方贡献礼物的仪式。享,献上。⑥觌:会见。

【译文】

拿着圭时,低头躬身,如同举不起来。向上举时像在作揖,放下时像在递东西。脸色庄重像战栗的表情,走路小步快走,像沿着一条线。在贡献礼物时,显得和颜悦色。私下会见时,显得轻松愉快。

【原文】

君子不以绀緅饰①,红紫不以为亵服②。当暑,袗絺绤③,必表而出之④。缁衣⑤,羔裘⑥;素衣,麑⑦裘;黄衣,狐裘。亵裘长,短右袂⑧。必有寝衣,长一身有半。狐貉之厚以居。去丧,无所不佩。非帷裳⑨,必杀之⑩。羔裘玄冠不以吊。吉月,必服而朝。

【注释】

①不以绀緅饰:不用深青透红或黑中透红的布做装饰。绀,深青透红,斋戒服饰的颜色。緅,黑中透红,丧服的颜色。②亵服:平时在家里穿的衣服。③袗绨绤:穿粗的或细的葛布单衣。袗,单衣。绨,细葛布。绤,粗葛布。④表而出之:指麻布单衣穿在外面,里面穿内衣。⑤缁衣:黑色的衣服。⑥羔裘:羔羊皮衣。⑦麑:小鹿。⑧袂:袖子。⑨帷裳:用整幅布制作的礼服。⑩杀之:裁去多余的布。杀,裁。

【译文】

君子不用深青透红或黑中透红的布做装饰,红色或紫色的布不用来做便服。夏天,穿粗的或细的葛布单衣,必定要穿在内衣外面。黑色的罩衣,配羔羊皮袍;白色的罩衣,配鹿皮袍;黄色的罩衣,配狐皮袍。平常穿的皮袍要长一些,让右边的袖子短一点。必定要有睡衣(小被子),长一身半。狐貉的厚毛皮用来做坐垫。脱下丧服后,没有不能佩带的装饰品。如不是礼服,必定要裁去多余的布。羔羊皮袍、黑色的帽子不用来吊丧。每月初一,必定穿着礼服去朝拜。

【原文】

齐①,必有明衣②,布。齐必变食③,居必迁坐④。

【注释】

①齐:同"斋"。②明衣:浴衣。③变食:改变平常的饮食。指不饮酒,不吃荤腥。④迁坐:指从内室迁出居住。

【译文】

斋戒,必定要有浴衣,用布做的。斋戒必定改变平常的饮食,住处也必定从内室迁出来住。

【原文】

食不厌精,脍①不厌细。食饐②而餲③,鱼馁④而肉败⑤,不食。色恶,不食。臭恶,不食。失饪⑥,不食。不时,不食。割不正,不食。不得其酱,不食。肉虽多,不使胜食气⑦。唯酒无量,不及乱⑧。沽酒市脯⑨,不食。不撤姜食,不多食。

【注释】

①脍:切细的鱼肉。②饐:食物陈旧。③餲:变味。④馁:指鱼不新鲜。⑤败:指肉不新鲜。⑥饪:烹调方法。⑦气:同"饩",粮食。⑧不及乱:不到酒醉时。⑨脯:干肉。

【译文】

饭食不嫌做得精,鱼肉不嫌切得细。食物陈旧变味,鱼不新鲜和肉变味了,不吃。食物颜色不好,不吃。气味变了,不吃。烹调方法不当,不吃。不符合季节,不吃。切得不方正,不吃。没有适当的佐料,不吃。肉即使多,也不能超过主食的量。只有酒不限量,但不能喝醉。买来的酒、买来的肉干,不吃。不离开姜,但不多吃。

【原文】

祭于公,不宿肉①,祭肉②不出三日。出三日,不食之矣。

【注释】

①不宿肉:不使肉过夜。当时的大夫参加国君祭祀后,可以得到国君赐的祭肉。②祭肉:祭祀用的肉。

【译文】

参加国君祭祀典礼,不把肉留到第二天。祭祀用的肉不超过三天。超过了三天,就不吃了。

【原文】

　　食不语,寝不言。
　　虽疏食菜羹,瓜祭①,必齐②如也。
　　席③不正,不坐。
　　乡人饮酒④,杖者⑤出,斯出矣。

【注释】

　　①瓜祭:古人在吃饭前,把席上各种食品分出少许,放在食具之间祭祖。②齐:同"斋"。③席:座席。当时还没有桌椅,坐在席子上。④乡人饮酒:指周代乡饮酒礼。⑤杖者:拿拐杖的人,指老人。

【译文】

　　吃饭的时候不说话,睡觉的时候不说话。
　　即使是粗米饭蔬菜羹,用瓜祭祀,也必定像斋戒时一样。
　　席子不端正,不坐。
　　乡里人举行饮酒的礼仪,等老年人出去,自己才出去。

【原文】

　　乡人傩①,朝服而立于阼阶②。
　　问③人于他邦,再拜而送之。
　　康子馈药,拜而受之。曰:"丘未达,不敢尝。"

【注释】

　　①傩:驱魔的仪式。②阼阶:东面的台阶。主人迎接客人的位置。③问:问候。

【译文】

　　乡里人举行迎神驱鬼的宗教仪式时,孔子总是穿着朝服站在东边的台阶上。

托人问候在别国的朋友,两次拜谢送行。

季康子送来药品,拜谢后接受,说:"孔丘还不了解药性,不敢吃。"

【原文】

厩焚。子退朝,曰:"伤人乎?"不问马。

君赐食,必正席先尝之。君赐腥①,必熟而荐②之。君赐生,必畜之。侍食于君,君祭,先饭。

【注释】

①腥:生肉。②荐:供奉。

【译文】

马棚失火。孔子退朝回来,说:"伤人了吗?"不过问马的情况。

国君赐给食物时,必定摆正座席先尝一尝。国君赐给生肉时,必定煮熟后供奉祖先。国君赐给牲畜时,必定饲养起来。陪同国君吃饭,国君祭祀时,必定要先尝一尝。

【原文】

疾,君视之,东首①,加朝服,拖绅②。

君命召,不俟驾行矣。

入太庙,每事问。

【注释】

①东首:头朝东。②绅:朝服的衣带。

【译文】

病了,国君来探望他,他头朝东躺着,盖上朝服,拖着衣带。

国君又命令召见,不等车马备好就步行赶去了。

进入太庙,每件事都要请教。

【原文】

朋友死,无所归①,曰:"于我殡②。"

朋友之馈,虽车马,非祭肉,不拜。

寝不尸,居不客。

【注释】

①归:归宿,指办理后事。②殡:指丧葬事务。

【译文】

朋友死了,没人办理后事,说:"丧葬事务由我负责。"

朋友馈赠的东西,即使是车马,不是祭肉,就不下拜。

睡觉时不僵卧,平日在家时不像做客或接待客人时那样严肃。

【原文】

见齐衰者,虽狎①,必变②。见冕者与瞽者,虽亵③,必以貌④。凶服⑤者式⑥之。式负版者⑦。有盛馔⑧,必变色而作。迅雷风烈必变。

【注释】

①狎:亲近、亲密。②变:指态度变得严肃。③亵:亲近、熟悉。④以貌:指礼貌相待。⑤凶服:丧服。⑥式:同"轼",古代车前的横木。这里作动词用。指身子向前,伏在横木上,表示尊敬。是一种礼节。⑦负版者:背负国家图籍的人。负,背。版,国家图籍。⑧盛馔:丰盛的宴席。

【译文】

见到穿丧服的人,即使关系亲密,也一定态度变得严肃。见到当官的人和盲人,即使熟悉,也一定礼貌相待。对穿丧服的人,要俯伏在车前横木上。俯伏在车前横木上对待背负国家图籍的人。如有丰盛的筵席,一定要庄重地站起来。遇到雷电狂风,一定要表情严肃。

【原文】

　　升车,必正立,执绥①。车中,不内顾②,不疾言③,不亲指④。

【注释】

　　①绥:上车时拉着的绳子。②内顾:回头看。③疾言:大声说话。④亲指:指手画脚。

【译文】

　　上车时,必定站直,拉住绳子。在车上,不回头,不高声说话,不指指点点。

【原文】

　　色斯举矣①,翔而后集②。曰:"山梁雌雉③,时哉时哉④!"子路共⑤之,三嗅⑥而作。

【注释】

　　①色斯举矣:色,脸色。举,飞起来。②翔而后集:飞翔后,栖息在树上。③雉:野鸡。④时哉:得其时,时运好。⑤共:同"拱"。拱手。⑥嗅:应为"狊"。狊,鸟张开两翅。也作"戛"字,鸟的叫声。

【译文】

　　鸟一见到人就飞起来,盘旋一阵后便栖息在树上。孔子说:"山梁上的母野鸡,得其时呀!得其时呀!"子路向它们拱拱手,野鸡叫了几声飞走了。

阅读理解

　　《论语》本身是深深植根于现实生活当中,并通过对人们的日常行为的直接规约来践行儒家的道德原则的,这一点在《乡党篇》中得到了集中体现。如果我们花点时间对这一篇章进行梳理并进行思考,不难发现在传统经典中的并不是道德说教,而是对人们具体道德行为的详细规定,并且这些规定涉及政治和日常行为,而其目的也并不仅仅是为了维护政治和社会秩序的稳定,而是充满了丰富的人性考虑。

写作借鉴

本章多处运用排比论述礼仪,如:"见齐衰者,虽狎,必变。见冕者与瞽者,虽亵,必以貌。凶服者式之。"也同时论述具体应该有怎样的生活习惯,如:"色恶,不食。臭恶,不食。失饪,不食。不时,不食。割不正,不食。不得其酱,不食。肉虽多,不使胜食气。唯酒无量,不及乱。沽酒市脯,不食。不撤姜食,不多食。"另外多处运用比喻使论述更加生动形象、通俗易懂。如"勃如战色,足躩躩,如有循"等句。

回味思考

1.本篇中体现以人为本的一面的句子是哪几句?

2."食不厌精,脍不厌细。食饐而餲,鱼馁而肉败,不食。色恶,不食。臭恶,不食。失饪,不食。不时,不食。割不正,不食。不得其酱,不食。肉虽多,不使胜食气。唯酒无量,不及乱。沽酒市脯,不食。不撤姜食,不多食。"请你从饮食卫生方面谈谈对这段话的理解。

3."君子不以绀緅饰,红紫不以为亵服。当暑,袗绨绤,必表而出之。缁衣,羔裘;素衣,麑裘;黄衣,狐裘。亵裘长,短右袂。必有寝衣,长一身有半。狐貉之厚以居。去丧,无所不佩。非帷裳,必杀之。羔裘玄冠不以吊。吉月必朝服而朝。"请你谈谈对这段话的个性化理解。

先进篇

导语

本篇共有26章,其中著名的文句有:"未能事人,焉能事鬼?""未知生,焉知死""过犹不及"等。这一篇中包括孔子对其弟子们的评价,并以此为例说明"过犹不及"的中庸思想,学习各种知识与日后做官的关系,孔子对待鬼神、生死问题的态度。最后一章里,孔子和他的学生们各述其志向,反映出了孔子政治思想上的倾向。

【原文】

子曰:"先进①于礼乐,野人②也;后进③于礼乐,君子④也。如用之,则吾从先进。"

子曰:"从我于陈、蔡者,皆不及门⑤也。"

【注释】

①先进:指先学习礼乐后做官的人。②野人:乡野平民。③后进:指先做官后学习礼乐的人。④君子:指贵族出身的人。⑤及门:身边,或指做官。门,指学习的场所或"仕进之门"。

【译文】

孔子说:"先学习礼乐后做官的人,出身乡野;先做官后学习礼乐的人,出身贵族。如果重用他们,那么赞成重用先学习礼乐的人。"

孔子说:"跟随我在陈国、蔡国的学生,都不在我门下了。"

【原文】

德行①:颜渊、闵子骞、冉伯牛、仲弓。言语②:宰我、子贡。政事③:冉有、季路。文学④:子游、子夏。

【注释】

①德行:道德品行。②言语:辞令外交。③政事:从事政治。④文学:文献典籍。

【译文】

道德品行:颜渊、闵子骞、冉伯牛、仲弓。辞令外交:宰我、子贡。从事政治:冉有、季路。文献典籍:子游、子夏。

【原文】

子曰:"回也非助我者也,于吾言无所不说。"

子曰:"孝哉闵子骞!人不间①于其父母昆②弟之言。"

【注释】

①间:批评,挑剔。②昆:兄长。

【译文】

孔子说:"颜回呀,不是对我有帮助的人,对我说的话没有不感到高兴的。"

孔子说:"真孝顺呀,闵子骞!人们对于他的父母兄弟的话没有异议。"

【原文】

南容三复白圭①,孔子以其兄之子妻之。

季康子问:"弟子孰为好学?"孔子对曰:"有颜回者好学,不幸短命死矣,今也则亡②。"

【注释】

①白圭:指《诗经大雅抑之》:"白圭之玷,尚可磨也;斯言之玷,不可为也。"意思是白玉的污点还可以磨掉,我们言论的污点就无法挽回了。②亡:通"无"。

【译文】

南容再三吟诵白圭的诗句,把自己哥哥的女儿嫁给了他。

季康子问:"学生中谁爱好学习?"孔子回答说:"有个叫颜回的爱好学习,不幸短命死了。现在就没有了。"

【原文】

颜渊死,颜路①请子之车以为之椁②。子曰:"才不才,亦各言其子也。鲤③也死,有棺而无椁。吾不徒行以为之椁。以吾从大夫之后④,不可徒行也。"

【注释】

①颜路:孔子的学生,颜渊的父亲,名无繇(yóu),字路。②椁:古时有地位的人棺材有两层,内为棺,外为椁。③鲤:孔子的儿子,字伯鱼。伯鱼死时50岁,孔子70岁。④从大夫之后:跟随在大夫的后面。指孔子当过大夫。

【译文】

颜渊死去,颜路请求卖掉孔子的车给颜渊买外棺。孔子说:"一个有才一个无才,也各自是自己的儿子。孔鲤死的时候,有棺无椁。我不卖车步行来给他买椁。因为我跟随在大夫的后面,不可以步行的。"

【原文】

颜渊死,子曰:"噫!天丧予!天丧予!"

颜渊死,子哭之恸①。从者曰:"子恸矣。"曰:"有恸乎?非夫②人之为恸而谁为?"

【注释】

①恸:悲痛。②夫:指示代词,指颜渊。

【译文】

颜渊死去,孔子说:"唉!是老天要我的命!是老天要我的命呀!"

颜渊死去,孔子为他哭得极其悲痛。跟随孔子的人说:"先生过于悲痛了!"说:"过于悲痛了吗?不为那个人悲痛又为谁呢?"

【原文】

颜渊死,门人欲厚葬①之,子曰:"不可。"门人厚葬之。子曰:"回也视予犹父也,予不得视犹子也②。非我也,夫二三子也。"

【注释】

①厚葬:隆重安葬。②予不得视犹子也:我不能把他当亲生儿子一样看待。

【译文】

颜渊死去,学生们想要隆重安葬他。孔子说:"不可以。"学生们隆重地安葬了他。孔子说:"颜回把我当父亲一样看待,我却不能把他当儿子一样看待。不是我要这样,是你们几位呀。"

【原文】

季路问事鬼神。子曰:"未能事人,焉能事鬼?"曰:"敢问死。"曰:"未知生,焉知死?"

闵子侍侧,訚訚①如也;子路,行行②如也;冉有、子贡,侃侃如也。子乐。"若由也,不得其死然。"

【注释】

①訚訚:和悦的样子。②行行:刚强的样子。

【译文】

季路请教怎样侍奉鬼神。孔子说:"不能侍奉人,怎么能侍奉鬼?"说:"大胆请教什么是死?"说:"不知道什么是生,怎么能知道什么是死?"

闵子骞侍立在身旁,和颜悦色的样子;子路,刚强勇猛的样子;冉有、子贡,从容不迫的样子。孔子很快乐。"像仲由这样,怕是不得好死吧!"

【原文】

鲁人为长府①。闵子骞曰:"仍旧贯②,如之何?何必改作?"子曰:"夫人③不言,言必有中④。"

【注释】

①长府:鲁国的国库。②仍旧贯:还按老样子。贯,事,例。③夫人:那个人。④中:中肯。

【译文】

鲁国当权的人翻建国库。闵子骞道:"还按老样子,怎么样?何必要改建呢?"孔子道:"那个人不讲话,讲话必定是中肯的。"

【原文】

子曰:"由之瑟①奚为于丘之门?"门人不敬子路。子曰:"由也升堂②矣,未入于室③也。"

【注释】

①瑟:乐器。②升堂:进入厅堂。比喻学习已经入门。③入于室:进入内室。比喻学问已经到家。

【译文】

孔子说:"仲由弹瑟为什么在我这里呢?"学生们不尊敬子路。孔子说:"仲由已经进入厅堂了,还没有进入内室罢了。"

【原文】

子贡问:"师与商也孰贤?"子曰:"师也过,商也不及。"曰:"然则师愈①与?"子曰:"过犹不及。"

【注释】

①愈:胜过,更好。

【译文】

子贡问:"颛孙师和卜商谁更好一些?"孔子说:"颛孙师过分了,卜商还不够。"说:"那么颛孙师好一些吗?"孔子说:"过分就像不够一样。"

【原文】

季氏富于周公,而求也为之聚敛①而附益②之。子曰:"非吾徒也。小子鸣鼓而攻之可也。"

柴③也愚④,参也鲁⑤,师也辟⑥,由也喭⑦。

【注释】

①聚敛:积聚搜刮钱财。②益:增加。③柴:孔子学生,姓高,名柴,字子羔,比孔子小30岁。④愚:耿直。⑤鲁:迟钝。⑥辟:偏激。⑦喭:鲁莽。

【译文】

季氏比周公侯还富有,可是冉求还帮他积聚搜刮更增加了他的钱财。孔子说:"不是我的学生。你们可以擂响战鼓去攻击他!"

高柴耿直,曾参迟钝,颛孙师偏激,仲由鲁莽。

【原文】

子曰:"回也其庶①乎,屡空②。赐不受命,而货殖③焉,亿④则屡中。"

【注释】

①庶:接近。②空:贫困。③货殖:做买卖,经商。④亿:同"臆",猜测,

估计。

【译文】

孔子说:"颜回近于完善了吧,却常常贫困。端本赐不接受命运,去做买卖,猜测行情却常常能猜中。"

【原文】

子张问善人之道,子曰:"不践迹①,亦不入于室。"

子曰:"论笃②是与③,君子者乎?色庄者乎?"

【注释】

①践迹:踩着前人的脚印。践,踩。②论笃:言论笃实。论,言论。笃,诚恳。③与:赞许。

【译文】

子张请教做善人的方法,孔子说:"不踩着前人的脚印走,也就不能进入室内。"

孔子说:"赞许言论诚恳的人,还要看是君子呢?还是表面庄重的人?"

【原文】

子路问:"闻斯行诸①?"子曰:"有父兄在,如之何其闻斯行之?"冉有问:"闻斯行诸?"子曰:"闻斯行之。"公西华曰:"由也问'闻斯行诸',子曰'有父兄在';求也问'闻斯行诸',子曰'闻斯行之'。赤也惑,敢问。"子曰:"求也退,故进之;由也兼人②,故退之。"

【注释】

①闻斯行诸:听到这样的事马上行动吗?斯,这,指正义的事。②兼人:一人顶两个人。指子路敢作敢为。

【译文】

子路请教:"听到正义的事就马上行动吗?"孔子说:"有父亲兄长在,怎么能听到正义的事就马上行动呢?"冉有请教:"听到正义的事就马上行动吗?"孔子说:"听到正义的事就马上行动。"公西华说:"仲由请教'听到正义的事就马上行动吗'?先生说'有父亲兄长在';冉求问'听到正义的事就马上行动吗'?先生说'听到正义的事就马上行动'。公西赤我糊涂了,大胆地请教。"孔子说:"冉求退缩不前,所以我使他向前;仲由敢作敢为,所以我使他后退。"

【原文】

子畏于匡,颜渊后。子曰:"吾以女为死矣。"曰:"子在,回何敢死?"

【译文】

孔子在匡被拘禁,颜渊后到。孔子说:"我以为你已经死了。"说:"老师健在,颜回怎么敢死哪?"

【原文】

季子然①问:"仲由、冉求可谓大臣与?"子曰:"吾以子为异之问②,曾由与求之问。所谓大臣者,以道事君,不可则止。今由与求也,可谓具臣③矣。"曰:"然则从之者与?"子曰:"弑父与君,亦不从也。"

【注释】

①季子然:季孙平子,字子然。鲁国季氏的同族人。②异之问:问别的事。③具臣:具备条件的臣子。

【译文】

季子然请教:"仲由、冉求可以算是大臣吗?"孔子说:"我以为你是问别的事,原来是问由和求呀。所谓大臣,是用道义侍奉君主,行不通就辞职不干。现在由和求,可以算是具备条件的臣子了。"季子然说:"那么会跟从季氏吗?"孔子说:"杀父亲和君主的事,也是不会跟从的。"

【原文】

子路使子羔①为费宰。子曰:"贼②夫人之子③。"子路曰:"有民人焉,有社稷焉,何必读书,然后为学?"子曰:"是故恶夫佞者。"

【注释】

①子羔:孔子的学生,姓高,名柴,字子羔。②贼:害,毁坏。③夫人之子:人家的儿子,指子羔。夫,那。

【译文】

子路让子羔去做费邑的长官。孔子说:"这是害人子弟。"子路说:"那地方有百姓,那地方有社稷,为什么一定要读书,才算是学习哪?"孔子说:"所以才讨厌那种花言巧语的人。"

【原文】

子路、曾皙①、冉有、公西华侍坐。子曰:"以吾一日长乎尔,毋以也②。居③则曰:'不吾知④也!'如或知尔,则何以哉⑤?"

【注释】

①曾皙:孔子的学生,曾参的父亲。名点,字子皙。②以吾一日长乎尔,毋以也:因为我比你们年龄稍长,就不敢说话。③居:平时,平日。④不吾知:即"不知吾"。⑤如或知尔,则何以哉:如有人了解你,那么打算做些什么?或,有人。

【译文】

子路、曾皙、冉有、公西华陪孔子闲坐。孔子说:"因为我年龄比你们稍长,你们不要认为这样就不敢说话。平时总说:'没有人了解我呀!'如果有人看重你们,那么打算做些什么呢?"

【原文】

　　子路率尔①而对曰:"千乘之国,摄②乎大国之间,加之以师旅,因之以饥馑③,由也为之,比及④三年,可使有勇,且知方⑤也。"夫子哂⑥之。

　　"求,尔何如?"对曰:"方六七十,如五六十⑦,求也为之,比及三年,可使足民。如其礼乐,以俟君子。"

　　"赤,尔何如?"对曰:"非曰能之,愿学焉。宗庙之事⑧,如会同,端章甫⑨,愿为小相⑩焉。"

【注释】

　　①率尔:轻率急切的样子。②摄:夹,迫近。③加之以师旅,因之以饥馑:加上有军队来侵犯,接着又有饥荒。师旅,军队。饥馑,荒年,五谷不熟为饥,蔬菜不熟为馑。④比及:等到。⑤方:道义,礼法。⑥哂:微笑。⑦方六七十,如五六十:方圆六七十里,或五六十里。⑧宗庙之事:祭祀的事务。⑨如会同,端章甫:或者诸侯会盟朝见天子,(我)穿着礼服,戴着礼帽。会,诸侯会盟。同,诸侯共同朝见天子。端,玄端,用整幅布做的礼服。章甫,礼帽。⑩相:司仪。

【译文】

　　子路急率地回答说:"拥有一千辆兵车的国家,夹在大国中间,加上有军队来侵犯,接着又闹饥荒,让我仲由去治理,等到三年,可以使人们勇武,并且懂得礼仪。"孔子听了,微微一笑。

　　"冉求,你怎么样?"回答说:"方圆六七十里,或五六十里的国家,让我冉求去治理,等到三年,可以使人民富足。至于国家的礼乐教化,就要等君子来施行了。"

　　"公西赤,你怎么样?"回答说:"不说能做到,而是愿意学习。宗庙祭祀方面的事务,或者诸侯会盟朝见天子,(我)穿着礼服,戴着礼帽,愿意做个小相。"

【原文】

"点,尔何如?"鼓瑟希①,铿尔②,舍瑟而作③,对曰:"异乎三子者之撰④。"子曰:"何伤乎?亦各言其志也。"曰:"莫春⑤者,春服⑥既成,冠者⑦五六人,童子六七人,浴乎沂⑧,风乎舞雩⑨,咏而归。"夫子喟然叹曰:"吾与点也!"

三子者出,曾晳后。曾晳曰:"夫三子者之言何如?"子曰:"亦各言其志也已矣。"曰:"夫子何哂由也?"曰:"为国以礼。其言不让⑩,是故哂之。唯求则非邦也与?安见方六七十如五六十而非邦也者?唯赤则非邦也与?宗庙会同,非诸侯而何?赤也为之小,孰能为之大?"

【注释】

①希:同"稀",稀疏。②铿尔:铿的一声。③作:起来。④撰:具备,才具。⑤莫春:暮春,阴历三月。莫,同"暮"。⑥春服:春天的衣服。⑦冠者:20岁以上的成年人。⑧浴乎沂:在沂水洗浴。沂,沂水,在今曲阜南。⑨舞雩:祭天求雨的祭坛。⑩让:谦让。

【译文】

"曾点,你怎样?"弹瑟的声音逐渐稀疏,铿的一声,放下瑟起来,回答说:"不同于三位志向。"孔子说:"有什么关系呢?也就是各人讲自己的志向罢了。"曾晳说:"暮春时节,已经穿上春天的衣服,五六位成年人,六七个小孩,在沂河里洗澡,在舞雩台上吹风,唱着歌回家。"孔子长叹说:"我是赞成曾点。"三个人出去,曾晳走在后面。曾晳说:"那三人的观点怎么样?"孔子说:"也就是各人讲自己的志向罢了。"曾晳说:"夫子为什么笑仲由呢?"孔子说:"治理国家要用礼仪。他说话不谦让,所以笑他。难道冉求讲的不是国家大事吗？怎见得方圆六七十里或五六十里的地方就不是国家呢？难道公西赤讲的不是国家大事吗？宗庙祭祀诸侯、会盟朝见天子，不是诸侯的事又是什么？如果公西赤只能做一个小相，那谁又能做大相呢？"

阅读理解

在本章中我们发现孔子最喜欢的学生就是颜回，他的字里行间都在夸赞着颜回。颜回死了之后他又是那样的悲痛。而且在本章中我们看到孔子对自己的学生了如指掌。如：柴也愚，参也鲁，师也辟，由也喭。他对每个学生的特点都把握得很好。另外孔子的因材施教也让我们佩服。对于不同学生的同样问题，孔子采用了不同的回答。可见孔子教书育人的智慧。他不愧是大教育家。如：子路问："闻斯行诸？"子曰："有父兄在，如之何其闻斯行之？"冉有问："闻斯行诸？"子曰："闻斯行之。"公西华曰："由也问'闻斯行诸'，子曰'有父兄在'；求也问'闻斯行诸'，子曰'闻斯行之'。赤也惑，敢问。"子曰："求也退，故进之；由也兼人，故退之。"

写作借鉴

人物对话描写异常精彩，见出每个人的性格特点的不同。抓住人物特点进行描写，是写作中必备的一种能力。另外利用对比的修辞手法指出人无完人这样的一种观点。如："回也其庶乎，屡空。赐不受命，而货殖焉，亿则屡中。"

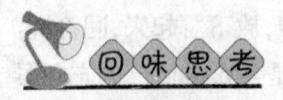

回味思考

1. 本篇中体现孔子摸透学生特点以便因材施教的句子是哪几句？
2. 在孔子的学生中，好学者应不在少数，可在孔子的眼中，却只有谁？为什么？
3. 子贡问："师与商也孰贤？"子曰："师也过，商也不及。"曰："然则师愈与？"子曰："过犹不及。"出自本则中的成语是什么？

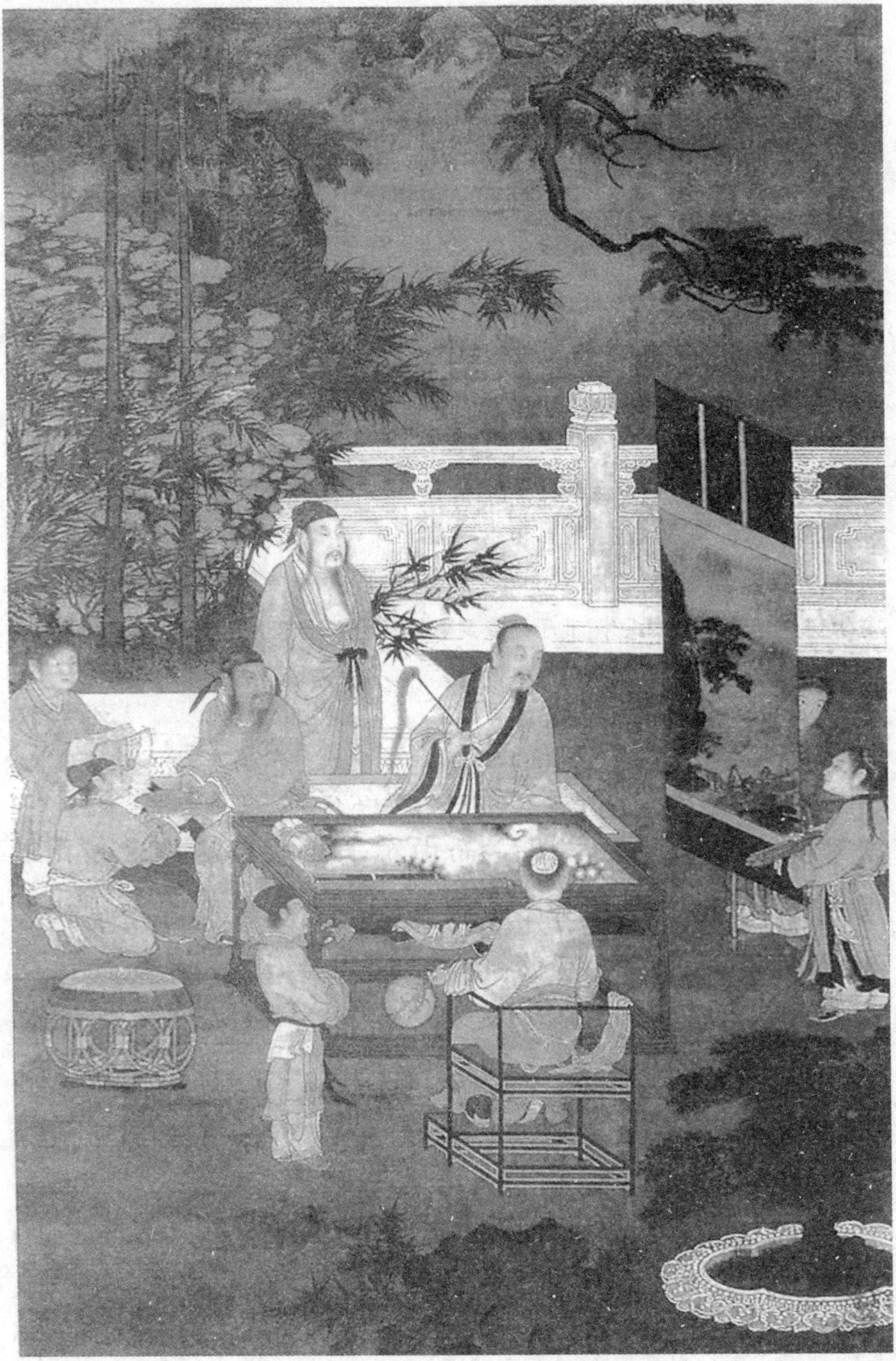

颜渊篇

导语

本篇共计24章。其中著名的有:"克己复礼为仁,一日克己复礼,天下归仁焉""非礼勿视,非礼勿听,非礼勿言,非礼勿动""己所不欲,勿施于人""死生有命,富贵在天""四海之内,皆兄弟也""君子成人之美,不成人之恶""君子以文会友,以友辅仁"。本篇中,孔子的几位弟子向他问怎样才是仁。这几段,是研究者们经常引用的。此外,孔子还谈到怎样算是君子等问题。

【原文】

颜渊问仁。子曰:"克己复礼①为仁。一日克己复礼,天下归仁②焉。为仁由己,而由人乎哉?"颜渊曰:"请问其目③。"子曰:"非礼勿视,非礼勿听,非礼勿言,非礼勿动。"颜渊曰:"回虽不敏,请事④斯语矣。"

【注释】

①克己复礼:克制自己,复归礼制。②归仁:归从仁德。③目:条目,具体要点。④事:从事,实行。

【译文】

颜渊请教怎样才是仁。孔子说:"克制自己,复归礼制。有一天克制自己复归礼制了,天下就归从仁德了。实行仁德在于自己,难道还在于别人吗?"颜渊说:"请教具体的条目。"孔子说:"不合乎礼的不看,不合乎礼的不听,不合乎礼的不说,不合乎礼的不做。"颜渊说:"颜回我即使不聪敏,也要按照这话去做。"

【原文】

仲弓问仁。子曰:"出门如见大宾①,使民如承大祭②;己所不欲,勿施于人;在邦无怨,在家无怨。"仲弓曰:"雍虽不敏,请事斯语矣。"

【注释】

①大宾:贵宾。②大祭:重大的祭祀。

【译文】

仲弓请教怎样才是仁。孔子说:"出门办事就像去接待贵宾,差遣人民就像举行重大的祭祀;自己不想要的,就不要强加给别人;在诸侯的封国没有怨恨,在卿大夫的封地没有怨恨。"仲弓说:"冉雍我即使不聪敏,也要按照这话去做。"

【原文】

司马牛①问仁。子曰:"仁者,其言也讱②。"曰:"其言也讱,斯谓之仁已乎?"子曰:"为之难,言之得无讱乎?"

司马牛问君子。子曰:"君子不忧不惧。"曰:"不忧不惧,斯谓之君子已乎?"子曰:"内省不疚,夫何忧何惧?"

【注释】

①司马牛:孔子的学生,姓司马,名耕,字子牛。②讱:说话艰难、谨慎。

【译文】

司马牛请教怎样才是仁。孔子说:"仁人,他说的话是慎重的。"司马牛说:"说话慎重,就可称作仁了吗?"孔子说:"做起来很难,说起来能不慎重吗?"

司马牛请教怎样才是君子。孔子说:"君子不忧愁、不畏惧。"司马牛说:"不忧愁、不畏惧,就可称作君子了吗?"孔子说:"问心无愧,那还有什么忧愁什么畏惧的呢?"

【原文】

司马牛忧曰:"人皆有兄弟,我独亡①。"子夏曰:"商闻之矣:'死生有命,富贵在天。'君子敬而无失,与人恭而有礼,则四海之内,皆兄弟也。君子何患乎无兄弟也?"

【注释】

①亡:同"无"。

【译文】

司马牛忧愁地说:"别人都有兄弟,唯独我没有。"子夏说:"卜商我听说过:'死生有命,富贵在天。'君子做事严谨且没有过失,对人恭敬且合乎礼仪,四海之内的人都是兄弟。君子为何忧愁没有兄弟呢?"

【原文】

子张问明:子曰:"浸润之谮①,肤受之愬②,不行③焉,可谓明也已矣。浸润之谮,肤受之愬,不行焉,可谓远④也已矣。"

【注释】

①浸润之谮:像水逐渐湿润渗透的谗言。谮,谗言。②肤受之愬:像皮肤感觉疼痛般的诽谤。愬,诬告。③不行:行不通。④远:看得深远。

【译文】

子张请教怎样是明智的。孔子说:"像水逐渐湿润渗透的谗言,像皮肤感觉疼痛般的诬告,都行不通,就可以称作明智了。像水逐渐湿润渗透的谗言,像皮肤感觉疼痛般的诬告,都行不通,就可以称作有远见了。"

【原文】

子贡问政。子曰:"足食,足兵,民信之矣。"子贡曰:"必不得已而去,于斯三者何先?"曰:"去兵。"子贡曰:"必不得已而去,于斯二者何先?"曰:"去食。自古皆有死,民无信不立。"

【译文】

子贡请教怎样治理国家。孔子说:"使粮食充足,使军备充足,人民信任你。"子贡说:"如果不得不去掉一项,在这三项中哪一项先去掉呢?"孔子说:"去掉军备。"子贡说:"如果不得不去掉一项,在这两项中哪一项先去掉呢?"孔子说:"去掉粮食。自古人都是要死的,如果人民不信任国家就立不住。"

【原文】

棘子成①曰:"君子质而已矣,何以文为?"子贡曰:"惜乎夫子之说君子也!驷不及舌②。文犹质也,质犹文也,虎豹之鞟③犹犬羊之鞟。"

【注释】

①棘子成:卫国大夫。②驷不及舌:"一言既出,驷马难追"的意思。驷,拉一辆车的四匹马。③鞟:去毛的皮。

【译文】

棘子成说:"君子内心质朴就行了,为何还要外表文雅呢?"子贡说:"遗憾呀,夫子您这样谈论君子。一言既出驷马难追。外表文雅如同内心质朴,内心质朴如同外表文雅,去毛的虎豹的皮,就如同去毛的犬羊的皮一样。"

【原文】

哀公问于有若曰:"年饥,用不足,如之何?"有若对曰："盍①彻②乎？"曰："二③，吾犹不足，如之何其彻也？"对曰："百姓足，君孰与不足？百姓不足，君孰与足？"

【注释】

①盍：何不。②彻：西周一种田税制度，从耕地收获中收取十分之一。③二：从耕地收获中收取十分之二。

【译文】

鲁哀公问有若说："年成遭饥荒，用度不够，怎么办？"有若回答说："为何不从耕地收获中收取十分之一的田税呢？"哀公说："从耕地收获中收取十分之二，我还不够，怎能收取十分之一的田税呢？"回答说："百姓用度够，您怎会不够呢？如果百姓用度不够，您又怎会够呢？"

【原文】

子张问崇德①辨惑②。子曰："主忠信，徙义③，崇德也。爱之欲其生，恶之欲其死，既欲其生，又欲其死，是惑也。'诚不以富，亦祗以异④'。"

【注释】

①崇德：崇尚仁德。②辨惑：分辨是非。③徙义：向义靠拢。徙，迁移。④诚不以富，亦祗以异：《诗经小雅我行其野》中的两句。"即使不是嫌贫爱富，也是喜新厌旧"的意思。这里引此句，令人费解。

【译文】

子张请教怎样崇尚仁德分辨是非。孔子说："要以忠诚信义为主，向义靠拢。这就是崇尚仁德了。喜爱他就希望他活，厌恶他就希望他死，既希望他活，又希望他死，这就是迷惑。'即使不是嫌贫爱富，也是喜新厌旧。'"

【原文】

齐景公①问政于孔子。孔子对曰："君君、臣臣、父父、子子。"公曰:"善哉!信如君不君,臣不臣,父不父,子不子,虽有粟,吾得而食诸?"

【注释】

①齐景公:齐国国君,姓姜名杵臼(chǔ jiù),公元前547年至公元前490年在位。

【译文】

齐景公问孔子如何治理国家。孔子回答说:"君主要像君主,臣子要像臣子,父亲要像父亲,儿子要像儿子。"齐景公说:"好呀!如果君主不像君主,臣子不像臣子,父亲不像父亲,儿子不像儿子,即使有粮食,我能吃得到吗?"

【原文】

子曰:"片言①可以折狱②者,其由也与③?"子路无宿诺④。

子曰:"听讼⑤,吾犹人也。必也使无讼乎!"

子张问政。子曰:"居之无倦,行之以忠。"

【注释】

①片言:诉讼双方中一方的言辞,即片面之词。②折狱:断案。狱,案件。③其由也与:大概只有仲由吧。④宿诺:很久没兑现的诺言。宿,久。⑤听讼:审理案件。讼,诉讼。

【译文】

孔子说:"只听一方的言辞就可以断案的,大概只有仲由吧。"子路没有说话不算数的时候。

孔子说:"审理案件,我同别人一样。(关键是)一定要不再有诉讼啊!"

子张问如何治理国家。孔子说:"居于官位不倦怠,执行政令尽心尽力。"

【原文】

子曰："博学于文，约①之以礼，亦可以弗畔②矣夫③！"

子曰："君子成人之美，不成人之恶。小人反是。"

季康子问政于孔子。孔子对曰："政者正也。子帅以正，孰敢不正？"

【注释】

①约：一种释为约束，一种释为简要。②畔：同"叛"。③矣夫：语气词，表示较强烈的感叹。

【译文】

孔子说："广泛地学习一切知识，用礼仪来约束自己，就可以不背离君子之道了。"

孔子说："君子成全别人的好事，不成全别人的坏事。小人则与这相反。"

季康子问孔子如何治理国家。孔子回答说："政就是正。您带头走正道，谁敢不走正道？"

【原文】

季康子患盗，问于孔子。孔子对曰："苟子之不欲，虽赏之不窃。"

季康子问政于孔子曰："如杀无道①，以就有道②，何如？"孔子对曰："子为政，焉用杀？子欲善而民善矣。君子之德风，小人之德草，草上之风③，必偃④。"

【注释】

①无道：无道的人。②有道：有道的人。③草上之风：指风从草上吹过。④偃：仆倒。

【译文】

季康子担忧盗贼,请教孔子。孔子回答说:"假如您自己不贪财,即使奖励盗窃也没人盗窃。"

季康子问孔子如何治理国家,说:"如果杀掉无道的人,来亲近有道的人,怎么样?"孔子回答说:"您治理国家,哪用得着杀人呢?您想要做好事人民就会做好事。君子的品德如同是风,小人的品德如同是草,草上风吹过,必定随风倒下。"

【原文】

子张问:"士何如斯可谓之达①矣?"子曰:"何哉,尔所谓达者?"子张对曰:"在邦必闻②,在家必闻。"子曰:"是闻也,非达也。夫达也者,质直而好义,察言而观色,虑以下人③。在邦必达,在家必达。夫闻也者,色取仁④而行违,居之不疑。在邦必闻,在家必闻。"

【注释】

①达:通达,显达。②闻:有名望。③下人:把自己摆在人下。指对人谦恭有礼。④色取仁:做出符合仁的样子。

【译文】

子张请教:"士怎样做才可以称作通达?"孔子说:"什么意思呀,你说的通达?"子张答道:"在诸侯的封国必定有名望,在卿大夫的封地必定有名望。"孔子说:"这是名望,不是通达。所谓通达,内心正直崇尚礼义,考察别人的言论和观察别人的表情,想着谦恭待人。这样的人,在诸侯的封国必定通达,在卿大夫的封地必定通达。所谓名望,表面做出符合仁的样子,行动上却违背仁,自居使仁人不怀疑。这样的人,在诸侯的封国必定有名望,在卿大夫的封地必定有名望。"

【原文】

　　樊迟从游于舞雩之下,曰:"敢问崇德、修慝①、辨惑。"子曰:"善哉问! 先事后得②,非崇德与? 攻其恶,无攻人之恶,非修慝与? 一朝之忿③,忘其身,以及其亲,非惑与?"

【注释】

　　①修慝:改正邪恶的念头。修,改正。慝,邪恶的念头。②先事后得:先做事后收获。③忿:愤怒,气愤。

【译文】

　　樊迟跟从在舞雩台下出游,说:"敢请教怎样崇尚仁德? 改正邪念? 辨别迷惑?"孔子说:"问得好呀! 先做事后收获,不是崇尚仁德吗? 抨击自己的坏事,不挑剔别人的坏事,不是改正邪念吗? 由于一时的气愤,忘了自身,因此牵连自己的亲人,不是迷惑吗?"

【原文】

　　樊迟问仁。子曰:"爱人。"问知。子曰:"知人。"樊迟未达。子曰:"举直错诸枉,能使枉者直。"樊迟退,见子夏曰:"乡①也吾见于夫子而问知,子曰'举直错诸枉,能使枉者直',何谓也?"子夏曰:"富哉言乎! 舜有天下,选于众,举皋陶②,不仁者远③矣。汤④有天下,选于众,举伊尹⑤,不仁者远矣。"

【注释】

　　①乡:同"向",从前,刚才。②皋陶:舜时掌刑法的大臣。③远:远离,远去。④汤:商朝的第一个君主,名履。⑤伊尹:商汤的宰相。

【译文】

　　樊迟请教怎样才是仁。孔子说:"爱人。"樊迟请教怎样才是智慧,孔子说:"赏识别人。"樊迟没明白。孔子说:"选拔正直的人置于不正直的人之上,能使不正直的人正直。"樊迟退出来,见到子夏说:"刚才我拜见夫子,请教怎样才是智慧,先生说'选拔正直的人置于不正直的人之上,能使不正直的人正直',说的是什么意思?"子夏说:"这话含义丰富呀!舜得到天下,在众人中选人才,推举了皋陶,不仁的人就被疏远了。汤得到天下,在众人中选人才,推举了伊尹,不仁的人就被疏远了。"

【原文】

子贡问友。子曰:"忠告而善道①之,不可则止,毋自辱也。"

曾子曰:"君子以文会友,以友辅仁。"

【注释】

①道:同"导",引导。

【译文】

子贡请教怎样对待朋友。孔子说:"忠诚地劝告、善意地引导他,如果不可以就停止,不要自找耻辱。"

曾子说:"君子用礼乐文献来结交朋友,依靠朋友辅助仁德。"

阅读理解

我们绝大多数人都是常常内心不平衡的,或悲观失望,或焦躁不安,或贪得无厌,或愤世嫉俗,等等。孔子在这里向世人开示"克己复礼"的心法,劝导人们平日里多做些自我批评,多了解些世间的仁义道理是什么并努力实践。"克己"就是以慎言慎行来提示自己,唤醒内在仁心给予自然义礼的提示,而后遵循,日复礼。礼,即人类社会所崇从的道德行为规则。孔子及其学生在这章里,列举了许多社会常见之"克己"实例并言明其对应的法礼是什么。

写作借鉴

本章运用比喻、排比和对比相结合的修辞方式。生动形象、气势磅礴。如比喻对比的结合:"浸润之谮,肤受之愬,不行焉,可谓明也已矣。浸润之谮,肤受之愬,不行焉,可谓远也已矣。"既形象生动又对比鲜明,给人留下深刻的印象。除了与对比结合外,本章多处采用比喻,如:"文犹质也,质犹文也,虎豹之鞟犹犬羊之鞟。""君子之德风,小人之德草上之风,必偃。"语言都非常优美。另外,本章还多处采用排比的修辞手法,使语气强烈,表达效果更强。如:"信如君不君,臣不臣,父不父,子不子,虽有粟,吾得而食诸?""先事后得,非崇德与?攻其恶,无攻人之恶,非修慝与?一朝之忿,忘其身,以及其亲,非惑与?"句子气贯长虹,气势冲天。

回味思考

1.仲弓问仁。子曰:"出门如见大宾,使民如承大祭;己所不欲,勿施于人;在邦无怨,在家无怨。"仲弓曰:"雍虽不敏,请事斯语矣。"出自这一则的成语是什么?

2.请在这一篇中找出孔子关于"仁"的主要解释的句子。

3.孔子认为治理一个国家应当具备哪三个起码条件?

子路篇

导语

本篇共有30章,其中著名的文句有:"名不正则言不顺,言不顺则事不成""欲速则不达""父为子隐,子为父隐""居处恭、执事敬、与人忠""言必信,行必果""君子和而不同,小人同而不和""君子泰而不骄,小人骄而不泰"。本篇包含的内容比较广泛,其中有关于如何治理国家的政治主张、孔子的教育思想、个人的道德修养与品格完善以及"和而不同"的思想。

【原文】

子路问政。子曰:"先之①劳之②。"请益③。曰:"无倦。"

仲弓为季氏宰,问政。子曰:"先有司,赦小过,举贤才。"曰:"焉知贤才而举之?"曰:"举尔所知。尔所不知,人其舍④诸?"

【注释】

①先之:率先垂范。之,指百姓。②劳之:亲自去做。③益:增加。④舍:舍弃。

【译文】

子路请教怎样治理国家。孔子说:"国事率先垂范,国事亲自去做。"请求多讲一些。说:"不懈怠。"

仲弓做季氏的管家,请教怎样治理国家。孔子说:"使官吏率先垂范,赦免小过错,选拔贤才。"说:"怎样知道是贤才并选拔他们呢?"孔子说:"选拔你所了解的。你不了解的,别人还会舍弃他们吗?"

【原文】

子路曰:"卫君①待子为政,子将奚②先?"子曰:"必也正名③乎!"子路曰:"有是哉,子之迂④也,奚其正?"子曰:"野哉,由也!君子于其所不知,盖阙如⑤也。名不正则言不顺,言不顺则事不成,事不成则礼乐不兴,礼乐不兴则刑罚不中⑥,刑罚不中则民无所措手足。故君子名之必可言也,言之必可行也。君子于其言,无所苟⑦而已矣。"

【注释】

①卫君:卫出公蒯辄,卫灵公的孙子。其父蒯聩被卫灵公驱逐出国,卫灵公死后,蒯辄继位。蒯聩要回国争夺君位,遭到蒯辄拒绝。②奚:何,什么。③正名:使名分正。即让名实相符。④迂:迂腐。⑤阙如:空着,存疑的意思。阙,同"缺"。⑥中:得当。⑦苟:苟且、马虎。

【译文】

子路说:"卫国国君等您治理国家,您将先做什么?"孔子说:"必须先使名分正呀!"子路说:"有这样做的吗?您迂腐了,正什么名分呢?"孔子说:"粗野啊,仲由!君子对于自己不知道的,就应存疑。名分不正说话就不顺当,说话不顺当事情就办不成,事情办不成礼乐就不能复兴,礼乐不能复兴刑罚就不得当,刑罚不得当人民就不知该怎么做。所以君子名分必定要能说得出来话来,说出来话必定要可以行得通。君子对于自己说的话,只是不能马虎罢了。"

【原文】

樊迟请学稼。子曰:"吾不如老农。"请学为圃①。曰:

"吾不如老圃。"樊迟出。子曰:"小人哉,樊须也! 上好礼,则民莫敢不敬;上好义,则民莫敢不服;上好信,则民莫敢不用情②。夫如是,则四方之民襁③负其子而至矣,焉用稼?"

【注释】

①圃:菜地,这里是种菜的意思。②用情:以实情相待。③襁:背婴孩的背带、背篓。

【译文】

樊迟请求学习种庄稼。孔子说:"我不如老农。"请求学习种菜。孔子说:"我不如老菜农。"樊迟退出去。孔子说:"小人啊,樊迟! 在上位的人喜好礼仪,那么人民就不敢不敬畏;在上位的人喜好仁义,那么人民就不敢不服从;在上位的人喜好诚信,那么人民就不敢不用真心。要是做到这样,那么各地的人民就会背着自己的婴孩来投奔,哪里用自己种庄稼?"

【原文】

子曰:"诵诗三百,授之以政,不达①;使于四方,不能专对②。虽多,亦奚以③为?"

子曰:"其身正,不令而行;其身不正,虽令不从。"

【注释】

①达:通达,运用。②专对:独立应对。③以:用。

【译文】

孔子说:"诵读《诗》三百篇,交给他政务,不会办;派他出使各地,不能独立应对。即使诵读得多,又有什么用?"

孔子说:"自身端正,即使不下命令百姓也会去做;自身不端正,即使下命令百姓也不会服从。"

【原文】

子曰："鲁卫之政,兄弟也。"

子谓卫公子荆①："善居室②。始有,曰:'苟③合④矣。'少有,曰:'苟完矣。'富有,曰:'苟美矣。'"

【注释】

①卫公子荆:卫国大夫,字南楚,卫献公的儿子。②善居室:善于管家。③苟:差不多。④合:聚合。

【译文】

孔子说："鲁国卫的政事,就像兄弟一样。"

孔子谈论卫国公子荆："善于管家理财。开始有财富时,说:'差不多够了。'财富略有增加时,说:'差不多完备了。'财富更多时,说:'差不多算是完美了。'"

【原文】

子适①卫,冉有仆②。子曰："庶③矣哉!"冉有曰："既庶矣,又何加焉?"曰："富之。"曰："既富矣,又何加焉?"曰："教之。"

子曰："苟④有用我者,期月⑤而已可也,三年有成。"

【注释】

①适:到,往。②仆:驾车。③庶:多。④苟:假如。⑤期月:一周年。

【译文】

孔子到卫国去,冉有驾车。孔子说："人口多了呀!"冉有说："人口已经多了,还要再做什么呢?"孔子说："使他们富裕。"冉有说："已经富裕了,还要再做什么呢?"孔子说："教化他们。"

孔子说："假如有重用我的人,一年就可以了,三年就会有成效。"

【原文】

子曰:"善人为邦百年,亦可以胜残去杀①矣。诚哉是②言也!"

子曰:"如有王者,必世③而后仁。"

【注释】

①胜残去杀:克服残暴远离杀戮。②是:这。③世:三十年为一世。

【译文】

孔子说:"善人治理国家一百年,也就可以克服残暴远离杀戮了。这话确实呀!"

孔子说:"如果有圣明君主,三十年后必定实现仁政。"

【原文】

子曰:"苟正其身矣,于从政乎何有? 不能正其身,如正人何?"

冉子退朝。子曰:"何晏①也?"对曰:"有政。"子曰:"其事也? 如有政,虽不吾以②,吾其与闻之。"

【注释】

①晏:晚,迟。②不吾以:即"不以吾",不任用我。

【译文】

孔子说:"如果使自身端正了,对于从政有什么呢? 不能使自身端正,怎能使别人端正呢?"

冉求退朝回来。孔子说:"为什么这么晚呀?"冉求说:"有政事。"孔子说:"是一般的事务吧? 如果有政事,即使不任用我,我也会知道的。"

【原文】

定公问:"一言而可以兴邦,有诸?"孔子对曰:"言不可以若是①,其几②也。人之言曰:'为君难,为臣不易。'如知为君之难也,不几乎一言而兴邦乎?"曰:"一言而丧邦,有诸?"孔子对曰:"言不可以若是,其几也。人之言曰:'予无乐乎为君,唯其言而莫予违③也。'如其善而莫之违也,不亦善乎? 如不善而莫之违也,不几乎一言而丧邦乎?"

【注释】

①言不可以若是:语言不可能起这样的作用。②几:接近。③莫予违:即"莫违予",不违背我。予,我。

【译文】

鲁定公问:"一句话就可以使国家兴盛,有这样的话吗?"孔子回答说:"语言不可能起这样的作用,有接近的话。有人说:'做君主难,做臣子不易。'如果知道做君主的难处,不接近一句话就可以使国家兴盛吗?"鲁定公说:"一句话就可以使国家灭亡,有这样的话吗?"孔子回答说:"语言不可能起这样的作用,有接近的话。有人说:'我做君主没什么高兴的,只是我说的没人违背。'如果说得对的没人违背,不也很好吗? 如果说得不对没人违背,不接近一句话就可以使国家灭亡吗?"

【原文】

叶公问政。子曰:"近者说①,远者来②。"

子夏为莒父③宰,问政。子曰:"无欲速,无见小利。欲速则不达,见小利则大事不成。"

【注释】

①说:通"悦"。②来:归附,投靠。③莒父:鲁国城邑。

【译文】

叶公请教怎样治理国家。孔子说:"使近处的人高兴,使远处的人归附。"

子夏做莒父的总管,请教孔子怎样治理国家。孔子说:"不要求快速,不贪图小利益。要求快速就达不到目标,贪图小利益就做不成大事。"

【原文】

叶公语孔子曰:"吾党有直躬者①,其父攘②羊,而子证③之。"孔子曰:"吾党之直者异于是,父为子隐,子为父隐,直在其中矣。"

樊迟问仁。子曰:"居处恭,执事敬,与人忠。虽之④夷狄,不可弃也。"

【注释】

①直躬者:正直的人。②攘:偷。③证:告发。④之:到。

【译文】

叶公告诉孔子说:"我们那里有个正直的人,他的父亲偷羊,做儿子的他告发了父亲。"孔子说:"我那里的正直的人与这不同,父亲为儿子隐瞒,儿子为父亲隐瞒,正直就在其中了。"

樊迟请教怎样才是仁。孔子说:"平常庄重严谨,办事严肃认真,待人尽心尽力。即使到了夷狄的地方,也不可以背弃。"

【原文】

子贡问曰:"何如斯可谓之士矣?"子曰:"行己有耻,使于四方,不辱君命,可谓士矣。"曰:"敢问其次?"曰:"宗族称孝焉,乡党称弟①焉。"曰:"敢问其次。"曰:"言必信,行必果,硁硁然②小人哉!抑亦可以为次矣。"曰:"今之从政者何如?"子曰:"噫!斗筲之人③,何足算也?"

【注释】

①弟:同"悌"。②硁硁然:像石头一样,比喻顽固。硁硁,敲石头的声音。③斗筲之人:器量狭小的人。筲,竹器。

【译文】

子贡请教说:"怎样才可以称作士呢?"孔子说:"对自己的行为有羞耻心,到各地做事,不辱没君主的使命,可以称作士。"子贡说:"敢请教次一等的呢?"孔子说:"宗族中称赞他孝敬父母,乡党中称赞他尊敬兄长。"子贡说:"敢请教再次一等的呢?"孔子说:"说的必定做到,做事必定坚决,像石头一样固执是小人啊!也可以说是再次一等的了。"子贡说:"现在从事政事的人怎么样?"孔子说:"咳!器量狭小的人,能算得上什么呢?"

【原文】

子曰:"不得中行①而与②之,必也狂狷③乎!狂者进取,狷者有所不为也。"

【注释】

①中行:合乎中庸的言行。②与:来往,交往。③狷:拘谨,保守。

【译文】

孔子说:"不能同合乎中庸的人交往,必定是同狂放和拘谨的人交往了。狂放的人敢作敢为,拘谨的人有些事情是不做的。"

【原文】

子曰:"南人有言曰:'人而无恒①,不可以做巫医②。'善夫!'不恒其德,或承之羞。'"子曰:"不占③而已矣。"

子曰:"君子和④而不同⑤,小人同而不和。"

【注释】

①恒:恒心。②巫医:卜筮治病的人。③占:占卜。④和:和谐,调和。⑤同:

相同,同一。

【译文】

　　孔子说:"南方人有句话说:'做人却没有恒心,不可以当巫医。'说得好啊!'不长久保持自己的品德,将会遭受羞辱。'"孔子说:"(这样的人)用不着占卜了吧。"

　　孔子说:"君子和谐却不相同一致,小人相同一致却不和谐。"

【原文】

　　子贡问曰:"乡人皆好之,何如?"子曰:"未可也。""乡人皆恶之,何如?"子曰:"未可也。不如乡人之善者好之,其不善者恶之。"

【译文】

　　子贡请教说:"乡里的人都喜欢他,这人怎么样?"孔子说:"不可以。""乡里的人都厌恶他,这人怎么样?"孔子说:"不可以。不如乡里的好人喜欢他,乡里的坏人都厌恶他。"

【原文】

　　子曰:"君子易事①而难说②也。说之不以道,不说也;及其使人也,器③之。小人难事而易说也。说之虽不以道,说也;及其使人也,求备④焉。"

【注释】

　　①易事:易于共事。②难说:难于欢喜。③器:器重,合理使用。④备:完备,完美。

【译文】

　　孔子说:"君子易于共事却难于使他欢喜。不用正道使他欢喜,是不会使他欢喜的。但当他使用人的时候,总是量才任用的。小人难于共事却易于使他欢喜。不按正道使他欢喜,是会使他欢喜的。但当他使用人的时候,是求全责备的。"

【原文】

子曰:"君子泰而不骄,小人骄而不泰。"

子曰:"刚①、毅②、木③、讷④,近仁。"

【注释】

①刚:刚强。②毅:果敢。③木:朴实。④讷:迟钝。

【译文】

孔子说:"君子安详平和不傲慢无礼,小人傲慢无礼不安详平和。"

孔子说:"刚强、果敢、朴实、谨慎,就接近于仁。"

【原文】

子路问曰:"何如斯可谓之士矣?"子曰:"切切偲偲①,怡怡②如也,可谓士矣。朋友切切偲偲,兄弟怡怡。"

【注释】

①切切偲偲:督促勉励的样子。②怡怡:亲切和气的样子。

【译文】

子路请教说:"怎样才可以称作士呢?"孔子说:"相互督促勉励,和和气气,可以称作士了。朋友间要相互督促勉励,兄弟间要和和气气。"

【原文】

子曰:"善人教民七年,亦可以即戎①矣。"

子曰:"以不教民②战,是谓弃之。"

【注释】

①即戎:接触兵戎。即,接触,从事。戎,兵戎,战争。②不教民:没经过教育

训练的人民。

【译文】

孔子说:"好人教人民七年,也就可以叫去打仗了。"

孔子说:"用没经过训练的人民作战,这就叫抛弃他们。"

阅读理解

本章和上一章都讲了训练百姓作战的问题,从中可以看出,孔子并不完全反对用军事手段解决某些问题。他主张训练百姓,否则便是抛弃了他们。还讲了一个人学问的内在修养,当然包括了过去所谓做官的学养,乃至做人与做事的道理。

写作借鉴

本章多处采用排比、对比、反问等多种修辞手法。说理透彻,语言生动。排比如:"居处恭,执事敬,与人忠。"使人们认识更全面。对比如:"君子泰而不骄,小人骄而不泰""君子和而不同,小人同而不和""无欲速,无见小利。欲速则不达,见小利则大事不成"等都能形成鲜明的对比,使读者印象深刻。反问如:"不能正其身,如正人何?"语气强烈,引人深思。另外说理论述非常严密,如:"不如乡人之善者好之,其不善者恶之。"

回味思考

1.文中哪一则是讲"正人须先正己的道理"?

2.叶公问政。子曰:"近者悦,远者来。"这一则讲的是什么?

3.子路问政。子曰:"先之,劳之。"请益。曰:"无倦。"请举例论述这一则中"先"字的含义。

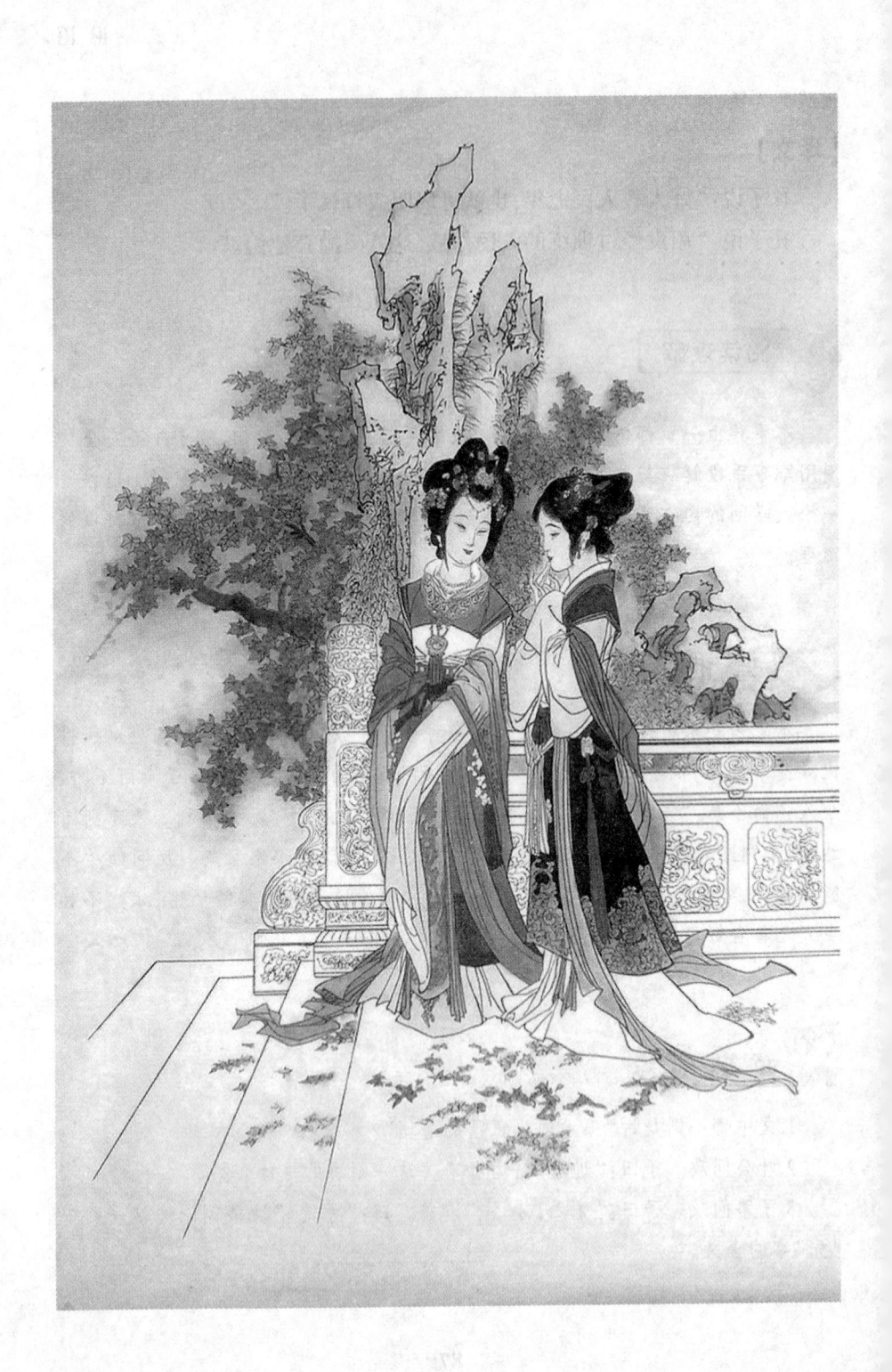

宪问第十四

导语

本篇共计44篇。其中著名文句有:"见危授命,见利思义""君子上达,小人下达""古之学者为己,今之学者为人""不在其位,不谋其政""君子思不出其位""君子耻其言而过其行""修己以安百姓""仁者不忧,智者不惑,勇者不惧"。这一篇中所包括的主要内容有:作为君子必须具备的某些品德,孔子对当时社会上的各种现象所发表的评论,孔子提出"见利思义"的义利观等。

【原文】

宪①问耻。子曰:"邦有道,谷②;邦无道,谷,耻也。""克、伐③、怨、欲不行焉,可以为仁矣?"子曰:"可以为难矣,仁则吾不知也。"

【注释】

①宪:孔子的学生,姓原,名宪,字子思。②谷:粮食。这里指俸禄。③伐:夸耀。

【译文】

原宪请教什么是可耻。孔子说:"国家政治清明,做官拿俸禄;国家政治不清明,还做官拿俸禄,就是可耻。""好胜、自夸、怨恨、贪欲都没有,可以算作仁德了吧?"孔子说:"可以说是难得的,至于算不算仁德我不知道。"

【原文】

子曰:"士而怀居①,不足以为士矣。"

子曰:"邦有道,危②言危行;邦无道,危行言孙③。"

子曰:"有德者必有言,有言者不必有德。仁者必有勇,勇者不必有仁。"

【注释】

①怀居:怀,留恋。居,家居。②危:正直。③孙:同"逊"。

【译文】

孔子说:"士留恋安逸生活,就不足以成为士了。"

孔子说:"国家政治清明,要言语正直、行为正直;国家政治不清明,要行为正直、言语谦逊。"

孔子说:"有道德的人一定有言论,有言论的人不一定有道德。仁德的人一定勇敢,勇敢的人不一定有仁德。"

【原文】

南宫适①问于孔子曰:"羿②善射,奡③荡舟,俱不得其死然。禹④稷⑤躬稼而有天下。"夫子不答。南宫适出。子曰:"君子哉若人!尚德哉若人!"

【注释】

①南宫适:即南容。②羿(yì):传说中善于射箭的英雄。③奡(ào):传说中夏朝寒浞的儿子,是大力士。④禹:夏朝的开国之君,善于治水,重视农业。⑤稷:传说中周朝的先祖,被奉为谷神。

【译文】

南宫适向孔子请教说:"羿善于射箭,奡善于水战,都不得好死。禹和稷都亲自种植庄稼却得到了天下。"孔子没有回答。南宫适离去。孔子说:"真是个君子呀,这个人!多么崇尚道德呀,这个人!"

【原文】

子曰:"君子而不仁者有矣夫,未有小人而仁者也。"

子曰:"爱之,能勿劳乎? 忠焉,能勿诲乎?"

子曰:"为命①,裨谌②草创之,世叔③讨论之,行人④子羽⑤修饰之,东里⑥子产润色之。"

【注释】

①命:指国家的政令公文。②裨谌(bìchén):郑国的大夫。③世叔:郑国大夫,名游吉。又称子太叔。④行人:掌管外交事务的官名。⑤子羽:郑国大夫公孙挥,字子羽。⑥东里:郑国地名,子产居住的地方。

【译文】

孔子说:"是君子却没有仁德的人也许是有的吧,可从来没有有仁德的小人。"

孔子说:"爱惜他,能不使他操劳吗? 忠于他,能不教诲他吗?"

孔子说:"(郑国)发布公文,都是由裨谌起草,世叔讨论,外交官子羽加以修饰,再由东里的子产润色。"

【原文】

或问子产。子曰:"惠人也。"问子西①。曰:"彼哉! 彼哉!"问管仲。曰:"人也②。夺伯氏③骈邑④三百,饭疏食,没齿⑤无怨言。"

【注释】

①子西:指楚国公子申。②人也:即此人也。③伯氏:齐国大夫,名偃。④骈邑:齐国地名,伯氏的采邑。⑤没齿:牙齿掉没了,指死去。

【译文】

有人请教子产是怎样的人。孔子说:"是对人有恩惠的人。"请教子西是怎样的人。孔子说:"这个人呀!这个人呀!"又请教管仲是怎样的人。孔子说:"是人才。剥夺了伯氏骈邑的三百户人家,使伯氏吃粗茶淡饭,老死也没有怨言。"

【原文】

子曰:"贫而无怨难,富而无骄易。"

子曰:"孟公绰①为赵魏老②则优③,不可以为滕薛④大夫。"

【注释】

①孟公绰:鲁国大夫,属于孟孙氏。②老:指古代大夫的家臣。③优:优裕。④滕薛:滕、薛,当时的小诸侯国,都在鲁国附近。

【译文】

孔子说:"贫穷却没有怨恨很难做到,富裕却不骄傲容易做到。"

孔子说:"孟公绰做晋国赵氏和魏氏的家臣能力有余,但不能做滕、薛的大夫。"

【原文】

子路问成人①。子曰:"若臧武仲②之知,公绰之不欲,卞庄子③之勇,冉求之艺,文之以礼乐,亦可以为成人矣。"曰:"今之成人者何必然?见利思义,见危授命,久要④不忘平生之言,亦可以为成人矣。"

【注释】

①成人:完人。②臧武仲:鲁国大夫臧孙纥,臧文仲之孙。③卞庄子:鲁国大夫,封邑为卞邑。④久要:长久处于穷困。要,同"约"。

【译文】

子路请教怎样做完美的人。孔子说:"如果具备臧武仲的智慧,孟公绰的不贪,卞庄子的勇敢,冉求的才艺,再用礼乐修饰,也就可以成为一个完美的人了。"孔子说:"如今的完人为什么一定要这样呢?见到利益就想到正义,遇到危险就能付出生命,长久处于穷困的状态还不忘记平日的诺言,也就可以成为一个完美的人了。"

【原文】

子问公叔文子①于公明贾②曰:"信乎,夫子③不言,不笑,不取乎?"公明贾对曰:"以告者过④也。夫子时然后言,人不厌其言;乐然后笑,人不厌其笑;义然后取,人不厌其取。"子曰:"其然?岂其然乎?"

【注释】

①公叔文子:卫国大夫,卫献公之孙。②公明贾:卫国人。姓公,名字贾。③夫子:对公叔文子的敬称。④过:错误。

【译文】

孔子向公明贾了解公叔文子说:"是真的吗,先生不说、不笑、不取钱财?"公明贾回答说:"这是传话的人错了。先生在该说话时才说话,所以别人不厌恶他的话;高兴时才笑,所以别人不厌恶他笑;合乎礼义的财利才取,所以别人不厌恶他取。"孔子说:"原来这样,难道真是这样吗?"

【原文】

子曰:"臧武仲以防①求为后②于鲁,虽曰不要③君,吾不信也。"

子曰:"晋文公④谲⑤而不正,齐桓公⑥正而不谲。"

【注释】

①防:鲁国地名,臧武仲的封邑。②后:后代。③要:要挟。④晋文公:姓姬,名重耳,春秋霸主之一。⑤谲:欺诈,玩手段。⑥齐桓公:姓姜,名小白,春秋霸主

之一。

【译文】

孔子说:"臧武仲凭借防邑请求在鲁国立后代为官,即使有人说不是要挟君主,我也不相信。"

孔子说:"晋文公诡诈并且不正直,齐桓公正直并且不诡诈。"

【原文】

子路曰:"桓公杀公子纠①,召忽②死之,管仲不死。"曰:"未仁乎?"子曰:"桓公九合诸侯③,不以兵车,管仲之力也。如其仁,如其仁。"

【注释】

①公子纠:齐桓公的哥哥。②召忽:公子纠的家臣。③九合诸侯:多次召集诸侯盟会。

【译文】

子路说:"齐桓公杀了公子纠,召忽为公子纠而死,管仲却没有为公子纠而死。"子路说:"(管仲)不仁吧?"孔子说:"桓公多次召集诸侯盟会,不用武力,这都是管仲的力量。这就算他的仁德,这就算他的仁德。"

【原文】

子贡曰:"管仲非仁者与?桓公杀公子纠,不能死,又相之。"子曰:"管仲相桓公,霸诸侯,一匡天下,民到于今受其赐。微①管仲,吾其被发左衽②矣。岂若匹夫匹妇之为谅③也,自经④于沟渎⑤而莫之知也。"

【注释】

①微:如果没有。②被发左衽:野蛮人的装束。被,同"披"。衽,衣襟。③谅:信用。指小节。④自经:自缢,上吊自杀。⑤沟渎:小山沟。沟,田间水道。

渎,邑间水道。

【译文】

子贡说:"管仲不是仁德的人吧?桓公杀了公子纠,(管仲)不能为公子纠死,却又做了齐桓公的宰相。"孔子说:"管仲辅佐桓公,称霸于诸侯,匡正天下,人民到现在还享受他的好处。如果没有管仲,我恐怕要成野蛮人了。怎么能像普通人一样讲究小节,在小山沟里自缢,却没有人知道呀?"

【原文】

公叔文子之臣大夫僎①与文子同升诸公②。子闻之,曰:"可以为文矣。"

【注释】

①僎(xún):人名。公叔文子的家臣。②公:公室,朝廷。

【译文】

公叔文子的家臣僎和文子一同做了官。孔子知道了这事说:"可以给他'文'的谥号了。"

【原文】

子言卫灵公之无道也,康子曰:"夫如是,奚而不丧?"孔子曰:"仲叔圉①治宾客,祝鮀治宗庙,王孙贾治军旅,夫如是,奚其丧?"

子曰:"其言之不怍②,则为之也难。"

【注释】

①仲叔圉:即孔文子。②怍:惭愧。

【译文】

孔子谈论卫灵公的昏庸,季康子说:"像这样,(卫灵公)为什么没有灭亡哪?"孔子说:"仲叔圉管理外交,祝鮀管理宗庙祭祀,王孙贾管理军队,像这样,(卫灵公)怎么会灭亡哪?"

孔子说:"一个人说话大言不惭,那么实现这些话就困难了。"

【原文】

陈成子①弑简公②。孔子沐浴而朝,告于哀公曰:"陈恒弑其君,请讨之。"公曰:"告夫三子③。"孔子曰:"以吾从大夫之后④,不敢不告也。君曰'告夫三子'者。"之⑤三子告,不可。孔子曰:"以吾从大夫之后,不敢不告也。"

【注释】

①陈成子:陈恒,齐国大夫,又叫田成子。②简公:齐简公,姓姜,名壬。③三子:指孟孙、叔孙、季孙三家。④从大夫之后:指曾经做过大夫。⑤之:到,往。

【译文】

陈成子杀害齐简公。孔子沐浴后上朝,报告鲁哀公说:"陈恒杀害他的君主,请求出兵讨伐他。"哀公说:"去报告那三位先生。"孔子说:"因为我曾经做过大夫,所以不敢不报告。君主说'去报告那三位先生'。"去报告三位先生,三位先生不同意。孔子说:"因为我曾经做过大夫,所以不敢不报告。"

【原文】

子路问事君。子曰:"勿欺也,而犯之。"

子曰:"君子上达,小人下达。"

子曰:"古之学者为己,今之学者为人。"

【译文】

子路请教怎样侍奉君主。孔子说:"不能欺骗他,但可以冒犯他。"

孔子说:"君子向上通达,小人向下通达。"

孔子说:"古代学习的人是为了提高自己,现在学习的人是为了给别人看。"

【原文】

蘧伯玉①使人于孔子,孔子与之坐而问焉。曰:"夫子何为?"对曰:"夫子欲寡其过而未能也。"使者出,子曰:"使乎!使乎!"

【注释】

①蘧伯玉:卫国的大夫,名瑗。

【译文】

蘧伯玉派人拜访孔子,孔子请他坐下问候说:"夫子最近做些什么?"回答说:"夫子想要使自己的错误减少却未能做到。"使者离开后,孔子说:"真是好使者啊,真是好使者啊!"

【原文】

子曰:"不在其位,不谋其政。"曾子曰:"君子思不出其位。"

子曰:"君子耻其言而过其行。"

子曰:"君子道者三,我无能焉:仁者不忧,知者不惑,勇者不惧。"子贡曰:"夫子自道也。"

【译文】

孔子说:"不在那个职位,就不考虑那个职位上的事情。"曾子说:"君子思考不超出自己的职责范围。"

孔子说:"君子以自己说的超过做的为可耻。"

孔子说:"做君子的道理有三条,我未能做到:仁德的人不忧愁,聪明的人不迷惑,勇敢的人不畏惧。"子贡说:"这正是老师的自我表述啊!"

【原文】

子贡方①人。子曰:"赐也贤乎哉②?夫我则不暇。"

子曰:"不患人之不己知,患其不能也。"

子曰:"不逆诈③,不亿④不信,抑亦先觉者,是贤乎!"

【注释】

①方:同"谤",指责,批评。②赐也贤乎哉:疑问语气,批评子贡不贤。③逆:预先,猜测。④亿:同"臆",猜想。

【译文】

子贡批评别人。孔子说:"赐啊,你就那么好吗?我可没有时间批评别人。"

孔子说:"不忧虑别人不看重自己,忧虑自己没能力。"

孔子说:"不预先怀疑别人欺诈,不猜想别人不诚信,却也能事先有察觉,这是贤人了吧!"

【原文】

微生亩①谓孔子曰:"丘,何为是②栖栖③者与?无乃为佞乎?"孔子曰:"非敢为佞也,疾固④也。"

【注释】

①微生亩:鲁国人。②是:这,如此。③栖栖:忙碌不安的样子。④固:固执。

【译文】

微生亩对孔子说:"孔丘,为什么这样忙碌不安哪?该不会是花言巧语卖弄吧?"孔子说:"不敢花言巧语卖弄,只是痛恨顽固不化的人。"

【原文】

子曰:"骥①不称其力,称其德也。"

或曰:"以德报怨,何如?"子曰:"何以报德?以直报怨,以德报德。"

【注释】

①骥:千里马。

【译文】

孔子说:"千里马不称赞它的气力,而是称赞它的品德。"

有人说:"用恩德来报答怨恨,怎么样?"孔子说:"用什么来报答恩德呢?应该用正直报答怨恨,用恩德报答恩德。"

【原文】

子曰:"莫我知也夫!"子贡曰:"何为其莫知子也?"子曰:"不怨天,不尤①人。下学而上达②,知我者其天乎!"

【注释】

①尤:责怪,埋怨。②下学而上达:下学学人事,上达达天命。

【译文】

孔子说:"没有人了解我啊!"子贡说:"怎么没有人了解先生呢?"孔子说:"不埋怨上天,不责怪别人,下学礼乐且上达天命,了解我的只有上天吧!"

【原文】

公伯寮①愬②子路于季孙。子服景伯③以告,曰:"夫子固有惑志于公伯寮,吾力犹能肆诸市朝④。"子曰:"道之将行也与,命也;道之将废也与,命也。公伯寮其如命何!"

【注释】

①公伯寮:孔子的学生,姓公伯,名寮,字子周。②愬:同"诉",告发,诽谤。③子服景伯:鲁国大夫,姓子服,名伯,景是谥号。④肆诸市朝:肆,陈尸示众。诸,之于。市,集市。朝,朝廷。

【译文】

公伯寮向季孙告发子路。子服景伯告诉这事给孔子,说:"季孙氏被公伯寮迷惑了,我的力量还能让他陈尸于市。"孔子说:"我的主张将要推行,是天命;我的主张将被废弃,也是天命。公伯寮能把天命怎么样呢?"

【原文】

子曰:"贤者辟①世,其次辟地,其次辟色,其次辟言。"子曰:"作者七人②矣。"

子路宿于石门③。晨门④曰:"奚自?"子路曰:"自孔氏。"曰:"是知其不可而为之者与?"

【注释】

①辟:同"避",躲避。②七人:指伯夷、叔齐、虞仲、夷逸、朱张、柳下惠、少连等贤人隐士。③石门:鲁国都城的外门。④晨门:守城门的人。

【译文】

孔子说:"贤人首先躲避社会,其次躲避地方,再次躲避脸色,最后躲避难听的话。"孔子说:"这样做的已有七个人了。"

子路夜宿在石门。守门的人说:"从哪来?"子路说:"从孔子那里来。"说:"那个知道不能做却还要去做的人吗?"

【原文】

子击磬①于卫,有荷蒉②而过孔氏之门者,曰:"有心哉,击磬乎!"既而曰:"鄙哉!硁硁③乎!莫己知也,斯已而已矣。深则厉，浅则揭④。"子曰："果哉！末⑤之难⑥矣。"

【注释】

①磬：一种打击乐器。此处为动词，击磬。②荷蒉：荷，肩扛。蒉，草筐。③硁硁：击磬的声音。④深则厉，浅则揭：《诗经·卫风·匏有苦叶》中的诗句。厉，穿着衣服过河。揭，提起衣襟过河。⑤末：无。⑥难：责问。

【译文】

孔子在卫国击磬，有位肩扛草筐经过孔子门前的人，说："有思想啊，在击磬！"一会儿说："鄙陋呀！硁硁的声音！没人看重自己，那就算了吧。水深就穿着衣服过河，水浅就提起衣襟过河。"孔子说："真果敢，没有可以责问他的。"

【原文】

子张曰："书云：'高宗①谅阴②，三年不言。'何谓也？"子曰："何必高宗？古之人皆然。君薨③，百官总己以听于冢宰④三年。"

子曰："上好礼，则民易使也。"

【注释】

①高宗：商王武丁。②谅阴：天子守丧。③薨：诸侯死称薨。④冢宰：官名，相当于宰相。

【译文】

子张说："《尚书》上说：'高宗守丧，三年不谈论政事。'什么意思？"孔子说："为什么一定是高宗？古人都这样。国君死了，百官都各管自己的职事，听命于冢宰三年。"

孔子说："在上位的人喜好礼，那么人民就容易驱使。"

【原文】

子路问君子。子曰："修己以敬。"曰："如斯而已乎?"曰:"修己以安人①。"曰:"如斯而已乎?"曰:"修己以安百姓②。修己以安百姓,尧舜其犹病诸!"

【注释】

①安人:使别人安乐。②安百姓:使百姓安乐。

【译文】

子路请教怎样是君子。孔子说:"修养自己严肃恭敬。"子路说:"像这样就可以了吗?"孔子说:"修养自己,使别人安乐。"子路说:"像这样就可以了吗?"孔子说:"修养自己使百姓安乐。修养自己使百姓安乐,尧、舜还担心做不到呐!"

【原文】

原壤①夷俟②。子曰:"幼而不孙弟③,长而无述焉,老而不死,是为贼。"以杖叩其胫。

【注释】

①原壤:鲁国人,孔子的老朋友。②夷俟:夷,双腿分开坐着。俟,等待。③孙弟:孙,同"逊"。弟,同"悌"。

【译文】

原壤叉开双腿坐着等孔子。孔子说:"年少就不讲孝悌,长大了又没有成就,年老了也不死,这是害人。"用手杖敲他的小腿。

【原文】

阙党①童子将命②。或问之曰:"益者与?"子曰:"吾见其居于位③也,见其与先生并行也。非求益者也,欲速成者也。"

【注释】

①阙党:即阙里,孔子住的地方。②将命:传话。③居于位:童子与长者一起

坐在席位上。

【译文】

阙里的一个童子来向孔子传话。有人问孔子说:"是求上进的人吗?"孔子说:"我看见他与长者一起坐在席位上,看见他和长辈并肩行走。不是求上进的人,是想急于求成的人。"

阅读理解

从孔子的很多言论中,我们都可以看出他是一个不走极端的"普通人",他很少提出一些不切实际、高不可攀的主张,他很少固执己见。很多时候,他仅仅强调人尽到应该尽的责任就可以了,并不需要承担过于强大的责任。也许正是这些看似很平凡的主张,才使孔子成为真正的圣人。

写作借鉴

本章采用排比和对比的修辞手法,巧妙说理,生动深刻。如:"仁者不忧,知者不惑,勇者不惧。"明白晓畅,一气呵成。"邦有道,危言危行;邦无道,危行言孙。"采用对比的修辞手法说明有道与无道的区别。本章循循善诱,娓娓道来,道出了君子的行为应该是怎样的。

回味思考

1.子曰:"不在其位,不谋其政。"曾子曰:"君子思不出其位。"出自本则的被人们广为传诵的一句名言是什么?

2.子曰:"君子道者三,我无能焉:仁者不忧,知者不惑,勇者不惧。"子贡曰:"夫子自道也。"在这里孔子强调指出了君子具备的哪三个品格?

3.孔子指出"谋事在人,成事在天",请你谈谈对这一思想的个性化理解。

综合测试

1. _____ 是孔子的弟子及再传弟子记录孔子言行的书。"_____"是这部书所记的思想核心。孔子是_____的创始人。

2. 全世界75位诺贝尔奖获得者在巴黎聚会发表宣言："如果人类想要在21世纪活下去,必须回头2500年,去吸取孔子的智慧。"请写出两句能体现孔子智慧与主张的名言。(课文已有的除外)

3. 按示例解释成语。三人行必有我师:意思是说,在一起行走的几个人中,必定有可以做我的老师的。出处《论语·述而》:"三人行,必有我师焉。择其善者而从之,其不善者而改之。"

    岁寒松柏:_____

4. "知之为知之,不知为不知,是知也。"这句话告诉我们一个道理。通常我们俗语中的"_____"等也是这个意思。

5. 写出"学而"中读书学习之前应具备的品质的句子,并翻译成现代汉语。

6. 写出"为政"中孔子人生感悟的句子,并翻译成现代汉语。

7. 写出"八佾"中孔子赞颂周代文化的句子,并翻译成现代汉语。

8. 写出"里仁"中孔子对富贵、贫贱看法的句子,翻译成现代汉语并联系现实生活谈谈你的看法。

参考答案

1. 《论语》 仁 儒家学派

2. 不义而富且贵,于我如浮云 君子坦荡荡,小人长戚戚

3. 岁寒松柏:意思是说,到了严寒,才知道松柏是最后凋零的。比喻在逆境艰难中能保持节操的人。出处《论语·子罕》:"岁寒,然后知松柏之后凋也。"

4. 实事求是

5. 子曰:"学而时习之,不亦说乎?"

【译文】 孔子说:"学了又时常温习和练习,不是很愉快吗?"

6. 子曰:"吾十有五而志于学,三十而立,四十而不惑,五十而知天命,六十而耳顺,七十而从心所欲,不逾矩。"

【译文】 孔子说:"我十五岁,有志于学问;三十岁,说话做事都有把握;四十岁,能不被外界事物所迷惑;五十岁,懂得了天命;六十岁,一听别人言语,就可以分辨真假,判明是非;七十岁,能随心所欲,任何念头不越出规矩。"

7. 子曰:"《关雎》,乐而不淫,哀而不伤。"

【译文】 孔子说:"《关雎》这首诗,快乐而不放荡,忧愁而不哀伤。"

8. 子曰:"富与贵,是人之所欲也,不以其道得之,不处也;贫与贱,是人之所恶也,不以其道得之,不去也。君子去仁,恶乎成名?君子无终食之间违仁,造次必于是,颠沛必于是。"

【译文】 孔子说:"富裕和显贵是人人都想要得到的,但不用正当的方法得到它,就不会去享受它;贫穷与低贱是人人都厌恶的,但不用正当的方法去摆脱它,就不会摆脱它。君子如果离开了仁德,又怎么能叫君子呢?君子没有一顿饭的时间是背离仁德的,就是在最紧迫的时刻也必须按照仁德办事,就是在颠沛流离的时候,也一定会按仁德去办事的。"个人看法:任何人都不会甘愿过贫穷困顿、流离失所的生活,都希望得到富贵安逸。但这必须通过正当的手段和途径去获取。否则宁守清贫而不去享受富贵。

读 后 感

读《论语》有感

读《论语》我感受颇深,从心里佩服这位老夫子,竟然在2000年前说出了如此惊人的道理,到今天仍然适用于我们的生活。

儒家讲究"修身、齐家、治国、平天下",一直觉得这句话适用于一个人修养内心和外在能力的结合,这是我们做事的根基,以我现在一个初中生的水平,我理解的是修养身心,以达到外在能力的完善,并且懂得变通,与时俱进。在生活中,我时常以这句话告诫自己,平时多看书,多学知识,用丰富的知识充实自己的生活,团结并且帮助周围的同学,在帮助别人的过程中获取内心的快乐、富足,从而更好地提升自身修养,只有我们自己各方面的能力提升了,才能更好地去为人处事。

孔老夫子告诉我们,人的生命是何其短暂,并且从各种层面不断地教诲我们,怎样使自己有限的生命变得更有质量,那就是:精神富足、生活态度积极、和亲人朋友、与人和睦相处。只有这样我们的人生才会变得精彩而有意义。试想一个思想狭隘并且自私自利的人,他是不可能去体会帮助别人的快乐的;试想一个好吃懒做的人,他也不可能体会到成功的快感的。让我们做一个豁达的人,用我们的努力和爱心让我们的人生变得厚重而温暖吧。

"事君数,斯辱矣。朋友数,斯疏矣。"孔老夫子告诫我们要广交益友,不交损友,在与人相处的分寸把握上应"君子之交淡如水"。开始始终不能理解什么是"淡如水",后来慢慢悟到了,原来是说那些历经岁月、富足或磨难后,始终如水般纯净与清澈的友谊。这些教会了我怎样交朋友,交怎样的朋友。俗话说从朋友身上可以照见自己的影子。其实人这一生有什么样的朋友直接反映他是一个什么样的人，好朋友就如一本书，他可以打开整个你的世界。良友、益友可以教会你很多东西，带来很多帮助，恶友、佞友会给你带来很多麻烦，甚至将你引上邪路，因此选择朋友是至关重要的。

孔子提倡仁爱，但他并不认为应当以丧失原则的仁爱之心去宽容所有人的过失。他告诉我们宽容是有尺度的，并非毫无原则地谦让、宽恕。其实不管是曾经帮助、爱护过自己的人，还是曾经嘲弄甚至伤害过自己的人，都不过是人生的一种经历而已，不管是朋友还是敌人，他们都曾经以不同的方式让你成长，因此，除了要感谢帮助爱护自己的人，同样也要感谢那些嘲讽甚至伤害过自己的人，因为他们，让你觉醒和自强。

一边读论语一边有一些词汇在脑海中跳跃，那就是：温暖、从容、朴素。其实，这些都是孔子教给我们的为人处世之道。我深切地感受到自己找到了一把打开心灵枷锁的钥匙，让我感悟到很多，懂得了很多。

《论语》读后感

曹西蒙

初读《论语》就有一种爱不释手的感觉，在此我想把自己一些粗浅的感受和大家一起分享。

读《论语》如同穿越了一条几千年的时光隧道，似乎看到了一个群雄逐鹿、争霸天下的春秋时期，而孔子带领弟子周游列国，劝说君王"实仁政，爱子民"，我也看到了一个伟大的思想家、教育家、政治家为民请命的奔走嚎呼。孔子讲究孝道、治学、治国、为政，为历代君王所推崇。儒家思想、中庸之道，直到今天仍然被我们视为治国之道和为人之本。他的思想影响了几千年的中国传统文化，犹如一盏明灯，时刻指引着我，警醒着我，让我在急躁的赶路之时能始终保持一份清醒。

孔子推崇孝道，"孝"一直被人们视为中华民族的传统美德。然而随着时代的发展，"孝道"却在褪色。每个父母都希望子女能有出息，能比自己强,因此父母把全部的爱投入到孩子身上,可是却往往得不到同等的回报。因为孩子从小没有经历过挫折,从小饭来张口,衣来伸手,长大后他们能力不足,不懂得回报,而是觉得这一切都应当是父母给予的,这就导致了很多"小皇帝"变成了不孝子。其实父母为子女提供丰厚的物质,我们都可以理解,关键是我们不能因为如此就忽视了父母给我们的爱,其实没有一种给予是理所应当的,我们只有按照父母的意愿、教诲行事做人,对得起父母才是真正的孝。

"三人行必有我师"这是怎样一种谦虚、实事求是、锲而不舍的求学态度啊,我们如果能够做到孔子说的,谦虚地向人求教,学习上勤奋刻苦,就会很好地提高自己,结识很多良师益友。多向身边的人学习,就像置身于万绿丛中的小苗吸收着丰富的养分。高山,是那样雄伟、绵延;大海,是那样壮丽无边。山之所以高,是因为它从不排斥每一块小石;海之所以阔,是因为它积极地聚集好一点一滴不起眼的水。若想具有高山的情怀和大海的渊博,就必须善于从平凡的人身上汲取他们的点滴之长。

"半部《论语》治天下",我想我们穷尽一生也许都不能读透孔子。但对于我,时常能读论语,学一个字,明一道理就足够我享用一生了。不管是生活中还是学习上,我们都要以孔子这样贤德的人为榜样,不断激励自己,完善自己,修养德性,这样长大后才能做一个对他人和社会有用、有益的人。

孟子

孟子·梁惠王上

导语

没有规矩,不成方圆;没有约束,不成社会。因此没有任何一个社会会放纵人们的所作所为,总会制定某些对人有约束力的规则。规则本来只是要人们放弃那些可能危害社会的冲动和行为,其理由还是基于个人的,只有这样,个人才能活得更好。

以义治国,何必言利

【原文】

孟子见梁惠王①。王曰:"叟②!不远千里而来,亦将有以利吾国乎?"

孟子对曰:"王!何必曰利?亦③有仁义而已矣。王曰:'何以利吾国?'大夫曰:'何以利吾家?'士庶人④曰:'何以利吾身?'上下交征⑤利而国危矣。万乘之国,弑⑥其君者,必千乘之家;千乘之国,弑其君者,必百乘之家⑦。万取千焉,千取百焉,不为不多矣。苟⑧为后义而先利,不夺不餍⑨。未有仁而遗⑩其亲者也,未有义而后其君者也。王亦曰仁义而已矣,何必曰利?"

【注释】

①梁惠王：就是魏惠王，公元前400年至公元前319年在位，惠是他的谥号。公元前370年继他父亲魏武侯即位，即位后九年由旧都安邑(今山西夏县北)迁都大梁(今河南开封西北)，所以又叫梁惠王。②叟：老人。③亦：这里是"只"的意思。④土庶人：土和庶人。庶人即老百姓。⑤交征：互相争夺。征，取。⑥弑：下杀上、卑杀尊、臣杀君叫弑。⑦千乘、百乘：古代用四匹马拉的一辆兵车叫一乘，诸侯国的大小以兵车的多少来衡量。据刘向《战国策·序》说，战国末期的万乘之国有韩、赵、魏(梁)、燕、齐、楚、秦七国，千乘之国有宋、卫、中山以及东周、西周。至于千乘、百乘之家的"家"，则是指拥有封邑的公卿大夫。公卿封邑大，有兵车千乘；大夫封邑小，有兵车百乘。⑧苟：如果。⑨餍(yàn)：满足。⑩遗：遗弃，抛弃。

【译文】

孟子拜见梁惠王。梁惠王说："老先生，你不远千里而来，一定是有什么对我的国家有利的高见吧？"

孟子回答说："大王！何必说利呢？只要说仁义就行了。大王说：'怎样使我的国家有利？'大夫说：'怎样使我的家庭有利？'一般人士和老百姓说：'怎样使我自己有利？'结果是上上下下互相争夺利益，国家就危险了啊！在一个拥有一万辆兵车的国家里，杀害它国君的人，一定是拥有一千辆兵车的大夫；在一个拥有一千辆兵车的国家里，杀害它国君的人，一定是拥有一百辆兵车的大夫。这些大夫在一万辆兵车的国家中就拥有一千辆，在一千辆兵车的国家中就拥有一百辆，他们的拥有不算不多。可是，如果把义放在后而把利摆在前，他们不夺得国君的地位是永远不会满足的。反过来说，从来没有讲仁的人却抛弃父母的，从来也没有讲义的人却不顾君王的。所以，大王只说仁义就行了，何必说利呢？"

阅读理解

是啊，何必一开口就说利呢？孔子不是早就说过："君子喻于义，小人喻于

利。"(《论语·里仁》)

司马迁说自己读孟子见梁惠王，常常感叹不已："利实在是天下大乱的原因啊！"(《史记·孟子荀卿列传》)

所以，君子不言利。这的确是儒学传统。

对于我们今天来说，利义齐飞，君子已不羞与言利，或者说，君子也要言利。但是不是也有必要多言"仁义"而"救其弊"呢？当然，的确也不可能只说仁义而不说利，这已不合乎我们今天的现实。应该是既说利也说义，或者，还是用圣人孔子的那句话来调节，叫作"见得思义。"(《论语·季氏》、《论语·子张》)

写作借鉴

本篇运用排比的修辞手法，语气强烈。梁惠王的语句见出了急于追求"利"的一种潜意识。而孟子的回答亦采用排比的修辞，环环相扣，步步紧逼。铿锵有力地指出梁惠王的认识是错误的。

回味思考

1. 君子该不该谈"利"？说说你自己的观点。
2. 你认为我们到底该如何看待利和义呢？

与民同乐

【原文】

孟子见梁惠王。王立于沼上,顾鸿雁麋鹿,曰:"贤者亦乐此乎?"

孟子对曰:"贤者而后乐此,不贤者虽有此,不乐也。《诗云》①:'经始灵台②,经之营之。庶民攻③之,不日④成之。经史勿亟⑤,庶民子来⑥。王在灵囿⑦,麀鹿攸伏⑧。麀鹿濯濯⑨,白鸟鹤鹤⑩。王在灵沼⑪,於牣⑫鱼跃。'文王以民力为台为沼,而民欢乐之,谓其台曰:'灵台',谓其沼曰'灵沼',乐其有麋鹿鱼鳖。古之人与民偕乐,故能乐也。《汤誓》⑬曰:'时日害丧⑭?予及女⑮偕亡!'民欲与之偕亡,虽有台池鸟兽,岂能独乐哉?"

【注释】

①《诗》云:下面所引的是《诗经·大雅·灵台》中的内容,全诗共四章,文中引的是前两章。②经始:开始规划营造。灵台:台名,故址在今陕西西安西北。③攻:建造。④不日:不几天。⑤亟:急。⑥庶民子来:老百姓像儿子似的来修建灵台。⑦囿:古代帝王畜养禽兽的园林。⑧麀鹿:母鹿。攸:同"所"。⑨濯(zhuó)濯:肥胖而光滑的样子。⑩鹤鹤:羽毛洁白的样子。⑪灵沼:池名。⑫於(wū):赞叹词。牣(rèn):满。⑬《汤誓》:《尚书》中的一篇,记载商汤王讨伐夏桀时的誓师词。⑭时:这。日:太阳。害:何,何时。丧:毁灭。时日害丧意思是这太阳什么时候毁灭呢?⑮予及女:我和你。女同"汝",你。

【译文】

孟子拜见梁惠王。梁惠王站在池塘边上,一面顾盼着鸿雁麋鹿等飞禽走兽,一面说:"贤人也以此为乐吗?"

孟子回答说："正因为是贤人才能够以此为乐，不贤的人就算有这些东西，也不能够快乐的。《诗经》说：'开始规划造灵台，仔细营造巧安排。天下百姓都来干，几天建成速度快。建台本来不着急，百姓起劲自动来，国王游览灵园中，母鹿伏在深草丛。母鹿肥大毛色润，白鸟洁净羽毛丰。国王游览到灵沼，满池鱼儿欢跳跃。'周文王虽然用了老百姓的劳力来修建高台深池，可是老百姓非常高兴，把那个台叫作'灵台'，把那个池叫作'灵沼'，以那里面有麋鹿、鱼鳖等珍禽异兽为快乐。古代的君王与民同乐，所以能真正快乐。相反，《汤誓》说：'你这太阳啊，什么时候毁灭呢？我宁肯与你一起毁灭！'老百姓恨不得与你同归于尽，即使你有高台深池、珍禽异兽，难道能独自享受快乐吗？"

阅读理解

这一段记载很有点戏剧性。

梁惠王正在花园中休闲散心，那个劝他不要谈利的'叟'——孟老头又去拜见他了。他一边左顾右盼地观赏园林池台中的珍禽异兽，一边漫不经心地问："你们这些不言利的贤人先生们觉得这园林风光、这珍禽异兽怎么样啊？你们也会以此为乐吗？"语词间满含奚落的味道。想不到孟老先生聪明人装糊涂，就像没有觉察出什么来似的，反而将话就话，接过他的话头来就亮出了自己的主题："贤者而后乐此，不贤者虽有此不乐也。"然后沿着这一正一反两条线索展开，以周文王和夏桀的典型例证作为论据，提出了当政者应"与民同乐"的思想主张。从而又一次教育了梁惠王。

孟子的基本思想是：仁慈的政治领导人与民同乐，所以能享受到真正的快乐。残暴专制独裁者穷奢极欲，不顾老百姓的死活，其结果是自己也得不到真正的快乐。从历史的情况看，夏桀王固然没有好下场，后世的殷纣王造酒池肉林，秦始皇建阿房宫，隋炀帝修迷楼，宋徽宗筑艮岳，慈禧太后建颐和园等，大兴土木，原本都是为了享受快乐，但由于贪婪残暴，不顾人民死活，结果是民怨鼎沸，几乎没有一个有好结局，也没有一个享受到了真正舒心的快乐。这些都证实了孟子"与民同乐"思想的正确性。

写作借鉴

本篇引用周文王的事例说明与民同乐的重要性。巧妙地告诉梁惠王要与民同乐,这样才能得到真正的快乐。孟子长于说理,善于论辩。严密的逻辑思维是非常缜密的。

回味思考

1.与民同乐的思想对各级领导人来说有什么重要性?

2."与民同乐"对我们每个人有何积极意义?

父母官的职责

【原文】

梁惠王曰:"寡人愿安①承教。"

孟子对曰:"杀人以梃②与刃,有以异乎?"

曰:"无以异也。"

"以刃与政,有以异乎?"

曰:"无以异也。"

曰:"庖③有肥肉,厩④有肥马,民有饥色,野有饿莩。此率兽而食人也! 兽相食,且人恶⑤之;为民父母,行政,不免于率兽而食人,恶⑥在其为民父母也? 仲尼曰:'始作俑者⑦,其无后乎!'为其象⑧人而用之也。如之何其使斯民饥而死也?"

【注释】

①安:乐意。②梃(tǐng):木棒。③庖(páo):厨房。④厩(jiù):马栏。⑤且人恶(wù)之:按现在的词序,应是"人且恶之"。且,尚且。⑥恶(wù):疑问副词。⑦俑(yǒng):古代陪葬用的土偶、木偶。在用土偶、木偶陪葬之前,经历了一个用草人陪葬的阶段。草人只是略略像人形,而土偶、木偶却做得非常像活人。所以孔子深恶痛绝最初采用土偶、木偶陪葬的人。"始作俑者"就是指这最初采用土偶、木偶陪葬的人。后来这句话成为成语,指首开恶例的人。⑧象:同"像"。

【译文】

梁惠王说:"我很乐意听您的指教。"

孟子回答说:"用木棒打死人和用刀子杀死人有什么不同吗?"

梁惠王说:"没有什么不同。"

孟子又问:"用刀子杀死人和用政治害死人有什么不同吗?"

梁惠王回答:"没有什么不同。"

孟子于是说:"厨房里有肥嫩的肉,马房里有健壮的马,可是老百姓面带饥色,野外躺着饿死的人。这等于是在上位的人率领着野兽吃人啊!野兽自相残杀,人尚且厌恶它;作为老百姓的父母官,施行政治,却不免于率领野兽来吃人,那又怎么能够做老百姓的父母官呢?孔子说:'最初采用土偶、木偶陪葬的人,该是会断子绝孙吧!'这不过是因为土偶、木偶太像活人而用来陪葬罢了。又怎么可以使老百姓活活地饿死呢?"

阅读理解

在孟子看来,执政者作为老百姓的父母官,让人民生活幸福是其基本的职责。相反,如果自己过着丰衣足食的生活,而人民群众却在挨饿受冻,那简直就像是率领野兽吃人一样,是极大的犯罪。

孟子的言论并不深奥,道理也是大家都懂得的,不外乎是一种民本主义的思想。问题还是出在实施上。

梁惠王固然是实施得不好,不然怎么会出现"庖有肥肉,厩有肥马"而"民有饥色,野有饿莩"的现象呢?但是,无论是与梁惠王同时代的其他国家统治者,还是后世若干年的当权执政者,又有多少"父母官"实施得很好呢?

今天,我们树立人民公仆的意识,反腐倡廉、为民办实事等等,不是依然在考虑如何为人民谋利益,真正为人民服务吗?所以,孟子的言论并不过时,直到今天,仍然对我们各级领导人起到警诫作用。

写作借鉴

本篇说理性强,娓娓道来。讲道理、举例子让梁惠王认识到应该怎样施行仁政。

回味思考

1."当官不为民做主,不如回家卖红薯",请你谈谈对这句话的理解。
2.谈谈你对父母官的看法。
3.如何做到成为真正的父母官?请谈谈你的看法。

仁者无敌

【原文】

梁惠王曰:"晋国①,天下莫强②焉,叟之所知也。及寡人之身,东败于齐,长子死焉③;西丧地于秦七百里④;南辱于楚⑤。寡人耻之,愿比死者一洒之⑥,如之何则可?"

孟子对曰:"地方百里⑦而可以王。王如施仁政于民,省刑罚,薄税敛,深耕易耨⑧;壮者以暇日修其孝悌忠信,入以事其父兄,出以事其长上。可使制梃以达秦楚之坚甲利兵矣。

"彼夺其民时，使不得耕耨以养其父母。父母冻饿，兄弟妻子离散，彼陷溺其民，王往而征之，夫谁与王敌？故曰：'仁者无敌。'王请勿疑！"

【注释】

①晋国：韩、赵、魏三家分晋，被周天子和各国承认为诸侯国，称三家为三晋，所以，梁(魏)惠王自称魏国也为晋国。②莫强：没有比它更强的。③东败于齐，长子死焉：公元前341年，魏与齐战于马陵，兵败，主将庞涓被杀，太子申被俘。④西丧地于秦七百里：马陵之战后，魏国国势渐衰，秦屡败魏国，迫使魏国献出河西之地和上郡的十五个县，约七百里地。⑤南辱于楚：公元前324年，魏又被楚将昭阳击败于襄陵，魏国失去八邑。⑥比：替，为。一：全，都。洒：洗刷。全句说，希望为全体死难者报仇雪恨。⑦地方百里：方圆百里的土地。⑧易耨：及时除草。易，疾，速，快。耨，除草。

【译文】

惠王说："魏国曾一度在天下称强，这是老先生您知道的。可是到了我这时候，东边被齐国打败，连我的大儿子都死掉了；西边丧失了700里土地给秦国；南边又受楚国的侮辱。我为这些事感到非常羞耻，希望替所有的死难者报仇雪恨，我要怎样做才行呢？"

孟子回答说："只要有方圆100里的土地就可以使天下归服。大王如果对老百姓施行仁政，减免刑罚，少收赋税，深耕细作，及时除草；让身强力壮的人抽出时间修养孝顺、尊敬、忠诚、守信的品德，在家侍奉父母兄长，出门尊敬长辈上级。这样就是让他们制作木棒也可以打击那些拥有坚实盔甲、锐利刀枪的秦楚军队了。

"因为那些秦国、楚国的执政者剥夺了他们老百姓的生产时间，使他们不能够深耕细作来赡养父母。父母受冻挨饿，兄弟妻子东离西散。他们使老百姓陷入深渊之中，大王去征伐他们，有谁来和您抵抗呢？所以说：'施行仁政的人是无敌于天下的。'大王请不要疑虑！"

阅读理解

在物质生产方面,包括三项内容:一是刑罚,二是薄赋税,三是深耕易耨。虽然刑罚属于法治,薄赋税属于财政,深耕易耨才属于农业生产。但说穿了,前两项的目的都是为了让老百姓能够提高劳动生产积极性,发展生产。

在精神文明建设方面,主要还是教育问题,不过,在儒家政治的教育中,德育是第一位的,做人是第一位的,而文化知识还是第二位的,所以孟子在这里依然强调的是"孝"、"悌"、"忠"、"信"。

只要这两手都抓住了,国无论大小都可以发展壮大。

小国可以打败大国,弱国可以战胜强国。因为,施行仁政的人是无敌于天下的。

写作借鉴

本篇孟子通过分析因果,阐述了施行仁政的必要性。施行仁政者天下无敌。

回味思考

1. 孟子是怎样劝说梁惠王采用自己的治国良方的?
2. "仁者无敌"与"忍者无敌"有何区别?

谁能统一天下

【原文】

孟子见梁襄王①。出，语②人曰："望之不似人君，就之而不见所畏焉。卒然③问曰：'天下恶乎定？'

"吾对曰：'定于一。'

"'孰能一之？'

"对曰：'不嗜杀人者能一之。'

"'孰能与④之？'

"对曰：'天下莫不与也。王知夫苗乎？七八月之间旱，则苗槁矣。天油然作云，沛然下雨，则苗浡然⑤兴之矣。其如是，孰能御之？今夫天下之人牧⑥，未有不嗜杀人者也。如有不嗜杀人者也。如有不嗜杀人者，则天下之民皆引领而望之矣。诚如是也，民归之，由⑦水之就下，沛然谁能御之？'"

【注释】

①梁襄王：梁惠王的儿子，名嗣，公元前318年至公元前296年在位。②语（yù）：动词，告诉。③卒然：突然。卒同"猝（cù）"。④与：从，跟。⑤浡然：兴起的样子。浡然兴之即蓬勃地兴起。⑥人牧：治理人民的人，指国君。"牧"由牧牛、牧羊的意义引申过来。⑦由：同"犹"，好像，如同。

【译文】

孟子见了梁惠王，出来以后，告诉人说："远看不像个国君，到了他跟前也看不出威严的样子。突然问我：'天下要怎样才能安定？'

"我回答说：'要统一才会安定。'

"他又问:'谁能统一天下呢?'

"我又答:'不喜欢杀人的国君能统一天下。'

"他又问:'有谁愿意跟随不喜欢杀人的国君呢?'

"我又答:'天下的人没有不愿意跟随他的。大王知道禾苗的情况吗?'当七八月间天旱的时候,禾苗就干枯了。一旦天上乌云密布,哗啦哗啦下起大雨来,禾苗便会蓬勃生长起来。这样的情况,谁能够阻挡得住呢?如今各国的国君,没有一个不喜欢杀人的。如果有一个不喜欢杀人的国君,那么,天下的老百姓都会伸长脖子期待着他来解救了。真像这样,老百姓归服他,就像雨水向下奔流一样,哗啦哗啦,谁能阻挡得住呢?'"

阅读理解

天有不测风云,人有旦夕祸福。正当孟子与梁惠王越谈越投机的时候,梁惠王却一命呜呼了。惠王的儿子襄王继位,还是召见了一次孟子。这里记录的,就是孟子见了梁襄王后的感受和他自述的谈话内容。

"望之不似人君,就之而不见所畏焉。"这两句名句描绘一个人不成器的样子,真是形象生动而入木三分。更为有意思的是,就是这个不成器的公子哥儿,居然一开口就问"天下恶乎定?"给人以小人说大话的感觉:他竟然也想定平定天下!值得我们注意的是,孟子并没有因为反感这人就拂袖而去或缄口不言,而是照样认真地给他来了一番关于统一天下的开导。

孟老夫子给梁襄王谈的其实是两个层次的内容。第一层,天下统一才能够安定。这个道理是非常简单的。天下不统一,四分五裂,战争不断,怎么可能安定呢?第二层,谁能统一天下?孟子说得非常简单:不喜欢杀人的人能够统一天下。这句话我们要回到孟子谈话的具体环境和时代来理解,才不至于曲解了这位"亚圣"的本来意思。首先,孟子所说的"不嗜杀人者"是指执掌人的生死大权的国君。其次,在当时的时代,七雄纷争,战争不断。战争就要互相残杀。所以,孟子所说的"不嗜杀人者"实际上是指不喜欢战争的人,也就是世界和平的维护者。其实,孟子所说的道理并不深奥,正因为当时战火纷飞,征伐不断,各国的老百姓都吃够了战争的苦头,就像生活在水深火热之中一样,痛苦不堪。如果这时候有哪个国君公然树起和平的旗帜,不再让他的老百姓去打仗卖命,而营造出一派社会稳定和发展生产的局面,那天下的老百姓都会闻风而至,诚心归服了。孟子的理论依据实际上仍然是民众的心理。孟子的政治学说具有浓厚的政治心理学色彩,说穿了,还是"仁政"的思想。

写作借鉴

本篇孟子巧妙地运用比喻的修辞方式。说明老百姓等待不杀人的国君就像久旱的禾苗等待雨水一样。深入浅出,贴切形象。

回味思考

1. 文中孟子如何一步步劝说梁襄王的?体会孟子的善辩特点。
2. 文中运用了比喻说理,其本体与喻体是如何相连的?
3. 孟子主张的"仁政"思想在文中是怎样体现的?

不为与不能

【原文】

王说①曰:"《诗》云②:'他人有心,予忖度③之。'夫子之谓也。夫我乃行之,反而求之,不得吾心。夫子言之,于我心有戚戚④焉。此心之所以合于王者,何也?"

曰:"有复于王者曰'吾力足以举百钧⑤',而不足以举一羽;'明足以察秋毫之末⑥',而不见舆薪⑦,则王许⑧之乎?"

曰:"否。"

"今恩足以及禽兽,而功不至于百姓者,独何与?然则一羽之不举,为不用力焉;舆薪之不见,为不用明焉,百姓之不见保,为不用恩焉。故王之不王,不为也,非不能也。"

曰:"不为者与不能者之形⑨何以异?"曰:"挟太山以超北海⑩,语人曰'我不能',是诚不能也。为长者折枝,语人曰'我不能',是不为也,非不能也。故王之不王,非挟太山以超北海之类也;王之不王,是折枝之类也。

"老吾老,以及人之老;幼吾幼,以及人之幼⑪。天下可运于掌⑫。《诗》云⑬:'刑于寡妻⑭,至于兄弟,以御⑮于家邦。'言举斯心加诸彼而已。故推恩足以保四海,不推恩无以保妻子。古之人所以大过人者无他焉,善推其所为而已矣。今恩足以及禽兽,而功不至于百姓者,独何与?

"权⑯,然后知轻重;度,然后知长短。物皆然,心为甚。王请度之!抑⑰王兴甲兵,危士臣,构怨⑱于诸侯,然后快于心与?"

王曰:"否。吾何快于是?将以求吾所大欲也。"

【注释】

①说:同"悦"。②《诗》云:引自《诗经·小雅·巧言》。③忖度:猜测,揣想。④戚戚:心有所动的感觉。⑤钧:古代重量单位,三十斤为一钧。⑥秋毫之末:指细微难见的东西。⑦舆:车子。薪:木柴。⑧许:赞许,同意。⑨形:情况,状况。⑩太山:泰山。北海:渤海。⑪该句中第一个"老"和"幼"都作动词用。老:尊敬。幼:爱护。⑫运于掌:在手心里运转,比喻治理天下很容易。⑬《诗》云:以下三句引自《诗经·大雅·思齐》。⑭刑:同"型",指树立榜样,做示范。寡妻:

国君的正妻。⑮御：治理。⑯权：本指秤锤，这里用作动词，指称物。⑰抑：选择连词，相当于现代汉语的"还是"。⑱构怨：结怨，构成仇恨。

【译文】

齐宣王很高兴地说："《诗经》说：'别人有什么心思，我能揣测出。'这就是说的先生您吧。我自己这样做了，反过来想想为什么要这样做，却说不出所以然来。倒是您老人家这么一说，我的心便豁然开朗了。但您说我的这种心态与用道德统一天下的王道相合又怎么理解呢？"

孟子说："假如有人来向大王报告说：'我的力量能够举得起3000斤重物，却拿不起一根羽毛；视力能够看得清秋天毫毛的末梢，却看不见摆在眼前的一车柴草。'大王您会相信他的话吗？"

宣王说："当然不会相信。"

孟子便接着说："如今大王您的恩惠能够施及动物，却偏偏不能够施及老百姓，是为什么呢？一根羽毛拿不起，是不愿意用力气拿的缘故；一车柴草看不见，是不愿意用眼睛看的缘故；老百姓不能安居乐业，是君王不愿意施恩惠的缘故。所以大王您没有能够用道德来统一天下，是不愿意做，而不是做不到。"

宣王说："不愿意做和做不到有什么区别呢？"

孟子说："要一个人把泰山夹在胳膊下跳过北海，这人告诉人说：'我做不到。'这是真的做不到。要一个人为老年人折一根树枝，这人告诉人说：'我做不到。'这是不愿意做，而不是做不到。大王您没有做到用道德来统一天下，不是属于把泰山夹在胳膊下跳过北海的一类，而是属于为老年人折树枝的一类。

"尊敬自己的老人，并由此推广到尊敬别人的老人；爱护自己的孩子，并由此推广到爱护别人的孩子。做到了这一点，整个天下便会像在自己的手掌心里运转一样容易治理了。《诗经》说：'先给妻子做榜样，再推广到兄弟，再推广到家族和国家。'说的就是要把自己的心推广到别人身上去。所以，推广恩德足以安定天下，不推广恩德连自己的妻子儿女都保不了。古代的圣贤之所以能远远超过一般人，没有别的什么，不过是善于推广他们的好行为罢了。如今大王您的恩惠能够施及动物，却不能够施及老百姓，偏偏是为什么呢?

"称一称才知道轻重,量一量才知道长短,什么东西都是如此,人心更是这样。大王您请考虑考虑吧!难道真要发动全国军队,使将士冒着生命危险,去和别的国家结下仇怨,这样您的心里才痛快吗?"

宣王说:"不,我为什么这样做心里才痛快呢?我只不过想实现我心里的最大愿望啊。"

阅读理解

孟子关于"君子远庖厨"的一番心理分析说得齐宣王心服口服,就像我们去看医生而被诊断准确了病症一样,于我心有戚戚焉对医生悠然而生亲切之感,并得到进一步的诊断治疗。

这一回,孟子用的是逻辑上的归谬法,先假定了两种荒唐的说法:"力足以举千钧,而不足以举一羽;明足以察秋毫之末,而不见舆薪。"齐宣王亲口对此加以否定,然后把宣王自己的做法加上去:"恩足以及禽兽,而功不至于百姓。"这样便轻而易举地使齐宣王认识到了自己存在的问题:不是不能,而是不为。也就是说,不是做不到,而是不愿做。

当宣王对这两个概念的区别还有些不清楚时,孟子又作了生动的举例说明,这就是"挟太山以超北海"与"为长者折枝"的区别。"挟太山以超北海"是不能,是做不到,而"为长者折枝"则是愿不愿意做的问题了。说到底,关键是看你有没有朝这方面想,有没有这样一种精神。今天在我们生活中就有许多这样事情,都是愿不愿意做,而不是做不做得到的问题。比如说为老年人让座,不要随地吐痰,遵守交通规则等等,的确都是"为长者折枝"的举手之劳。

回到孟子的话题上来,在讲清楚了"不为"与"不能"的问题后,他又一次施展出心理学方面的本事,对齐宣王来了一番政治行为心理学的开导,这就是著名的"老吾老,以及人之老;幼吾幼,以及人之幼"理论,"推己及人",首先从自己做起,然后推及自己的夫人、兄弟,再到整个家族和国家。说到底,这一方面合与孔子"己欲立而立人,己达立而达人"和"己所不欲,勿施于人"的忠恕之道,另一方面也合于《大学》里修身、齐家、治国、平天下的人生进修阶梯。一旦做到了这一点,"天下可运于掌"还有什么不能统一的呢?

说完正题以后,孟子引用格言说:"权,然后知轻重;度,然后知长短;物皆然,心为甚。"希望齐宣王好好考虑,好好反省自己的所作所为。而最后还以"霸道"的做法、军国主义者的行为来加以反衬,刺激齐宣王逼他做出唯一正确的选择——实行仁政,推行以道德统一天下的王道。

写作借鉴

本篇采用比较、排比等方式,分析说理,使梁惠王心悦诚服,同时又反思自己的行为。如:"吾力足以举百钧,而不足以举一羽;明足以察秋毫之末,而不见舆薪"是运用了比较。"今恩足以及禽兽,而功不至于百姓者,独何与?然则一羽之不举,为不用力焉;舆薪之不见,为不用明焉,百姓之不见保,为不用恩焉。故王之不王,不为也,非不能也。"是用了排比,一气呵成,说服力强。另外"老吾老,以及人之老;幼吾幼,以及人之幼。"经常被人们引用。

回味思考

1.读完这篇文章,你理解了不为与不能的区别了吗?请谈谈你的看法。

2.你在平时做事的时候有没有把不愿做的事当成不能做的事,作为自己不去做的借口呢?请联系自己的生活谈一下,以后我们该怎么做。

3.怎样理解"老吾老,以及人之老;幼吾幼,以及人之幼"。

衣食足而知礼仪

【原文】

王曰:"吾惛①,不能进于是矣。愿夫子辅吾志,明以教我,我虽不敏,请尝试之。"

曰:"无恒产②而有恒心者,惟士为能。若③民,则无恒产,因无恒心。苟无恒心,放辟邪侈④无不为已。及陷于罪,然后从而刑之是罔民⑤也。焉有仁人在位罔民而可为也?是故明君制⑥民之产,必是仰足以事父母,俯足以畜妻子;乐岁终身饱,凶年免于死亡。然后驱而之善,故民之从之也轻⑦。

"今也制民之产,仰不足以事父母,俯不足以畜妻子;乐岁终身苦,凶年不免于死亡。此惟救死而恐不赡⑧,奚暇⑨礼仪哉?

"王欲行之则盍反其本矣?五亩之宅,树之以桑,五十者可以衣帛矣。鸡豚狗彘之畜,无失其时,七十者可以食肉矣。百亩之田,勿夺其时,八口之家可以无饥矣。谨庠序之教,申之以孝悌之义,颁白者不负戴于道路矣。老者衣锦食肉,黎民不饥不寒,然而不王者,未之有也。"

【注释】

①惛:同"昏",昏乱,糊涂。②恒产:可以赖以维持生活的固定财产。如土地、田园、林木、牧畜等。③若:转折连词,至于。④放:放荡。辟:同"僻",与"邪"的意思相近,均指歪门邪道。侈:放纵挥霍。放辟邪侈指放纵邪欲违法乱纪。⑤罔:同"网",有"陷害"的意思。⑥制:订立制度、政策。⑦轻:轻松,容易。⑧赡:足够,充足。⑨奚暇:怎么顾得上。奚,疑问词,怎么,哪有。暇,余暇,空闲。

【译文】

齐宣王说:"我头脑昏乱,对您的说法不能作进一步的领会。希望先生开导我的心志,更明确的教我。我虽然不聪明,也不妨试它一试。"

孟子说:"没有固定的产业收入却有固定的道德观念,只有读书人才能做到,至于一般老百姓,如果没有固定的产业收入,也就没有固定的道德观念。一旦没有固定的道德观念,那就会胡作非为,什么事都做得出来。等到他们犯了罪,然后才去加以处罚,这等于是陷害他们。哪里有仁慈的人在位执政却去陷害百姓的呢?所以,贤明的国君制定产业政策,一定要让他们上足以赡养父母,下足以抚养妻子儿女;好年成丰衣足食,坏年成也不致饿死。然后督促他们走善良的道路,老百姓也就很容易听从了。

"现在各国的国君制定老百姓的产业政策,上不足以赡养父母,下不足以抚养妻子儿女;好年成尚且艰难困苦,坏年成更是性命难保。到了这个地步,老百姓连保命都恐怕来不及哩,哪里还有什么工夫来修养礼仪呢?

"大王如果想施行仁政,为什么不从根本上着手呢?在五亩大的宅园中种上桑树,50岁以上的老人都可以穿上丝绵衣服了。鸡、狗、猪等家禽家畜好好养起来,70岁以上的老人都可以有肉吃了。百亩的耕地,不要去妨碍他们的生产,八口人的家庭都可以吃得饱饱的了。认真地兴办学校,用孝顺父母、尊敬兄长的道理反复教导学生,头发斑白的人也就不会在路上负重行走了。老年人有丝绵衣服穿,有肉吃,一般老百姓吃得饱,穿得暖,这样还不能使天下归服,是从来没有过的。"

阅读理解

齐宣王已经完全被孟子的言语所打动,所以态度诚恳地请孟子"明以教我",不要绕弯子了,打开窗户说亮话吧。直到这时孟子才完全正面地展开了他的治国方略和施政纲要。归结起来,也不过就是两层意思:第一层,有恒产才有恒心,所以要先足衣食后治礼仪。这就是《管子·牧民》所谓"仓廪实则知礼节,衣食足则知荣辱"的道理。而且,仅从社会稳定的角度来说,"无恒产者"也是最危险的因素。因此孟子认为在我们制定国民经济发展规划的时候,一定要从富民的角度出发。考虑到让老百姓过上丰衣足食、安居乐业的生活,让他们不仅能够养家糊口,而且还有一定的产业。只有做到了这一步,才谈得上进一步的精神文明建设,即"治礼仪"的问题。

讲清楚了这一层道理后,孟子才转到第二层意思,即较为具体地展示他的富民兴教的蓝图。我们不难发现,他在这里所展示的富民兴教的蓝图,几乎与他在梁惠王那里所展示的一模一样。(只是把"数口之家"改为了具体的"八口之家","七十者衣帛食肉"改为了"老者衣帛食肉"罢了)一个国家不能实现自己的政治抱负,又到了另一个国家。孟子就是这样,像他的前辈孔老夫子一样,东奔西走,周游列国,希望行义以达其道,为救世济民而不辞辛劳,甚至是"知其不可为而为之"。其积极入世的理想精神,给后世留下了深远的影响。

写作借鉴

　　本篇从根本上入手分析说理。说理透彻,而且以具体例子力求使自己的说理更明白,更有说服力。采用对偶的修辞手法,读起来朗朗上口,说理严密。

回味思考

1.从心理分析角度理解孟子的谈话艺术。
2."仓廪实而知礼节,衣食足而知荣辱"这句话有道理吗?

孟子·梁惠王下

导语

孟子反对无休止的战争，倡导让利于民，让百姓休养生息。最后孟子在自己论证的基础之上，进一步指出面对上层贵族奢靡浪费、黎民饥寒交迫的社会现实，作为最高统治者的梁惠王具有不可推卸的责任。

小勇与大勇

【原文】

齐宣王问曰："交邻国有道乎？"

孟子对曰："有。唯仁者为能以大事小，是故汤事葛①，文王事昆夷②；唯智者为能以小事大，故太王事獯鬻③，勾践事吴④。以大事小者，乐天者也；以小事大者，畏天者也。乐天者保天下，畏天者保其国。诗云：'畏天之威，于时保之⑤。'"

王曰："大哉言矣！寡人有疾，寡人好勇。"

对曰："王请无好小勇。夫抚剑疾视曰，'彼恶敢当我哉'！此匹夫之勇，敌一人者也。王请大之！

"《诗》云⑥：'王赫斯⑦怒，爰⑧整其旅，以遏徂莒⑨，以笃周祜⑩,以对于天下。'此文王之勇也。文王一怒而安天下之民。

"《书》曰⑪:'天降下民,作之君,作之师。惟曰其助上帝,宠之四方。有罪无罪,惟我在,天下曷敢有越厥⑫志?'一人衡行⑬于天下,武王耻之。此武王之勇也。而武王亦一怒而安天下之民。今王亦一怒而安天下之民,民唯恐王之不好勇也。"

【注释】

①汤事葛:汤,商汤,商朝的创建人。葛,葛伯,葛国的国君。葛国是商紧邻的小国,故城在今河南宁陵北十五里处。②文王事昆夷:文王,周文王。昆夷,也写作"混夷",周朝初年的西戎国名。③太王:周文王的祖父,即古公父。獯鬻:又称猃狁,当时北方的少数民族。④勾践:春秋时越国国君(公元前497年至前465年在位)。吴:指春秋时吴国国君夫差。⑤本句引自《诗经·周颂·我将》。⑥以下诗句引自《诗经·大雅·皇矣》。⑦赫斯:发怒的样子。⑧爰:语首助词,无义。⑨遏:止。徂(cú):往,到。莒:古国名,在今山东莒县,公元前431年被楚国消灭。⑩笃:厚。祜:福。⑪以下引文见伪《古文尚书·周书·泰誓》。⑫厥:用法同"其"。⑬衡行:即"横行"。

【译文】

齐宣王问道:"和邻国交往有什么讲究吗?"

孟子回答说:"有。只有有仁德的人才能够以大国的身份侍奉小国,所以商汤侍奉大国,周文王侍奉昆夷。只有有智慧的人才能够以小国的身份侍奉大国,所以周太王侍奉獯鬻,越王勾践侍奉吴王夫差。以大国身份侍奉小国的,是以天命为乐的人;以小国身份侍奉大国的,是敬畏天命的人。以天命为乐的人安定天下,敬畏天命的人安定自己的国家。《诗经》说:'畏惧上天的威灵,因此才能够安定。'"

宣王说:"先生的话可真高深呀!不过,我有个毛病,就是逞强好勇。"

孟子说:"那就请大王不要好小勇。有的人动辄按剑瞪眼说:'他怎么敢抵挡我呢?'这其实只是匹夫之勇,只能与个把人较量。大王请不要喜好这样的匹夫之勇!

"《诗经》说:'文王义愤激昂,发令调兵遣将,把侵略莒国的敌军阻挡,增添了周国的吉祥,不辜负天下百姓的期望。'这是周文王的勇。周文王一怒便使天下百姓都得到安定。

"《尚书》说:'上天降生了老百姓,又替他们降生了君王,降生了师表,这些君王和师表的唯一责任,就是帮助上帝来爱护老百姓。所以,天下四方的有罪者和无罪者,都由我来负责,普天之下,何人敢超越上帝的意志呢?'所以,只要有一人在天下横行霸道,周武王便感到羞耻。这是周武王的勇。周武王也是一怒便使天下百姓都得到安定。如今大王如果也做到一怒便使天下百姓都得到安定,那么,老百姓就会唯恐大王不喜好勇了!"

阅读理解

此前我们看到孟子的谈论,主要是内政问题,而这一次齐宣王开口便问:"交邻国有道乎?"直端端地把问题引向了外交。孟子于是做出了他的外交策略阐述。归结起来,就是大国要仁,不要搞大国沙文主义和霸权主义,而要和小国友好相处。另一方面,小国要智,不要搞闭关锁国,不要夜郎自大,而要和大国搞好外交关系。做到了这两方面,那么,就会出现大国安定天下,小国安定国家的世界和平格局。

孟子在这里所阐述的外交策略并不深奥,其中大国、小国的做法,在后世乃至于今天也仍然是有参考意义的。不过,齐宣王对孟子所说的这一套却感到有点不得要领。因为,作为战国时代的一位国君,齐宣王所眼见的和亲历的国与国之间的问题多半都是靠战争来解决的,那可真有点"强权即真理"的味道。而现在照孟老夫子的一套说来,无论你是大国还是小国,似乎都不应该打仗,不该进行军事力量的较量了。

孟子岂会不知道齐宣王心里到底在想什么。只需要把话锋轻轻一转,一下子就抓住了齐宣王,继续展开宏论。齐宣王说自己好勇,孟子便说好勇也没有关系,只要不是好小勇就行了。于是便进行了关于大勇与小勇问题的阐述。小勇就是我们常说的匹夫之勇。这种匹夫之勇是一种血气之怒,动辄以性命相拼。从效果来说,小勇敌一人,大勇安天下。

写作借鉴

本篇运用排比、对偶的修辞方式,巧妙说理,文气磅礴,若决江河,沛然莫之能御。并且以文王为例,情感激越,词锋犀利,气势磅礴。

回味思考

1.怎样理解匹夫之勇与大勇的不同。
2.请举几个你觉得是"大勇"的例子。

乐以天下,忧以天下

【原文】

齐宣王见孟子于雪宫①。王曰:"贤者亦有此乐乎?"

孟子对曰:"有。人不得,则非②其上矣。不得而非其上者,非③也;为民上而不与民同乐者,亦非也。乐民之乐者,民亦乐其乐;忧民之忧者,民亦忧其忧。乐以天下,忧以天下,然而不王者,未之有也。

"昔者齐景公④问于晏子⑤曰:'吾欲观于转附、朝舞⑥,遵海而南,放于琅邪⑦。吾何修而可以比于先王观也?'

"晏子对曰:'善哉问也!天子适诸侯曰巡狩,巡狩者巡所守也;诸侯朝于天子曰述职,述职者述所职也。无非事者。春省耕而补不足,秋省敛而助不给。夏谚曰:"吾王不游,吾何以休?吾王不豫⑧,吾何以助?一游一豫,为诸侯度。"今也不然:师行而粮食,饥者弗食,劳者弗息。睊睊胥谗⑨,民乃作慝⑩。方命⑪虐民,饮食若流。流连荒亡,为诸侯忧。从流下而忘反谓之流,从流上而忘反谓之连,从兽无厌谓之荒,乐酒无厌谓之亡。先王无流连之乐,荒亡之行。惟君所行也。'

"景公悦,大戒⑫于国,出舍于郊。于是始兴发补不足。召大师⑬曰:'为我作君臣相说之乐!'盖《徵招》、《角招》⑭是也。其诗曰:'畜君何尤⑮?'畜君者,好君也。"

【注释】

①雪宫:齐宣王的离宫(古代帝王在正宫以外临时居住的宫室,相当于当今的别墅之类)。②非:动词,认为……非,即非难,埋怨。③非:不对,错误。④齐景公:春秋时代齐国国君,公元前547年至公元前490年在位。⑤晏子:春秋时齐国贤相,名婴,《晏子春秋》一书记载了他的事迹和学说。⑥转附、朝舞:均为山名。⑦琅邪:山名,在今山东省诸城东南。⑧豫:义同"游"。⑨睊睊:因愤恨侧目而视的样子。胥:皆,都。谗:毁谤,说坏话。⑩慝:恶。⑪方命:违反命令。方,反,违反。⑫大戒:充分的准备。⑬大师:读为"太师",古代的乐官。⑭《徵招》、《角招》:与角是古代五音(宫、商、角、徵、羽)中的两个,招同"韶",乐曲名。⑮畜(xù):爱好,喜爱。尤:错误,过失。

【译文】

齐宣王在别墅雪宫里接见孟子。宣王说:"贤人也有在这样的别墅里居住游玩的快乐吗?"

孟子回答说:"有。人们要是得不到这种快乐,就会埋怨他们的国君。得不到这种快乐就埋怨国君是不对的,可是作为老百姓的领导人而不与民同乐也是不对的。国君以老百姓的忧愁为忧愁,老百姓也会以国君的忧愁为忧愁。以天下人的快乐为快乐,以天下人的忧愁为忧愁,这样还不能够使天下归服，是没有过的。

"从前齐景公问晏子说：'我想到转附、朝舞两座山去观光游览，然后沿着海岸向南行，一直到琅邪。我该怎样做才能够和古代圣贤君王的巡游相比呢？'

"晏子回答说：'问得好呀！天子到诸侯国家去叫作巡狩。巡狩就是巡视各诸侯所守疆土的意思。诸侯去朝见天子叫述职。述职就是报告在他职责内的工作的意思。没有不和工作有关系的。春天里巡视耕种情况，对粮食不够吃的给予补助；秋天里巡视收获情况，对歉收的给予补助。夏朝的谚语说："我王不出来游历，我怎么能得到休息？我王不出来巡视，我怎么能得到赏赐？一游历一巡视，足以作为诸侯的法度。"现在可不是这样了，国君一出游就兴师动众，索取粮食。饥饿的人得不到粮食补助，劳苦的人得不到休息。大家侧目而视，怨声载道，违法乱纪的事情也就做出来了。这种出游违背天意，虐待百姓，大吃大喝如同流水一样浪费。真是流连荒亡，连诸侯们都为此而忧虑。什么叫流连荒亡呢？从上游向下游的游玩乐而忘返叫作流，从下游向上游的游玩乐而忘返叫作连，打猎不知厌倦叫作荒，嗜酒不加节制叫作亡。古代圣贤君王既无流连的享乐，也无荒亡的行为。至于大王您的行为，只有您自己选择了。'

"齐景公听了晏子的话非常高兴，先在都城内作了充分的准备，然后驻扎在郊外，打开仓库赈济贫困的人。又召集乐官说：'给我创作一些君臣同乐的乐曲！'这就是《徵招》、《角招》。其中的歌词说：'畜君有什么不对呢？''畜君'，就是热爱国君的意思。"

阅读理解

在《梁惠王上》篇里孟子见梁惠王于沼上时已经谈到过"古之人与民偕乐，故能乐也"的问题。在本篇中，孟子也曾与齐宣王两次讨论过"与民同乐"的问题。一次是在谈到欣赏音乐时，孟子告诉齐宣王，只要能够做到与民同乐，无论是喜爱古典音乐还是流行音乐都是好事而不是坏事。另一次是在谈到皇家园林的大小时,孟子告诉齐宣王,如果与民同乐,向老百姓开放,皇家园林再大,老百姓也不会嫌它大。如果不与民同乐,不准老百姓进入,皇家园林再小,老百姓也会嫌它大。所以,本章其实是孟子第三次与齐宣王讨论"与民同乐"的问题了。

这一次的讨论不仅说到乐,而且还从乐说到忧,所谓"乐以天下,忧以天下",更为完整地显示了孟子政治学说中的民本主义思想。不过,从"乐以天下,忧以天下"的与民同乐同忧到"先"天下之忧而忧,"后"天下之乐而乐,的确注入了更为强烈的使命感和自我牺牲精神,而且,也更具有一种浓厚的悲剧意识。所以,它能更为激动人心地为人们所传诵。

写作借鉴

本篇运用排比说理,气势磅礴。很有气势地阐述了作为国君应该与民同乐这样的一个主要思想。

回味思考

1."先天下之忧而忧,后天下之乐而乐"是（　　）的（　　）中的一句话。

2.古今有很多文人志士都有这种爱国情怀,把人民的疾苦放在心上,你了解哪些这样的爱国人士?

王顾左右而言他

【原文】

孟子谓齐宣王曰:"王之臣有托其妻子于其友,而之楚游者。比其反也①,则②冻馁其妻子,则如之何?"

王曰:"弃之。"

曰:"士师③不能治士,则如之何?"

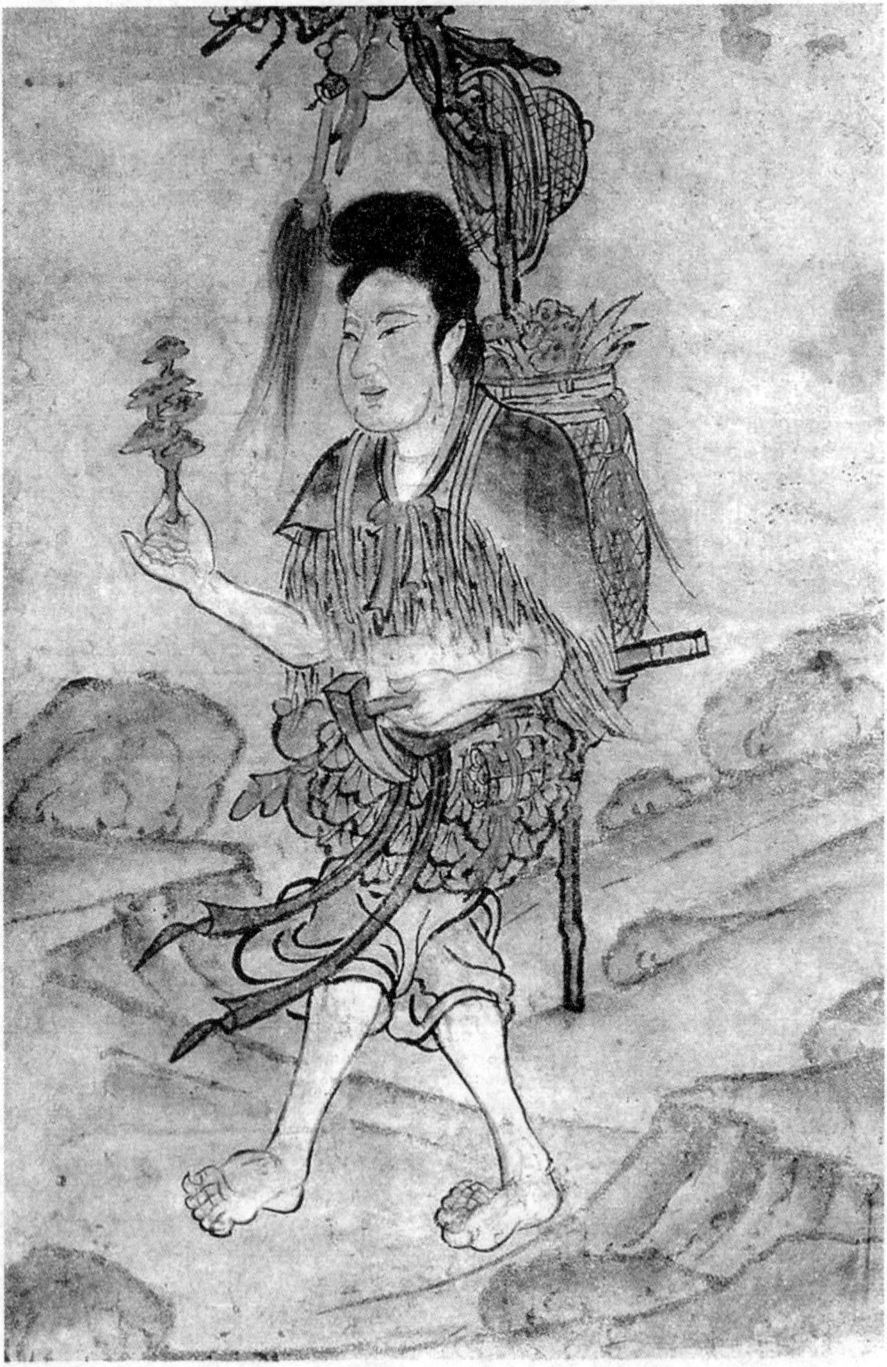

王曰:"已之。"

曰:"四境之内不治,则如之何?"

王顾左右而言他。

【注释】

①比(bǐ):及,至,等到。反:同"返"。②则:这里的用法是表示事情的结果。③士师:司法官。

【译文】

孟子对齐宣王说:"如果大王您有一个臣子把妻子、儿女托付给他的朋友照顾,自己出游楚国去了。等他回来的时候,他的妻子、儿女却在挨饿受冻。对待这样的朋友,应该怎么办呢?"

齐宣王说:"和他绝交!"

孟子说:"如果您的司法官不能管理他的下属,那应该怎么办呢?"

齐宣王说:"撤他的职!"

孟子又说:"如果一个国家治理得很糟糕,那又该怎么办呢?"

齐宣王左右张望,把话题扯到一边去了。

阅读理解

这是一段非常精彩的小品。尤其是最后"王顾左右而言他"一句,真是生动传神,成了大家常用的名言。

孟子采用的是层层推进的论证法,从生活中的事情入手,推论到中层干部的行为,再推论到高级领导人的身上。逼齐宣王毫无退路,尴尬不已,也就只有"王顾左右而言他"的份了。

孟子本身倒不一定非要出齐宣王的洋相,不过是因为他老东推西挡,东扯葫芦西扯瓜,不肯表态实施仁政,所以激他一激,逼他一逼,迫使他思考如何抓纲治国,做出选择罢了。

所以,孟子的言谈和论辩术固然厉害,但我们如果要学习使用,也有一个运用的对象和场合问题需要注意。

写作借鉴

　　文章采用对话描写,神态描写突出了齐宣王的性格心理。孟子的问话犀利,步步引入,使齐宣王认识到自己的不足。采用欲擒故纵,反复诘难,迂回曲折地把对方引入自己预设的结论中。

回味思考

1."王顾左右而言他"反映出齐宣王一种什么样的心理。
2."君王与庶民同罪。"你怎么理解这句话。

进也民心,退也民心

【原文】

　　齐人伐燕,取之。诸侯将谋救燕。宣王曰:"诸侯多谋伐寡人者,何以待这?"

　　孟子对曰:"臣闻七十里为政者,汤是也。未闻以千里畏人者。《书》曰:'汤一征,自葛始①。'天下信之,东面而征,西夷怨;南面而征,北狄怨。曰:'奚为后我?'民望之,若大旱之望云霓②也。归市者③不止,耕者不变。诛其君而吊④其民。若时雨降,民大悦。《书》曰:'徯我后⑤,后来其苏⑥!

　　"今燕虐其民,王往而征之,民以为将拯己于水火之中也,箪食壶浆以迎王师。若杀其父兄,系累⑦其子弟,毁其宗庙,迁其重器⑧,如之何其可也。王天下固畏齐之强也,今又倍地而不行仁政,是动天下之兵也。王速出令,反其旄倪⑨,止其重器,谋于燕众,置君而后去之,则犹可及止也。"

【注释】

①汤一征,自葛始:《尚书》逸文。②云霓:霓,虹霓。虹霓在清晨出现于西方是下雨的征兆。③归市者:指做生意的人。④吊:这里是安抚、慰问的意思。⑤溪:等待。后:王,君主。⑥后来其苏:君王来了就会有起色。苏,恢复,苏醒,复活。⑦系累:束缚,捆绑。⑧重器:指贵重的祭器。⑨旄:通"耄",八十、九十岁的人叫作耄,这里通指老年人。倪:指小孩子。

【译文】

齐国人攻打燕国,占领了它。一些诸侯国在谋划着要救助燕国。齐宣王说:"不少诸侯在谋划着要来攻打我,该怎么办呢?"

孟子回答说:"我听说过,有凭借着方圆七十里的国土就统一天下的,商汤就是。却没有听说过拥有方圆千里的国土而害怕别国的。《尚书》说:'商汤征伐,从葛国开始。'天下人都相信了。所以,当他向东方进军时,西边国家的老百姓便抱怨;当他向南方进军时,北边国家的老百姓便抱怨。都说:'为什么把我们放到后面呢?'老百姓盼望他,就像久旱盼乌云和虹霓一样。这是因为汤的征伐一点也不惊扰百姓。做生意的照常做生意,种地的照常种地。只是诛杀那些暴虐的国君以来抚慰那些受害的老百姓。就像天上下了及时雨一样,老百姓非常高兴。《尚书》说:'等待我们的王,他来了,我们也就复活了!'如今,燕国的国君虐待老百姓,大王您的军队去征伐他,燕国的老百姓以为您是要把他们从水深火热中拯救出来,所以用饭筐装着饭,用酒壶盛着酒浆来欢迎您的军队。可您却杀死他们的父兄,抓走他们的子弟,毁坏他们的宗庙,抢走他们宝器,这怎么能够使他们容忍呢?天下各国本来就害怕齐国强大,现在齐国的土地又扩大了一倍,而且还不施行仁政,这就必然会激起天下各国兴兵。大王您赶快发出命令,放回燕国老老小小的俘虏,停止搬运燕国的宝器,再和燕国的各界人士商议,为他们选立一位国君,然后从燕国撤回齐国的军队。这样做,还可以来得及制止各国兴兵。"

阅读理解

　　齐宣王听了孟子关于燕国百姓是否高兴的谈论后做出选择,命令齐国的军队作为占领军占领了燕园。结果激起了各国的愤怒,纷纷谋划要讨伐齐国这个侵略者,一场大战眼看就要爆发。齐宣王于是又来问计于孟子。

　　孟子先是故作镇静,稳住齐宣王的情绪。然后由商汤的征伐说起,又回到他那个以不变应万变,或者说万变不离其宗的话题——民心向背。他告诉齐宣王说,商汤王的讨伐军随便到哪里都受到当地人民群众的欢迎,甚至他们不去哪里,哪里的人民群众还会抱怨。这是因为商汤王的军队只杀暴虐的君主,而根本不惊扰百姓,所以老百姓盼他们就像盼及时雨一样。可现在倒好,本来燕国老百姓以为齐国的军队是来解放他们的,所以箪食壶浆夹道欢迎。殊不知却是引狼入室,齐国的军队无恶不作,不幸被孟子言中,成了使燕国人民"水益深,火益热"的侵略者、强盗。这怎么可能使燕国人民容忍,又怎么可能使其他各国的诸侯服气呢?做出分析以后,孟子又直陈意见,要齐宣王悬崖勒马,赶快撤军,避免一场大战。

　　不能怪孟子反复无常,而是因为——进也民心,退也民心。民心向背是孟子政治思想的核心,国内问题如此,国际事务也如此。

写作借鉴

　　本篇孟子采用对比和比喻的方法说理。镇定自若,向宣王陈述利害,使宣王晓之以理。从而受到启发。

回味思考

1. 你怎样理解"进也民心,退也民心"这句话?
2. 民心向背是什么意思?民心的作用有多大?试着结合你了解的历史

谈谈。

两大之间难为小

【原文】

滕文公①问曰:"滕,小国也,间②于齐、楚。事齐乎?事楚乎?"

孟子对曰:"是谋非吾所能及也。无已,则有一焉:凿斯池③也,筑斯城也,与民守之,效④死而民弗去。则是可为也。"

【注释】

①滕文公:滕国国君。滕国,古国名,西周分封的诸侯国,姬姓,开国国君是周文王的儿子错叔绣。在今山东滕州市西南。公元前414年被越国灭,不久复国,又被宋国消灭。②间:处。③池:城池,也就是护城河。④效:献,致。

【译文】

滕文公问道:"滕国是一个小国,处在齐国和楚国两个大国之间。是归服齐国好呢,还是归服楚国好呢?"

孟子回答说:"到底归服哪个国家好我也说不清。如果您一定要我谈谈看法,那倒是只有另一个办法:把护城河挖深,把城墙筑坚固,与老百姓一起坚守它,宁可献出生命,老百姓也不退去。做到了这样,那就可以有所作为了。"

阅读理解

两大之间难为小。服从这个,那个便会来找你的麻烦;服从那个,这个又会来跟你过不去。所以滕文公感到为难。孟子的意见很明确,换一种思路,换一种活法:为什么一定要服从于哪一个呢？我就是我,哪个也不服从,哪个也不得罪。小固然是小,但也要小得有志气。说穿了,就是要自强自立,不要做大国的附庸国,而要争取独立自主,保持自己的领土和主权完整。

当然,要做到这一点,并不是凭空口说白话,而是要靠全国人民同心同德,深沟高垒,加强国防建设。一旦有侵略者来犯,就与国家共存亡,宁为玉碎,不为瓦全。

所以,自强自立是"两大之间难为小"的根本出路。国家如此,我们每个人的立身处世也有如此的情况,同样需要以自强自主的精神来加以解决。

写作借鉴

本篇语言简洁、凝练。一字千金,字字掷地有声。以小小的对话见出他们各自的性格心理。

回味思考

1.对于孟子倡导的自立自强你是怎样认识的？
2.一个国家是这样,应该自立自强,你觉得对你个人有什么启发？

孟子·公孙丑上

导语

在"人禽之辨"的讨论中,孟子将"仁"内化为一种心理感受,进而升华为道德的自觉意识。孟子认为人之所以为人,人高于动物的地方在于礼乐道德规范背后的心理差别,"无恻隐之心,非人也;无羞恶之心,非人也;无辞让之心,非人也;无是非之心,非人也。"

浩然之气,至大至刚

【原文】

"敢问夫子恶乎长?"①

曰:"我知言,我善养吾浩然②之气。"

"敢问何谓浩然之气?"

曰:"难言也。其为气也,至大至刚,以直养而无害,则塞于天地之间。其为气也,配义与道;无是,馁也。是集义所生者,非义袭而取之也。行有不慊③于心,则馁矣。我故曰,告子④未尝知义,以其外之也。必有事焉,而勿正⑤,心勿忘,勿助长也。无若宋人然:宋人有闵⑥其苗之不长而揠⑦之者,芒芒然⑧归,谓其人⑨曰:'今日病⑩矣!

予助苗长矣！'其子趋而往视之，苗则槁矣。天下之不助苗长者寡矣。以为无益而舍之者，不耘⑪苗者也；助之长者，揠苗者也——非徒无益，而又害之。"

"何谓知言？"

曰："诐辞⑫知其所蔽，淫辞⑬知其所陷，邪辞知其所离，遁辞⑭知其所穷。——生于其心，害于其政；发于其政，害于其事。圣人复起，必从吾言矣。"

【注释】

①这一段节选公孙丑与孟子的对话。问这句话的是公孙丑。②浩然：盛大而流动的样子。③慊：快，痛快。④告子：名不详，可能曾受教于墨子。⑤正：止。"而勿正"即"而勿止"。⑥闵：担心，忧愁。⑦揠：拔。⑧芒芒然：疲倦的样子。⑨其人：指他家里的人。⑩病：疲倦，劳累。⑪耘：除草。⑫诐(bì)辞：偏颇的言辞。⑬淫辞：夸张、过分的言辞。⑭遁辞：躲闪的言辞。

【译文】

公孙丑说："请问老师您长于哪一方面呢？"

孟子说："我善于分析别人的言语，我善于培养自己的浩然之气。"

公孙丑说："请问什么叫浩然之气呢？"

孟子说："这很难用一两句话说清楚。这种气，极端浩大，极端有力量，用正直去培养它而不加以伤害，就会充满天地之间。不过，这种气必须与仁义道德相配，否则就会缺乏力量。而且，必须要有经常性的仁义道德蓄养才能生成，而不是靠偶尔的正义行为就能获取的。一旦你的行为问心有愧，这种气就会缺乏力量了。所以我说，告子不懂得义，因为他把义看成心外的东西。我们一定要不断地培养义，心中不要忘记，但也不要一厢情愿地去帮助它生长。不要像宋人一样：宋国有个人嫌他种的禾苗老是长不高，于是到地里去用手把它们一株一株地拔高，累得气喘吁吁地回家，对他家里人说：'今天可真把我累坏啦！不过，我总算让禾苗一下子就长高了！'他的儿子跑到地里去一看，禾苗已全部死了。天下人不犯这种拔苗助长错误的是很少的。

认为养护庄稼没有用处而不去管它们的,是只种庄稼不除草的懒汉;一厢情愿地去帮助庄稼生长的,就是这种拔苗助长的人——不仅没有益处,反而害死了庄稼。"

公孙丑问:"怎样才算善于分析别人的言语呢?"

孟子回答说:"偏颇的言语知道它片面在哪里,夸张的言语知道它过分在哪里,怪僻的言语知道它离奇在哪里,躲闪的言语知道它理穷在哪里。——从心里产生,必然会对政治造成危害;用于政治,必然会对国家大事造成危害。如果圣人再世,也一定会同意我的话。"

阅读理解

浩然之气,至大至刚。不是一般所谓"精气"、"血气",而是充满正义,充满仁义道德的正气、骨气。这种气,阳刚而气壮山河,气贯长虹,气冲霄汉。这种气可养而不可得,"是集义所生者,非义袭而取之也"就是养也要日积月累,水到渠成。而不能拔苗助长,急于求成。不过,正如孟子所说:"天下之不助苗长者寡矣。"古往今来,合天之下,能不急功近利,拔苗助长的又有几许呢?

放眼观世,红尘滚滚。再看看你的周围,那些追名逐利,急急如律令的人们,一个个不都是那"芒芒然归"的宋人吗?

写作借鉴

本篇采用气势如虹的排比修辞手法使说理具体明白。引用谚语巧妙比喻使说理生动形象,通俗易懂。

回味思考

1.孟子是很有修养的。单是从他的言论中就可以看出来。你觉得孟子是一个什么样的人?

2.每个人都应该养这种"浩然之气",你具有这种浩然之气吗?相信你通过读这篇文章一定收获不少。谈谈你以后会怎样做吧!

乘势待时,事半功倍

【原文】

公孙丑①问曰:"夫子当路②于齐,管仲、晏子之功,可复许③乎?"

孟子曰:"子诚齐人也,知管仲、晏子而已矣。或问乎曾西④曰:'吾子⑤与于路孰贤?'曾西蹙然⑥曰:'吾先子⑦之所畏也。'曰:'然则吾子与管仲孰贤?'曾西艴然⑧不悦,曰:'尔何曾⑨比予其管仲!管仲得君如彼其专也,行乎国政如彼其久也,功烈如彼其单也,尔何曾比予于是?'"曰:"管仲,曾西之所不为也,而子为⑩我愿之乎?"

曰:"管仲以其君霸,晏子以其君显。管仲、晏子犹不足为与?"

曰:"以齐王,由⑪反手也。"

曰:"若是,则弟子之惑滋甚。且以文王之德,百年而后崩⑫,犹未洽于天下;武王、周公⑬继之,然后大行。今言王若易然,则文王不足法与?"

曰:"文王何可当也!由汤至于武丁,贤圣之君六七作⑭,天下归殷久矣,久则难变也。武丁朝诸侯,有天下,犹运之掌也。纣之去武丁未久也,其故家遗俗,流风善风善政,犹有存者;又有微子、微仲、王子比干、箕子、胶高——皆贤人也——相与⑮辅相⑯之,故久而后失之也。尺地,莫非其有也;一民,莫非其臣也;然而文王犹方百里起,是以难也。齐人有言曰:'虽有智慧,不如乘势;虽有镃基⑰,不如待时。'今时则易然也:夏后、殷、周之盛,地未有过千里者也,而齐有其也矣;鸡鸣狗吠相闻,而达乎四境,而齐有其民矣。地不改辟矣,民不改聚矣,行仁政而王,莫之能御也。且王者之不作,未有疏于此时者也;民这憔悴于虐政,未有甚于此时者也。饥者易为食,渴者易为饮。孔子曰:'德之流行,速于置邮⑱而传命。'当今之时,万乘之国行仁政,民之悦之,犹解倒悬也。故事半古之人,功必倍之,唯此时为然。"

【注释】

①公孙丑:孟子的学生,齐国人。②当路:当权,当政。③许:兴盛、复兴。④曾西:名曾申,字子西,鲁国人,孔子学生曾参的儿子。⑤吾子:对友人的花色品种称,相当于"吾兄"、"老兄"之类。⑥蹴然:不安的样子。⑦先子:指已逝世的长辈。这里指曾西的父亲曾参。⑧艴然:恼怒的样子。⑨曾:副词,竟然、居然。⑩为:同"谓",认为。⑪由:同"犹",好像。⑫百年而后崩:相传周文王活了九十七岁。百年是泛指寿命很长。⑬周公:名姬旦,周文王的儿子,武王的弟弟,辅助武王伐纣,统一天下,又辅助成王定乱,安定天下成为鲁国的始祖。⑭作:在这里为量词,相当于现代口语"起"。⑮相与:双音副词,"共同"的意思。⑯辅相:双音动词,辅助。⑰镃基:农具,相当于今天的锄头之类。⑱置邮:置和邮都是名词,相当于后代的驿站。

【译文】

公孙丑问道:"先生如果在齐国当权,管仲、晏子的功业可以再度兴起来吗?"

孟子说:"你可真是个齐国人啊,只知道管仲、晏子。曾经有人问曾西:

'您和子路相比,哪个更有才能?'曾西不安地说:'子路可是我父亲所敬畏的人啊,我怎么能和他相比呢?那人又问:'那么您和管仲相比,哪个更有才能呢?'曾西马上不高兴起来,说:'你怎么竟拿管仲来和我相比呢?管仲受到齐桓公那样信任不疑,行使国家政权那样长久,而功绩却是那样少,你怎么竟拿他来和我相比呢?'"孟子接着说:"管仲是曾西都不愿跟他相比的人,你以为我愿意跟他相比吗?"

公孙丑说:"管仲辅佐桓公称霸天下,晏子辅佐景公名扬诸侯。难道管仲、晏子还不值得相比吗?"

孟子说:"以齐国的实力用王道来统一天下,易如反掌。"

公孙丑说:"您这样一说,弟子我就更加疑惑不解了。以周文王那样的仁德,活了将近一百岁才死,还没有能够统一天下。直到周武王、周公继承他的事业,然后才统一天下。现在您说用王道统一天下易如反掌,那么,连周文王都不值得学习了吗?"

孟子说:"我们怎么可以比得上周文王呢?由商汤到武丁,贤明的君主有六七个,天下人归服殷朝已经很久了,久就难以变动,武丁使诸侯们来朝,统治天下就像在自己的手掌心里运转一样容易。纣王离武丁并不久远,武丁的勋臣世家、良好习俗、传统风尚、慈善政治都还有遗存,又有微于、微仲、王子比干、箕子、胶鬲等一批贤臣共同辅佐,所以能统治很久以后才失去政权。当时没有一尺土地不属于纣王所有,没有一个百姓不属于纣王统治,在那种情况下,文王还只能从方圆百里的小地方兴起,所以是非常困难的。齐国人有句话说:'虽然有智慧,不如趁形势;虽然有锄头,不如等农时。'现在的时势就很利于用王道统一天下:夏、商、周三代兴盛的时候,没有哪一国的国土有超过方圆千里的,而现在的齐国却超过了,鸡鸣狗叫的声音处处都听得见,一直到四方边境,这说明齐国人口众多。国土不需要新开辟,老百姓不需要新团聚,如果施行仁政来统一天下,没有谁能够阻挡。何况,统一天下的贤君没有出现,从来没有隔过这么久的;老百姓受暴政的压榨,从来没有这么厉害过的。饥饿的人不择食物,口渴的人不择饮料。孔子说:'道德的流行,比驿站传递政令还要迅速。'现在这个时候,拥有一万辆兵车的大国施行仁政,老百姓的高兴,就像被吊着的人得到解救一样。所以,做古人一半的事,就可以成就古人双倍的功绩。只有这个时候才做得到吧。"

阅读理解

　　作为儒家"王道"政治的推行者,孟子不屑于与"霸道"政治寡管仲、晏婴相比,这正如齐宣王问"齐桓、晋文之事"他不予回答一样。

　　他所热衷的,是在齐国推行"王道"政治,靠实施"仁政"来统一天下。而且,他认为无论从土地、人口,还是从时机来看,目前都是实施王道的最好时候,可以收到事半功倍的效果。

　　姑且撇开孟子关于王道的种种论述不谈,只看他关于乘势待时、事半功倍的思想,我们也可以得到较为深刻的启示。

　　所谓"赶得早不如赶得巧,算得精不如运气好。"这其实没有什么神秘的地方,不外乎是强调抓住时机,捕捉机遇的重要性罢了。

　　在某种意义上说,个人智慧的确不如时势造英雄,工具优良也的确不如时机重要。所以,很多人怨天尤人,认为自己怀才不遇,实际上是自己没有抓住时机。居里夫人曾经说过:"弱者坐待良机,强者制造时机。"就是强调主动出击,抓住时机。

　　当然,这里所说的"乘势待时",主要是说要分析情况,抓准时机,而不是说在政治上赶形势,窥风向,搞投机。这里的区别,可以以田径赛中的起跑为例。如果你错过了起跑的口令,老是慢半拍才回过神来,这是没有抓住时机,自然要影响你的成绩,被别人甩在后面。但是,如果你投机取巧,抢在口令发出之前起跑,那你就不仅没有抓住时机,反而还犯了规,有被逐出赛场的危险了。

　　所以,反过来说,识时务者为俊杰。真正要乘势待进,其实也离不开智慧。有智慧才能正确分析各方面错综复杂的情况,做出决断,抓准时机,收到事半功倍的效果。相反,则很难做到这一点,往往让时机从自己的身旁悄悄溜走而不自知。就像有人所说:"许多人对于时机就如小孩子们在岸边所做的一样,他们的小手盛满砂粒,又让那些砂粒漏下去,一粒粒地,以至于尽。"

　　身处市场经济体制的时代,无论是做生意,炒股票,还是选择自己的职业,机遇的问题都越来越突出地摆在大家面前。如何乘势待时,抓住机遇,也就越来越引起人们的重视。孟子关于"王道"、"霸道"的论述也许不会引起你的多大兴趣,但他关于"虽有智慧,不如乘势;虽有镃基,不如待时"的看法,关于如何做到"事半功倍"的讨论,也许就不会不引起你的一些思考了罢。

写作借鉴

孟子说理分析透彻,逻辑思维能力强。他的滔滔雄辩引人入胜、左右逢源,无不给人以深刻的感受,也让我们感受到他的论辩才能。而且在论辩过程中,善用比喻使论辩更形象生动。

回味思考

1. 你怎样理解"虽有智慧,不如乘势;虽有镃基,不如待时"这句话?
2. 其实不管是什么事,都需要审时度势,方能事半功倍。请举例说明。

孟子·滕文公下

导语

在孟子的礼学体系中,人伦关系居核心地位的是父子、君臣关系。父子关系体现了家的范围内以"亲亲"为主的原则,君臣关系则体现了国或社会公共空间中的"贵义"原则。它们分别代表了家、国两个方面,它们神圣不可侵犯。对于宣传动摇这两个方面的任何理论的人,孟子都不惜斥之为禽兽。

近朱者赤,近墨者黑

【原文】

孟子谓戴不胜①曰:"子欲子之王之②善与?我明告子。有楚大夫于此,欲其子之齐语也,则使齐人傅诸?使楚人傅诸?"

曰:"使齐人傅之。"

曰:"一齐人傅之,众楚人咻③之,虽日挞而求其齐也,不可得矣;引而置之庄岳④之间数年,虽日挞而求其楚,亦不可得矣。子谓薛居州,善士也,使之居于王所。在于王所者,长幼卑尊皆薛居州也,王谁与为不善?在王所者,长幼卑尊皆非薛居州也,王谁与为善?一薛居州,独如宋王何?"

【注释】

①戴不胜:人名,宋国大臣。②之:动词,向,往,到。③咻(xiū):喧哗干扰。④庄:街名。岳:里名。庄岳是齐国的街里名。

【译文】

孟子对戴不胜说:"你希望你的君王向善吗?我明白告诉你吧。比如说有一位楚国的大夫,希望他的儿子学会说齐国话,是找齐国的人来教他好呢?还是找楚国的人来教他好?"戴不胜说:"找齐国人来教他好。"

孟子说:"如果一个齐国人来教他,却有许多楚国人在他周围用楚国话来干扰他,即使你每天鞭打他,要求他说齐国话,那也是不可能的;反之,如果把他带到齐国去,住在齐国的某个街市比方说名叫庄岳的地方,在那里生活几年,那么,即使你每天鞭打他,要求他说楚国话,那也是不可能的了。你说薛居州是个好人,要他住在王宫中。如果在王宫中的人,无论年龄大小还是地位高低都是像薛居州那样的好人,那君王和谁去做坏事呢?相反,如果在王宫中的人,无论年龄大小还是地位高低都不是像薛居州那样的好人,那君王又和谁去做好事呢?单单一个薛居州能把宋王怎么样呢?"

阅读理解

孟子的本意还是在政治方面,用"近朱者赤,近墨者黑"的道理说明周围环境对人的影响的重要性,从而说明当政治国的国君应注意自己身边所用亲信的考查和选择。这里的道理并不深奥,实际上也就是《大戴礼记·曾子制言》所说"蓬生麻中,不扶自直;白沙在泥,与之俱黑"的意思。

我们感兴趣的不仅仅在他的政治意图上,而且还在他所举的例子上。这实际上是一个学习外语的问题了。原以为学习外语是在"出国大串联"的时代才时髦的,却没想到早在两千多年前的孟子就有这方面的论述了。而且,不管孟子所举的例子是真实的还是假设的,生活中有这样的现象却是可以肯定的,就是达官贵人让自己的孩子学习"外国语"。(我们当然知道,所谓"外国"是指当时的概念而言,实际上是汉语的方言。)

我们这里研究而加以肯定的是他所强调的语言环境问题。诚如孟子在本章中所论,语言口耳之学,语言环境至关重要。这是凡有过学习外语经历的人都深有体会的。孟子的分析具体而生动,读来很有亲切感。我们真该把他的这一段论述收入学习外语方面的入门教材中去。

写作借鉴

孟子的说理往往喜欢先设问,引导别人做出回答,然后再从别人的回答中巧妙说理。在分析说理的过程中,善用假设,环环相扣,使别人很轻松地认识到道理的真谛。而且又以反问作结,答案便尽在其中了。

回味思考

1."入芝兰之室,久而不闻其香,入鲍鱼之肆,久而不闻其臭。"该怎么理解这句话。

2."孟母三迁"的故事说明了什么?

偷鸡贼的逻辑

【原文】

戴盈之①曰:"什一,去关市之征,今兹②未能,请轻之,以待来年,然后已,何如?"

孟子曰:"今有人日攘③其邻之鸡者,或告之曰:是非君子之道!'曰:'请损之,月攘一鸡,以待来年,然后已。'——如知其非义,斯速已矣,何待来年?"

【注释】

①戴盈之:人名,宋国大夫。②兹:年。③攘:偷。

【译文】

戴盈之说:"税率十分抽一,免除关卡和市场的征税,今年内还办不到,请让我们先减轻一些,等到明年再彻底实行,怎么样?"

孟子说:"现在有一个人每天偷邻居家的一只鸡,有人告诫他说:'这不是正派人的行为!'他便说:'请让我先减少一些,每月偷一只,等到明年再彻底洗手不干。'——如果知道这种行为不合于道义,就应该赶快停止,为什么要等到明年呢?"

阅读理解

好一条偷鸡贼的逻辑!好一则偷鸡贼的寓言!这条偷鸡贼的逻辑就是改错分步,明明认识到不对,但就是不愿意彻底改正,而以数量减少来遮掩性质不改的问题。这则偷鸡贼的寓言生动幽默,看似荒唐可笑,实际上是人心写照。在我们的生活中,无论是戒烟、戒赌、戒毒,还是"反腐倡廉"中披露出来的一些案子,其当事人不是多少都有一点这个偷鸡贼的心态和逻辑吗?

改恶从善,痛改前非。好一个"痛"字了得!

写作借鉴

孟子善用比喻巧妙说理。运用偷鸡贼的故事迂回曲折地告诉了戴盈他的行为是多么荒唐可笑。可是故事又在外在的可笑中,让人明白深刻的道理。其实深刻的道理是完全可以用通俗幽默的寓言说明白的。

回味思考

这篇《偷鸡贼的逻辑》让我们每个人都不禁反思。生活中的很多人,包括我们自己都何尝没有这种偷鸡贼的逻辑呢?结合社会中的事例,或是你自己的事例谈一谈,以后应该怎样才能让自己尽量避免做明知道错误的事情?

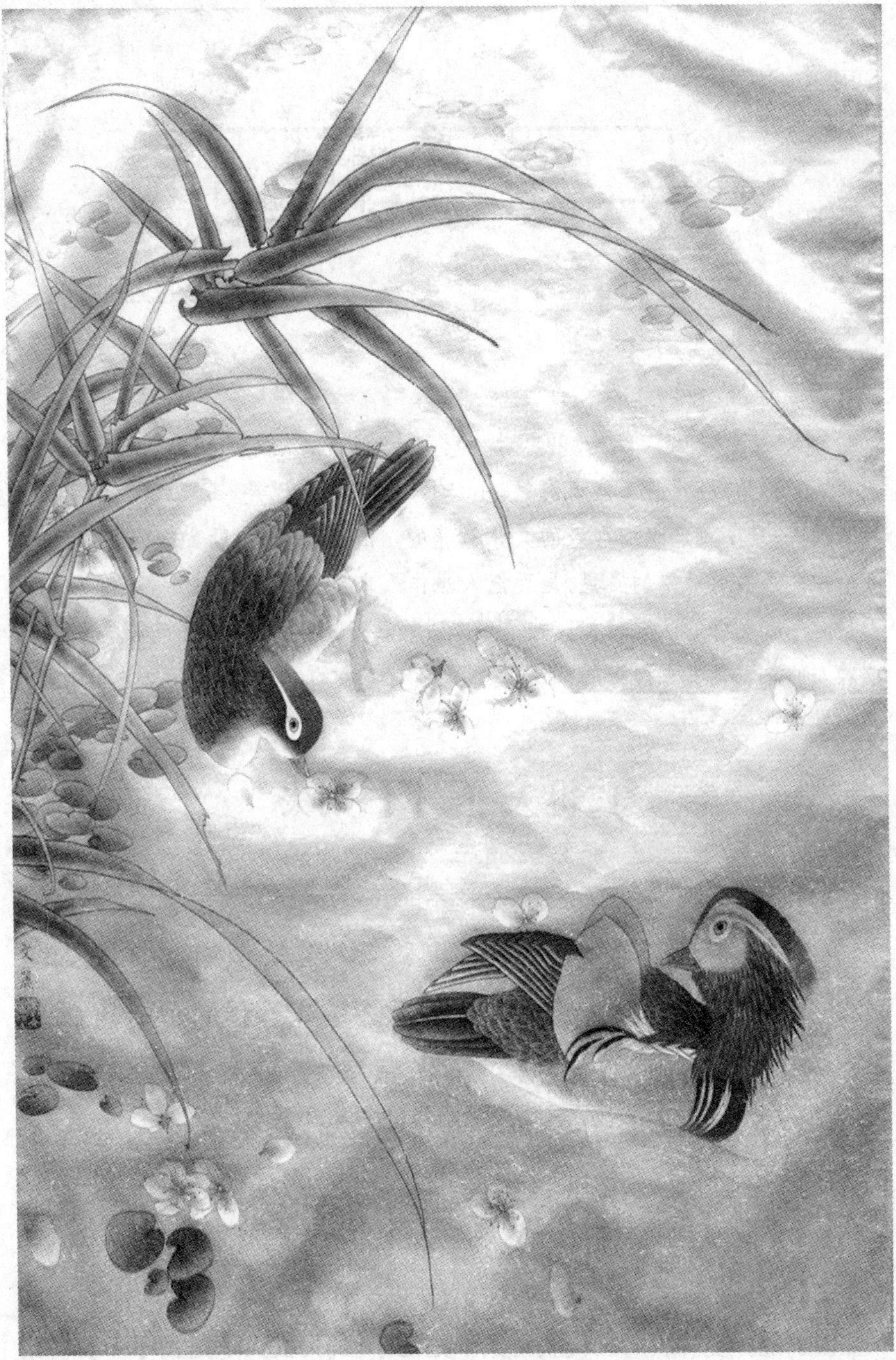

孟子·离娄上

导语

如果一个人以仁、以礼、以忠对待别人,依然遭受他人的蛮横无理,那么,我们只能遗憾地说,这种不能识别仁、礼、忠的人,与禽兽无异。因为没有仁、礼、忠教养的人,是不可能识别别人的文化教养的。因此,文明与野蛮的分野,就在于一个人是否具有敏感的心灵,是否把人当作人来尊重,以及在对待人事方面,是否具有尽心尽力的认真精神。礼作为文明的表征,是与人的心灵相联系的,它要求对人的尊重是发自内心的,而不仅仅是徒有其表的。

仁得天下,不仁则失

【原文】

孟子曰:"三代之得天下也以仁,其失天下也以不仁。国之所以废兴存亡者亦然。天子不仁,不保四海;诸侯不仁,不保社稷;卿大夫不仁,不保宗庙①;士庶人不仁,不保四体。今恶死亡而乐不仁,是犹恶醉而强酒。"

【注释】

①宗庙:这里指采邑(封地),因为卿大夫先有采邑然后才有宗庙。

【译文】

孟子说:"夏、商、周三代获得天下是由于仁,失去天下是由于不仁。诸侯国家的兴衰存亡也是由于同样的原因。天子不仁,不能够保有天下;诸侯不仁,不能够保住国家;卿大夫不仁,不能够保住祖庙;士人和平民百姓不仁,不能够保全身家性命。现在的人既害怕死亡却又乐于做不仁义的事,这就好像既害怕醉却又偏偏要拼命喝酒一样。"

阅读理解

依然是对"仁"的呼唤。道理一说就清楚,无须多谈。令我们感兴趣的是孟子雄辩的句式:"今恶死亡而乐不仁,是犹恶醉而强酒。"现在的人既害怕死亡却又乐于做不仁义的事,这就好像既害怕醉却又偏偏要喝酒一样。

这一类相同的句式,指出生活中的悖逆现象,以此来说明抽象的道理,令人幡然猛醒,尤其具有启迪意义。

写作借鉴

本篇运用排比和比喻的修辞手法说明不施行仁政的危害,看后令人刻骨铭心,引人深思。

回味思考

孟子的比喻可谓生动又深刻。你能试着用另外一个比喻来说明不施行仁政的人的心态吗?

爱人者人恒爱之

【原文】

孟子曰:"君子所以异于人者,以其存心也。君子以仁存心,以礼存心。仁者爱人,有礼者敬人。爱人者,人恒爱之;敬人者,人恒敬之。有人于此,其待我以横逆①,则君子必自反也:'我必不仁也,必无礼也,此物②奚宜至哉'?其自反而仁矣,自反而有礼矣,其横逆由③是也,君子必自反也:'我必不忠'。自反而忠矣,其横道由是也,君子曰:'此亦妄人也已矣。如此,则与禽兽奚择④哉?禽兽又何难⑤焉?'是故君子有终身之忧,无一朝之患也。乃若所忧则有之:舜,人也;我,亦人也。舜为法⑥于天下,可传于后世,我由未免为乡人也,是则可忧也。忧之如何?如舜而已矣。若夫君子所患则亡矣。非仁无为也,非礼无行也。如有一朝之患,则君子不患矣。"

【注释】

①横逆:蛮横无理。②此物:指上文所说"横逆"的态度。奚宜:怎么应当。③由:通"犹"。下文"我由未免为乡人也"中的"由"也通"犹"。④择:区别。⑤难:责难。⑥法:楷模。

【译文】

孟子说:"君子与一般人不同的地方在于,他内心所怀的念头不同。君子内心所怀的念头是仁,是礼。仁爱的人爱别人,礼让的人尊敬别人。爱别人的人,别人也经常爱他;尊敬别人的人,别人也经常尊敬他。假定这里有个人,他对我蛮横无理,那君子必定反躬自问:'我一定不仁,一定无礼吧,不然的话,他怎么会对我这样呢?'如果反躬自问是仁的,是有礼的,而那人仍然蛮横无理,君子必定再次反躬自问:'我一定不忠吧?'如果反躬自问是忠的,而那人仍然蛮横无理,君子就会说:'这人不过是个狂人罢了。这样的人和禽兽有什么区别呢?而对禽兽又有什么可责难的呢?'所以君子有终身的忧虑,但没有一朝一夕的祸患。比如说这样的忧虑是有的:舜是人,我也是人;舜是天下的楷模,名声传于后世,我却不过是一个普通人而已。这个才是值得忧虑的事。忧虑又怎么办呢？像舜那样做罢了。至于君子别的什么忧患就没有了。不是仁爱的事不干，不合于礼的事不做。即使有一朝一夕的祸患来到，君子也不会感到忧患了。"

阅读理解

"爱人者人恒爱之。敬人者人恒敬之。"这是一段典型的劝人互爱互敬的文字，在论述中又强调了个人修养中的反躬自省。读起来，使人感到与西方基督教的精神有相通之处。道理并不深奥，可以说是不言而喻。关键是要有行动的热情。如果人人都有这种行动的热情，许多人际之间的矛盾纠葛就会没有了，许多事情就要好办得多了，社会的文明程度就会大大提高了。问题是，我们从幼儿园时就接受这种互爱互敬的教育，而实际到底做得怎么样呢？恐怕也应该接受孟子的建议，来一点反躬自省吧。

写作借鉴

本篇运用对偶的修辞手法，句式工整，论述有力。字里行间透露着那种浩然之气、做人的智慧。

回味思考

孟子不是愚人，不是弱者，不一味对着类似禽兽的人反思自己的过错。多好的做人之道啊！你从这则故事中感受到了什么呢？

行有不得，反求诸己

【原文】

孟子曰："爱人不亲，反其仁；治人不治，反其智；礼人不答,反其敬——行有不得者皆反求诸己,其身正而天下归之。诗云:'永言配命,自求多福。'"

【译文】

　　孟子说:"爱别人却得不到别人的亲近,那就应反问自己的仁爱是否不够;管理别人却不能够管理好,那就应反问自己的管理才智是否有问题;礼貌待人却得不到别人相应的礼貌,那就应反问自己的礼貌是否到家——凡是行为得不到预期的效果,都应该反过来检查自己,自身行为端正了,天下的人自然就会归服。《诗经》说:'长久地与天命相配合,自己寻求更多的幸福。'"

阅读理解

　　我们在《公孙丑上》里已听孟子说过:"仁者如射:射者正己而后发;发而不中,不怨胜己者,反求诸己而已矣。"意思都是一样的。从个人品质说,严于律己,宽以待人,凡事多作自我批评。也就是孔子所说的"躬自厚而薄责于人,则远怨矣。"(《论语·卫灵公》)从治理国家政治说,是正己以正人。"其身正,不令而行;其身不正,虽令不从。"(《论语·子路》)儒家政治,强调从自身做起,从身边事做起,所以,多与个人品质紧紧连在一起。而自我批评则是其手段之一,其相关论述,在《论语》和《孟子》中可以说是不胜枚举。当然,古往今来,真正能够做到的人又的确是太少了,所以仍然有强调的必要。

写作借鉴

　　本篇运用排比与对偶修辞手法结合,说理力度很强,并且引用《诗经》中的名句。使自己的论辩更有说服力。这都是值得我们去借鉴的。

回味思考

　　人怎样活才是幸福的?这是每个人都曾经思考过的一个问题。文章告诉我们应该怎样呢?用自己的话阐述一下。

孟子·离娄下

导语

孟子所谓的不召之臣,只不过是以自贵其德而向君主叫价的救世者,而非是"拔一毛利天下而不为"的自利之徒。相反,一旦为君主所赏识,他必然汲汲于"正人心,息邪说,距诐行,放淫辞,以继三圣"。

小恩小惠,不知为政

【原文】

子产①听郑国之政,以其乘舆②济人于溱洧③。孟子曰:"惠而不知为政。岁十一月④,徒杠⑤成;十二月,舆梁⑥成,民未病涉也。君子平其政,行辟⑦人可也,焉得人人而济之?故为政者,每人而悦之,日亦不足矣。"

【注释】

①子产:名公孙侨,字子产,春秋时郑国的贤宰相。②乘舆:指子产乘坐的车子。③溱(zhēn)洧(wěi):两条河的名称,会合于河南密县。④十一月:周历十一月为夏历九月,下文十二月为夏历十月。⑤徒杠:可供人徒步行走的小桥。⑥舆梁:能通车、马的大桥。⑦辟:开辟,即开道的意思。

【译文】

子产主持郑国的政事时,曾经用自己乘的车去帮助人们渡过溱水和洧水。孟子评论说:"这是小恩小惠的行为,并不懂得从政。如果他十一月修成走人的桥,十二月修成过车马的桥,老百姓就不会为渡河而发愁了。在上位的人只要把政事治理好,就是出门鸣锣开道都可以,怎么能够去帮助百姓一个一个地渡河呢?如果执政的人要去讨得每个人的欢心,那时间可就太不够用了。"

阅读理解

诸葛亮说:"治世以大德,不以小惠。"说的正是孟子的意思。子产用自己乘坐的车子去帮助老百姓过河,这事在一般人看来是属于爱人民的美德,因此传为美谈。但孟子从政治家的角度来要求子产,则认为这是小恩小惠的行为,治末而没有能够治本,于事无补。与其你这样一个一个地去帮助老百姓过河,倒不如利用你手中的权力为他们把桥修好,一劳永逸地解决问题,使他们再也没有过河的烦恼。

也就是说,政治家治国平天下,当以大局为重,而不应以小恩小惠去取悦于人,更不应以此来沽名钓誉。从这个角度来说,孟子的观点是很有道理的。

写作借鉴

本篇采用假设来说理,假设君王要为每个百姓渡河,那时间怎么够用呢?告诉君王应该做大事,而不应该只满足于小恩小惠。

回味思考

1.孟子不愧被称为"亚圣",很多我们现在都还迷惑的问题,他都讲得头头是道,帮我们解决了一个又一个人生的大问题。你觉得文中的小恩小惠指的是什么?

2.一个执政者到底应该怎么做?做哪些大事?试举例说明。

君臣之道，恩义为报

【原文】

孟子告齐宣王曰："君之视臣如手足，则臣视君如腹心；君之视臣如犬马，则臣视君如国人；君之视臣如土芥，则臣视君如寇仇。"

王曰："礼，为旧君有服①，何如斯可为服矣？"

曰："谏行言听，膏泽下于民；有故而去，则君使人导之出疆，又先于其所往；去三年不反，然后收其田里。此之谓三有礼焉。如此，则为之服矣。今也为臣，谏则不行，言则不听；膏泽不下于民；有故而去，则君搏执之，又极②之于其所往；去之日，遂收其田里。此之谓寇仇。寇仇，何服之有？"

【注释】

①为旧君有服：指离职的臣子为原先的君主服孝。②极：穷困，这里作使动用法，意思是使其处境极端困难。

【译文】

孟子告诉齐宣王说："君主把臣下当手足，臣下就会把君主当心腹；君主把臣下当狗马，臣下就会把君主当一般不相干的人；君主把臣下当泥土草芥，臣下就会把君主当仇敌。"

齐宣王说："礼制规定，已经离职的臣下也应为过去的君主服孝。君主要怎样做才能使他们为他服孝呢？"

孟子说："臣下有劝谏，君主接受；臣下有建议，君主听从。政治上的恩惠下达到老百姓。臣下有什么原因不得不离去，君主打发人送他出国境，并派人先到臣下要去的地方作一番安排布置，离开了三年还不回来，才收回他的土地和房屋。这就叫作三有礼。这样做了,臣下就会为他服孝。如今做臣下的,劝谏,君王不接受;建议,君王不听从。政治上的恩惠到不了老百姓身上。臣下有什么原因不得不离去,君主把他捆绑起来,还想方设法使他到所去的地方穷困万分,离开的当天就收回他的土地和房屋。这种情况叫作仇敌。君臣之间像仇敌一样,还有什么孝可服呢?"

阅读理解

所谓投桃报李,士为知己者死。又所谓滴水之恩,当涌泉相报。贤明的君主总是懂得这个道理的,所以待臣下如手足,臣下必把君主当心腹,以死相报。比如说刘皇叔用关羽、张飞、诸葛亮,至今传为美谈。

其实,何止君王用臣下如此,现代的用人之道,又何尝不是如此呢?说得通俗一点,也就是互相尊重,你敬我一寸,我敬你一尺。不然的话,反目成仇,两败俱伤,也就君不君,臣不臣,领导不领导,被领导不被领导了。那又能怪谁呢?只能怪自己不会做领导人罢。

写作借鉴

本篇采用排比的修辞手法,阐事明理。结尾的反问,语气强烈,很好地收到了不错的效果。

回味思考

1.领导往往摆出一副架子,让别人知道"我是领导",你觉得这样的领导缺少的是什么?假如让你写一封信,劝说这样的领导,你会怎么做?
2.通过读这篇文章,你还悟到了什么道理?

言人不善,如后患何

【原文】

孟子曰:"言人之不善,当如后患何?"

【译文】

孟子说:"说人家的坏话,要想到将来的后果怎么样。"

阅读理解

"谁人背后无人说,哪个人前不说人?"人的劣根性的确如此。不过,如果有人专以背后说人家的坏话为乐趣,嗜痂成癖,那么这个专用名词赏给他(她)了,叫作——长舌妇!孔子曾经说过:"道听而途说,德之弃也。"我们也曾给这种道听途说者送了一个称号,叫作"小广播"。与小广播相比,长舌妇如何?小广播不一定是长舌妇,但长舌妇八九不离十是小广播一个。小广播免费直销消息,义务广告,以先听为快,以消息灵通为荣。无聊!长舌妇东家长西家短,以窥人隐私为快,以暗箭伤人为乐。

写作借鉴

这则故事只有一句问话,没有回答,没有解释,期待人们深思这个问题,其实每个人都应该能够深解其中的意味。一句话,短小精悍,发人深省。

回味思考

我们都讨厌长舌妇,都讨厌小广播,可是我们有时却不自觉地做了这样的人。不妨我们选择一句话作为我们的座右铭,请设计一句能警示我们的话。

孟子·万章上

导语

当一个与己无关的人,被越人"关弓而射之"的时候,我们可以笑谈此事;但一旦被射者是自己的兄弟时,人们就只会痛哭流泪地陈述它,因为被射者是自己的亲人的缘故,所谓仁,不过是对亲人的爱罢。这种普通的感情,正是人具有相同本性的证明。

大孝终身慕父母

【原文】

人少,则慕①父母;知好色,则慕少艾②;有妻子,则慕妻子;仕则慕君,不得于君则热中③。大孝终身慕父母。五十而慕者,予于大舜见之矣。

【注释】

①慕:爱慕,依恋。②少艾:指年轻美貌的人。③热中:焦急得心中发热。

【译文】

人在年幼的时候,爱慕父母;懂得喜欢女子的时候,就爱慕年轻漂亮的姑娘;有了妻子以后,便爱慕妻子;做了官便爱慕君王,得不到君王的赏识便内心焦急得发热。不过,最孝顺的人却是终身都爱慕父母。到了50岁还爱慕父母的,我在伟大的舜身上见到了。

阅读理解

终身都爱慕父母的有两种情况：一种是终身都只爱慕父母，其他如年轻漂亮的姑娘、妻子、君王等统统不爱。另一种是既终身爱慕父母，又不妨碍爱姑娘、爱妻子、爱君王等。若以弗洛伊德博士的观点来看，第二种是正常的情感心态，第一种则出于"恋父"、"恋母"情结了。

孟子这段话是通过对大舜作心理分析后引出的。大舜由于没有得到父母的喜爱，所以，即使获得了绝色美女和妻子，甚至自己已做了君王，达到了权力和财富的顶峰以后，也仍然郁郁寡欢，思慕父母之爱。所以，如果我们要做到"大孝"，那就应该既"终身慕父母"，又爱少女和妻子，这才是健康正常的心态。

写作借鉴

本文简短，语言精练，把一个人一生应该做的事情全部囊括在里面，并且特别指出做人的根本。言简而意赅。

回味思考

小的时候，父母是我们的依靠；长大后，父母是我们的朋友；后来啊，父母好像是我们的包袱。你能做到在这时候，在父母最需要你们的时候一直守候在他们身边，像小时候他们对你那样无微不至地照顾他们吗？

以意逆志，是为得之

【原文】

故说诗者，不以文害辞，不以辞害志。以意逆①志，是为得之。如以辞而已矣,《云汉》之诗曰:"周余黎民,靡有子遗②。"信斯也,是周无遗民也。

【注释】

①逆:揣测。②靡有:没有。子、遗:二字同义,都是"余"的意思。

【译文】

所以解说诗的人,不要拘于文字而误解词句,也不要拘于词句而误解诗人的本意。要通过自己读作品的感受去推测诗人的本意,这样才能真正读懂诗。如果拘于词句,拿《云汉》这首诗说:"周朝剩余的百姓,没有一个留存。"相信这句话,那就会认为周朝真是一个人也没有了。

阅读理解

孟子是在和学生咸丘蒙讨论有关大舜的事迹时顺便说到读诗的方法问题的。但他的这段话,尤其是关于"以意逆志"的命题,却成了中国古代文学批评中的名言,直到今天,仍然受到现代文学批评专家、学者们的重视。

所谓"诗言志",语言只是载体、媒介。因此,读诗贵在与诗人交流思想感情。至于现代批评所说的"一千个读者就有一千个哈姆雷特",强调鉴赏者的再创造,那就和孟子"以意运志"的读诗法相去较远了。

写作借鉴

本篇从正反的角度,告诉我们应该怎样读书,而且是说理和举例相结合。分析透彻,明白晓畅。

回味思考

我们在品读诗歌的时候,不要单纯地停留在文字表面。应该透过文字,深入诗人的时代背景以及当时的心情来分析和鉴赏整首诗歌。

君子也难免受骗

【原文】

昔者有馈生鱼于郑子产,子产使校人①畜之池。校人烹之,反命曰"始舍之,圉圉②焉;少则洋洋③焉;攸然④而逝。"子产曰:"得其所哉!得其所哉!"校人出,曰:"孰谓子产智?予既烹而食之,曰:'得其所哉!得其所哉!'"故君子可欺以其方,难罔以非其道。

【注释】

①校人:管理池塘的小官。②圉圉(yǔ):疲惫的样子。③洋洋:舒缓摇尾的样子。④攸然:迅速的样子。

【译文】

从前有人送条活鱼给郑国的子产,子产叫主管池塘的人把它畜养在池塘里。那人却把鱼煮来吃了,回报说:"刚放进池塘里时,它还要死不活的;一会儿便摇摆着尾巴活动起来了;突然间,一下子就游得不知去向了。"子产说:"它去了它应该去的地方啦!它去了它应该去的地方啦!"那人从子产那里出来后说:"谁说子产聪明呢?我明明已经把鱼煮来吃了,可他还说:'它去了它应该去的地方啦!它去了它应该去的地方啦!'"所以,君子可能被合乎情理的方法所欺骗,但难以被不合情理的方法所欺骗。

阅读理解

骗子有术,也有限。有术就能使人受骗,不仅使普通人受骗,就是有德有才的君子,像郑国贤宰相子产那样的聪明人,也照样受骗。只不过这很有个条件,就是你得把谎话说圆,说得合乎情理,就像那个"校人"那样,把鱼开始怎么样,接着又怎么样,最后又怎么样说得非常生动细致、活灵活现,难怪子产要上当,要相信他了。这里面还有一层微妙的原因在于,越是君子,其实越容易受骗。因为君子总是以君子之腹度人,凡事不大容易把人往坏处想,结果往往上骗子的当。倒是真正的小人,以小人之心度人,把人往坏处想,往往还不容易被欺瞒过去。所以,说君子也难免受骗,这原本不应该是什么奇怪的问题。

当然,还是那句话,要让君子上当受骗,得有合乎情理的说法,否则,还是容易被识破的。这就是骗亦有限的话题了。明白了这个道理以后,即使你是君子,是不是也应该保持戒心,多一分警惕,以免上当受骗呢!

写作借鉴

本篇采用记叙和议论的表达方式相结合的方式。通俗易懂地让我们明白深刻的道理。

回味思考

现在"忽悠"一词在赵本山的小品之后成为一个流行词。被人们普遍运用,当然也包括一些不法分子。你怎样看待"忽悠"现象。

孟子·万章下

导语

圣人纵然学识渊博,宅心仁厚,仁者无敌,终于"出于其类",如孔子——大圣,自己也说"圣,则吾不能,我学而不厌,而教不倦也"。圣人既然也是民众的一部分,是以民众为基底的,于是孟子顺势大胆说出了"天下之本在国,国之本在家,家之本在身"。

圣人风范论

【原文】

孟子曰:"伯夷,目不视恶色,耳不听恶声。非其君,不事;非其民,不使。治则进,乱则退。横①政之所出,横民之所止,不忍居也。思与乡人处,如以朝衣朝冠坐于涂炭也。当纣之时,居北海之滨,以待天下之清也。故闻伯夷之风者,顽②夫廉,懦夫有立志。

"伊尹曰:'何事非君?何使非民?'治亦进,乱亦进,曰:'天之生斯民也,使先知觉后知,使先觉觉后觉。予,天民之先觉者也。予将以此道觉此民也。'思天下之民匹夫匹妇有不与被尧舜之泽者,若己推而内之沟中——其自任以天下之重也。

"柳下惠不羞污君,不辞小官。进不隐贤,必以其道。遗佚③而不怨,厄穷而不悯。与乡人处,由由然不忍去也。'尔为尔,我为我,虽袒裼裸裎④于我侧,尔焉能浼⑤我哉?'故闻柳下惠之风者,鄙夫⑥宽,薄夫⑦敦。

"孔子之去齐,接淅⑧而行;去鲁,曰:'迟迟吾行也,去父母国之道也!'可以速而⑨速,可以久而久,可以处而处,可以仕而仕,孔子也。"

孟子曰:"伯夷,圣之清者也;伊尹,圣之任者也;柳下惠,圣之和者也;孔子,圣之时者也。孔子之谓集大成。集大成也者,金声而玉振之⑩也。金声也者,始条理也;玉振之也者,终条理也。始条理者,智之事也;终条理者,圣之事也。智,譬则巧也;圣,譬力也。由⑪射于百步之外也,其至,尔力也;其中,非尔力也。"

【注释】

①横:暴。②顽:贪婪。③遗佚:不被重用。④袒裼裸裎:四个字意思相近,同义复用,都是赤身露体的意思。⑤浼:污染。⑥鄙夫:心胸狭窄的人。⑦薄夫:刻薄的人。⑧接淅:淘米。⑨而:则。以下几句同。⑩金声:指钅+口钟发出的声音。玉振:指玉磬收束的余韵。古代奏乐,先以钅+口钟起音,结束以玉磬收尾。⑪由:通"犹"。

【译文】

孟子说:"伯夷,眼睛不看丑陋的事物,耳朵不听邪恶的声音。不是他理想的君主,不侍奉;不是他理想的百姓,不使唤。天下太平就出来做官,天下混乱就隐退不出。施行暴政的国家,住有暴民的地方,他都不愿意居住。他认为和没有教养的乡下人相处,就像穿戴着上朝的礼服、礼帽却坐在泥土或炭灰上一样。当殷纣王暴虐统治的时候,他隐居在渤海边,等待着天下太平。所以,听到过伯夷风范的人,贪得无厌的会变得廉洁,懦弱的会变得意志坚定。

"伊尹说:'哪个君主不可以侍奉?哪个百姓不可以使唤?'所以,他是天下太平做官,天下混乱也做官。他说:'上天生育这些百姓,就是要让先知的人来开导后知的人,先觉的人来开导后觉的人。我就是这些人中先知先觉的人,我要开导这些后知后觉的人。'他认为天下的百姓中,只要有一个普通男子或普通妇女没有承受到尧舜的恩泽,就好像是他自己把别人推进山沟之中去了一样——这就是他以挑起天下的重担为己任的态度。

"柳下惠不以侍奉坏君主为耻辱,也不因官小而不做。做官不隐藏自己的才能,坚持按自己的原则办事。不被重用不怨恨,穷困也不忧愁。与没有教养的乡下人相处,也照样很自在地不忍离去。他说:'你是你,我是我,你就是赤身裸体在我旁边,对我又有什么污染呢?'所以,听到过柳下惠风范的人,心胸狭窄的会变得宽阔起来,刻薄的会变得厚道起来。

"孔子离开齐国的时候,不等把米淘完就走。离开鲁国时却说:'我们慢慢走吧,这是离开父母之邦的路啊!'应该快就快,应该慢就慢;应该隐居就隐居,应该做官就做官。这就是孔子。"

孟子说:"伯夷是圣人里面最清高的,伊尹是圣人里面最负责任的,柳下惠是圣人里面最随和的,孔子是圣人里面最识时务的。孔子可以称为集大成者。集大成的意思,就好比乐队演奏,以钚钟声开始起音,以玉磬声结束收尾。钚钟声起音是为了有条有理地开始,玉磬声收尾是为了有条有理地结束。有条有理地开始是智方面的事,有条理地结束是圣方面的事。智好比是技巧,圣好比是力量。犹如在百步以外射箭,箭能射拢靶子,是靠你的力量;射中了,却是靠技巧而不是靠力量。"

阅读理解

孟子在这里罗列的,是四种圣人的典型:伯夷清高,伊尹具有强烈的责任感和使命感,柳下惠随遇而安,孔子识时务。比较而言,孟子认为前三者都还只具有某一方面的突出特点,而孔子则是集大成者,金声而玉振,具有"智"与"圣"相结合的包容性。显然,孟子给了孔子以最高赞誉。

以我们今天的眼光来看,伯夷过于清高,清高得有点不食人间烟火,所以他最后要与叔齐一道"不食周粟",饿死于首阳山。但是,所谓"饿死事小,失节事大"的观念也就由此生成,对后世产生了深远的影响。或许也正是由此观念出发,伯夷才被推崇为"圣人"之一。伊尹"其自任以天下之重",具有强烈的社会责任感和使命感,是我们曾经说过"把历史扛在肩头"的人。其实他的这种精神,正是曾子所谓"士不可以不弘毅,任重而道远。仁以为己任,不亦重乎?死而后已,不亦远乎?"所以,伊尹是非常符合儒教精神的圣人之一,历来也的确成为儒家所津津乐道的古代圣贤人物。但他的这种精神,在进入所谓"现代主义"或"后现代主义"时期后,已被视为过于沉重、过于执着的"古典意识",与"轻轻松松过一生"的现代生活观念有些格格不入,或者说,已不那么合时宜了。柳下惠一方面是随遇而安;另一方面却是坚持原则,我行我素。随遇而安体现在他不耻于侍奉坏的君主,不羞于做低贱的小官,不被重用不抱怨,穷困不忧愁。这几句话说来容易,做起来可就太困难了,尤其是后面两句,的确人有圣贤级的水平。所以,传说柳下惠能够做到"坐怀不乱",具有超人的克制力、圣人的风范。最后说到孔圣人。事实上,到后世,尤其是到我们今天仍然家喻户晓为圣人的四人之中,也就是孔圣人了。孟子在这里并没有展开对孔子的全面论述,而只是抓住他应该怎样就怎样这一特点,来说明他是"圣之时者",圣人中识时务的人。所以才有"孔子之谓集大成"的说法。而且,由"集大成"的分析,又过渡到对于"智"与"圣"相结合的论述,而孔子正是这样一个"智"、"圣"合一的典型。说穿了,也就是"德才兼备"的最高典范。这样一说,圣人也就与我们有接近的地方了,我们今天不也仍然强调"德才兼备"吗?当然,我们不可能要求人人都成为圣人,但是,虽不能至,心向往之,作为精神方面的追求总还是可以的吧。

写作借鉴

排比、比喻修辞信手拈来,可见孟子的才能与智慧。概括人物特点简明扼要、精当凝练。

回味思考

1.我们应该怎样努力使自己接近圣人的高度呢?

2.圣人也是有自己的个性特点的?你比较欣赏文章中的哪位圣人,说说你的理由。

劝君不听怎么办

【原文】

齐宣王问卿。孟子曰:"王何卿之问也?"王曰:"卿不同乎?"曰:"不同,有贵戚之卿①,有异姓之卿。"王曰:"请问贵戚之卿。"曰:"君有大过则谏;反复之而不听,则易位。"王勃然变乎色。曰:"王勿异也。王问臣,臣不敢不以正②对。"王色定,然后请问异姓之卿?曰:"君有过则谏,反复之而不听,则去。"

【注释】

①贵戚之卿:指与君王同宗族的卿大夫。②正:诚。

【译文】

齐宣王问有关卿大夫的事。孟子说:"大王问的是哪一类的卿大夫呢?"齐宣王说:"卿大夫还有所不同吗?"孟子说:"不同。有王室宗族的卿大夫,有异姓的卿大夫。"宣王说:"那我请问王室宗族的卿大夫。"孟子说:"君王有重大过错,他们便加以劝阻;反复劝阻了还不听从,他们便改立君王。"宣王突然变了脸色。孟子说:"大王不要怪我这样说。您问我,我不敢不用老实话来回答。"宣王脸色正常了,然后又问非王族的异姓卿大夫。孟子说:"君王有过错,他们便加以劝阻;反复劝阻了还不听从,他们便辞职而去。"

阅读理解

弘扬大臣的职责和权力而限制君主权力无限地膨胀,这也是孟子仁政思想的内容之一,体现出一定程度的民主政治色彩。

王室宗族的卿大夫因为与国君有亲缘关系,国君的祖先也就是他的祖先,所以既不能离去,又不能坐视政权覆亡,当国君有重大错误又不听劝谏时,就可以另立新君。孟子在这里是弘扬宗族大臣的权力而限制君主个人的权力,从理论上说是正确的。但我们知道,这种另立新君,在实践上往往酿成的,就是宫廷内乱。所谓"祸起萧墙之内",弄得不好,还会引起旷日持久的战争。

对异姓卿大夫来说,问题就要简单得多了,他们既没有王室宗族卿大夫那么大的权力,也没有那么大的职责。所以,能劝谏就劝谏,不能劝谏就辞职而去,各走一方罢了。其实,这也是孔子"所谓大臣者,以道事君,不可则止"(《论语·先进》)的意思。

总起来说,孔、孟都提倡臣有臣道,臣有臣的气节和人格,反对愚忠,反对一味顺从,这的确是有积极意义的。

写作借鉴

通过具体的对话描写与神态描写表现人物,使人物形象跃然纸上,惟妙惟肖。

回味思考

1.对不同的君王有不同的对待方式,你从中悟出了什么呢?
2.通过齐宣王的表现你觉得齐宣王的心理活动是怎样的呢?

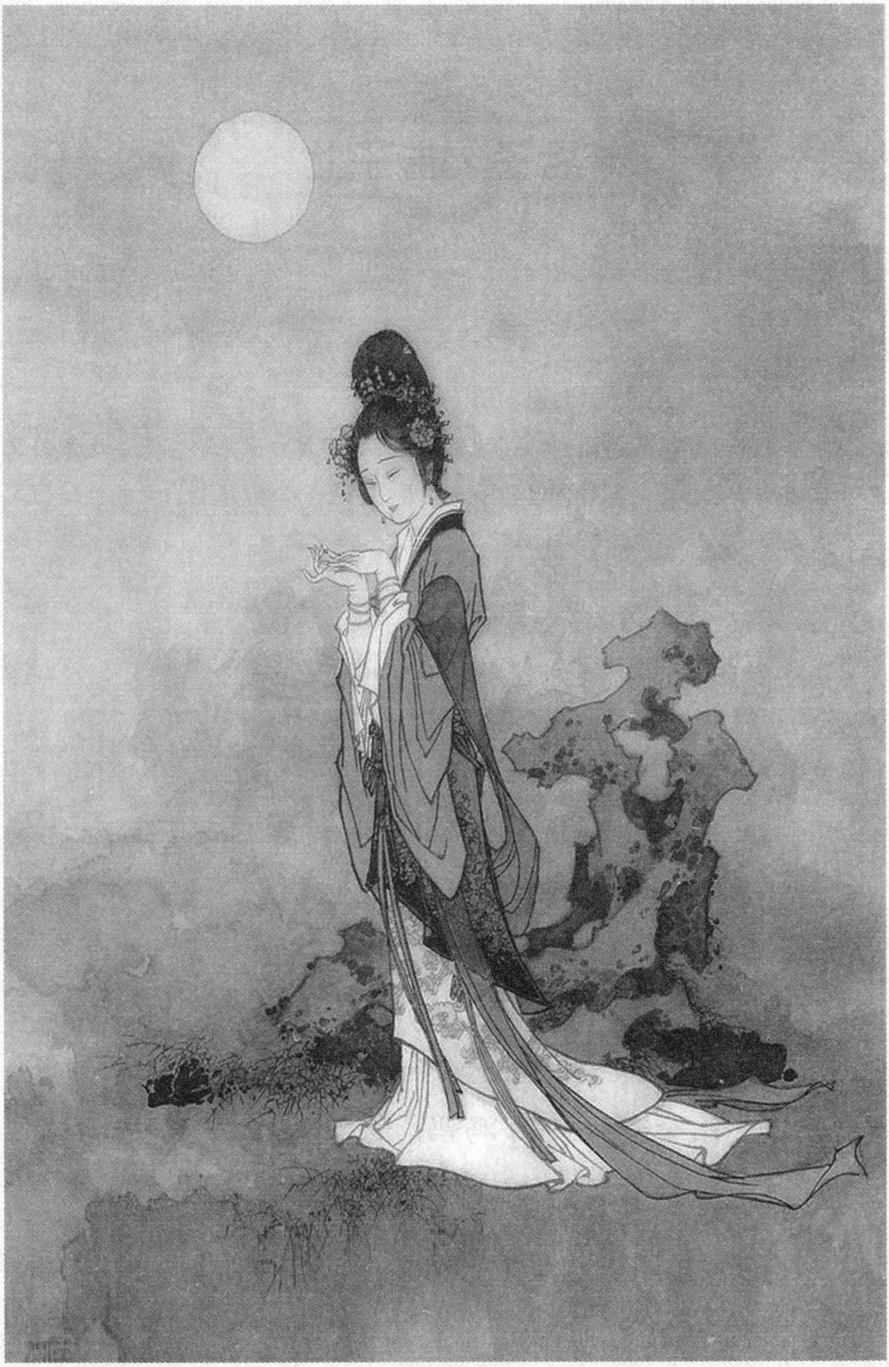

孟子·告子上

导语

本篇集中讨论人性问题,是孟子"性善论"思想较为完整的体现。连带的是仁义道德与个人修养的问题。对精神与物质、感性与理性、人性与动物性等问题也有所涉及。

一曝十寒与专心致志

【原文】

孟子曰:"无或①乎王之不智也。虽有天下易生之物也,一日暴②之,十日寒之,未有能生者也。吾见亦罕矣,吾退而寒之者至矣,吾如有萌焉何哉?今夫弈③之为数④,小数也;不专心致志。则不得也。弈秋,通国之善弈者也。使弈秋诲二人弈,其一人专心致志,惟弈秋之为听。一人虽听之,一心以为有鸿鹄⑤将至,思援弓缴⑥而射之,虽与之俱学,弗若之矣,为是其智弗若与?曰:非然也。"

【注释】

①或:同"惑"。②暴(pù):同"曝",晒。③弈:围棋。④数:技术,技巧。⑤鸿鹄(hú):天鹅。⑥缴(zhuó):系在箭上的绳,代指箭。

【译文】

孟子说:"大王的不明智,没有什么不可理解的。即使有一种天下最容易生长的植物,晒它一天,又冻它十天,没有能够生长的。我和大王相见的时候也太少了。我一离开大王,那些'冻'他的奸邪之人就去了,他即使有一点善良之心的萌芽也被他们冻杀了,我有什么办法呢?比如下棋作为一种技艺,只是一种小技艺;但如果不专心致志地学习,也是学不会的。弈秋是全国闻名的下棋能手,叫弈秋同时教两个人下棋,其中一个专心致志,只听弈秋的话;另一个虽然也在听,但心里面却老是觉得有天鹅要飞来,一心想着如何张弓搭箭去射击它。这个人虽然与专心致志的那个人一起学习,却比不上那个人。是因为他的智力不如那个人吗?回答很明确:当然不是。"

阅读理解

这里所说的王,赵岐注为齐王,指当时有人怪齐王不明智而孟子不曾辅佐,孟子因此而作解释。

一曝十寒,或者如俗语所说"三天打鱼,两天晒网",努力少,荒废多,很难奏效。因此,贵在坚持,贵在有恒心。

世间万事莫不如此。即以生活小事而论,无论是练习写毛笔字、写日记还是练习晨跑、坚持冬泳,真正能够持之以恒的有多少人呢?

至于孟子所举到的围棋,在他的那个时代也许的确只是雕虫小技,但在我们今天,可已是了不得的盛事了。所谓"旷代棋王",所谓"棋圣",其桂冠已大有与圣人比肩之势。当然,这是题外话了。

题内的话就很简单了。学习要专心致志,不能三心二意。这在今天,已是小学生都能明白的道理。古今通则,放之四海而皆准。

写作借鉴

为了说明做事需要专心致志的特点,孟子巧妙地运用天下最容易生长的植物作比喻,还以具体的弈秋的两个徒弟做例子。通俗易懂,明白晓畅。

回味思考

通过读这篇文章,你明白了什么道理?

忧指忘心,舍本逐末

【原文】

孟子曰:"今有无名之指屈而不信①,非疾痛害事也,如有能信之者,则不远秦楚之路,为指之不若人也。指不若人,则知恶之;心不若人,则不知恶。此之谓不知类②也。"

【注释】

①信:同"伸"。②不知类:不知轻重,舍本逐末。

【译文】

孟子说:"现在有人,他的无名指弯曲而不能伸直,虽然并不疼痛,也不妨碍做事情,但只要有人能使它伸直,就是到秦国、楚国去,也不会嫌远,为的是无名指不如别人。无名指不如别人,就知道厌恶;心不如别人,却不知道厌恶。这叫作不知轻重,舍本逐末。"

阅读理解

儒者的确是心灵美的呼唤者、卫道者。我们在孟子这里就可以看到,他一而再,再而三地强调着这个主题。忧指忘心,当然是不知轻重,舍本逐末。究其原因,则有如下两个方面:第一,指不若人,一目了然,无所藏匿(戴手套终不是办法);心不若人,抽象无形,可以伪装(虽然总有暴露的时候)。第二,指不若人,标准清清楚楚,无可辩驳;心不若人,难以有所度量,甚至可以自欺欺人。所以,指不若人,羞愧难当,莫说秦楚之路,就是飞越太平洋也在所不辞,只要能去其耻辱。心不若人,不以为耻,甚至反以为荣,又有何秦楚之路可去呢?

写作借鉴

本文最突出的特点是运用比较的方式,使人们深悟,人的心灵才是最重要的根本。

回味思考

1.儒者呼唤精神,呼唤圣人,呼唤内在的心灵美。你对外表美和内心美是怎样认识的呢?谈谈你的看法。

2."舍本逐末"这个词语怎样理解?试用舍本逐末这个词语说一句话。

大匠诲人,必以规矩

【原文】

孟子曰:"羿教人射,必志于彀①,学者亦必志于彀。大匠诲人必以规矩,学者亦必以规矩。"

【注释】

①志:期望。彀(gòu):拉满弓。

【译文】

孟子说:"羿教人射箭,总是期望把弓拉满,学的人也总是期望把弓拉满。高明的工匠教人手艺必定依照一定的规矩,学的人也就必定依照一定的规矩。"

阅读理解

这正是《离娄上》所说"离娄之明,公输子之巧,不以规矩,不能成方圆;师旷之聪,不以六律,不能正五音"的意思。没有规矩,不能成方圆。没有规矩,教师不能教,学生无法学。小至手工技巧,大至安邦定国,治理天下,凡事都有法则可依,有规律可循。因此,一定要顺其规律,不可悖逆而行。如果悖逆而行,就会出现"上无道揆也,下无法守也,朝不信道,工不信度,君子犯义,小人犯刑,国之所存者幸也"(《离娄上》)那样的情况,天下大乱。所以,规矩绝不是小问题。大家都应该自觉遵守,从清洁卫生、交通规则等身边事做起。

写作借鉴

本文说理透彻,通俗易懂。

回味思考

1.没有规则不成方圆,但是我们中学生又追求个性,你怎样处理规则和个性的关系。

2.规则是一成不变的吗?它可能会受到哪些要素的制约?

人性向善,犹水就下

【原文】

告子①曰:"性犹湍水②也,决诸东方则东流,决诸西方则西流。人性之无分于善不善也,犹水之无分于东西也。"

孟子曰:"水信③无分于东西。无分于上下乎?人性之善也,犹水之就④下也。人无有不善,水无有不下。今天水,搏而跃之,可使过颡⑤;激而行之,可使在山。是岂水之性哉?其势则然也。人之可使为不善,其性亦犹是也。"

【注释】

①告子:生平不详,大约做过墨子的学生,较孟子年长。②湍(tuān)水:急流的水。③信:诚,真。④就:趋向。⑤颡(sǎng):额头。

【译文】

告子说:"人性就像那急流的水,缺口在东便向东方流,缺口在西便向西方流。人性无所谓善与不善,就像水无所谓向东流向西流一样。"

孟子说:"水的确无所谓向东流向西流,但是,也无所谓向上流向下流吗?人性向善,就像水往低处流一样。人性没有不善良的,水没有不向低处流的。当然,如果水受拍打而飞溅起来,能使它高过额头;加压迫使它倒行,能使它流上山冈。这难道是水的本性吗?形势迫使它如此的。人也可以迫使他做坏事,本性的改变也像这样。"

阅读理解

值得我们特别注意的,是孟子的雄辩风范。随口接过论敌的论据而加以发挥,以水为喻就以水为喻。就好比我们格斗时说,你用刀咱们就用刀,你用枪咱们就用枪。欲擒故纵,持之有故,言之成理。"水信无分于东西。无分于上下乎?"一语杀入穴道,只需要轻轻一转,其论证便坚不可移,使读者读来,不得不束手就擒。于是,我们便都是性善论者了。

只不过,当我们放下书本而面对现实生活中的种种邪恶时,的确又会发出疑问:人性真如孟老夫子所描述的那般善良、那般纯洁得一尘不染吗?这种时候,我们即便不会成为荀子"性恶论"的信徒,多半也会同意孟子的观点了罢:"人性之无分于善不善也,犹水之无分于东西也。"

写作借鉴

人性向善,犹水就下,多么精妙的比喻。把那么深刻的"性善论"思想阐述得淋漓尽致。

另外在论辩过程中欲擒故纵,迂回曲折地使读者信服于他的理论。

回味思考

1.有些小孩生下来就很自私,要这要那。这是否与"性善论"的思想相违背?你同意性善论的思想吗?谈谈你的看法。

2.外在环境对性格起的作用大吗?还是遗传起着重要的作用呢?请简单谈一下你的认识。

孟子·告子下

导语

吃得苦中苦，方为人上人。《孟子·告子下》是最著名的篇章，后人常引以为座右铭，激励无数志士仁人在逆境中奋起。其思想基础是一种至高无上的英雄观念和浓厚的生命悲剧意识，一种崇高的献身精神。是对生命痛苦的认同以及对艰苦奋斗而获致胜利的精神的弘扬。

以邻为壑，仁人所恶

【原文】

白圭曰："丹之治水①也，愈于禹。"

孟子曰："子过矣。禹之治水，水之道也，是故禹以四海为壑②。今吾子以邻国为壑。水逆付谓之洚③水——洚水者，洪水也——仁人之所恶也。吾子过矣。"

【注释】

①丹之治水：白圭治水的方法，据《韩非子·喻老篇》记载，主要在于筑堤塞穴，所以孟子要指责他"以邻国为壑"。②壑(hè)：本义为沟壑，这里扩大指受水处。③洚(jiàng)：大水泛滥。

【译文】

白圭说："我治理水比大禹还强。"

孟子说:"您错了！大禹治水,是(按照水流的规律,由高到低)把水流疏导到大海中去,因此是以四海作为蓄水的沟壑。而您恰恰相反,是把邻国当作蓄水的沟壑。水一旦被堵得倒流,就会像洪水一样泛滥成灾。您这样做,是被有德性的人所反对、所痛恨的。您完全错了!"

阅读理解

从方法上说,大禹治水顺应水性,重在疏导;白圭治水却高筑堤防,重在堵塞。从效果上说,大禹最终将水导入四海,而白圭却把水堵塞后流向邻国。导入四海造福人民而于人无害,流向邻国则是损人利己、仁者厌恶的行为。所以孟子一再说:"你错了。"并不承认白圭治水有什么了不起,更不用说超过大禹了。从白圭治水"以邻国为壑"联想到我们生活中"以邻为壑"的现象,那可真是比比皆是。总而言之就是一种损人利己、嫁祸于人的行为。当然,你知道"以邻为壑",人家也同样知道"以邻为壑",结果是人人都成了"邻",成了"壑",到时候,也就没有一处干净,没有一处不受灾害了。由此看来,"以邻为壑"的最终结果是害人害己。所以,还是收起这种"仁人所恶"的"以邻为壑"手段,"以邻为友",大家和睦相处,互相帮助好。

写作借鉴

简短的对话中,通过说理使对方对自己有了正确的认识。

回味思考

大禹治水疏导比堵塞好。你也应该有同样的认识。可是我们的家长在平时时却总是用堵塞的办法来阻止他们不愿让我们做的事情。读完这篇文章,你准备怎样说理让你的家长也采用疏导的方法解决你的问题呢？比如,你每次打电话打两个小时,父母很不同意你做类似的事件。读了这么多孟子的文章,相信你们的论辩才能也有所提高呀!

无过无不及原则的运用

【原文】

　　白圭[1]曰:"吾欲二十而取一,何如?"

　　孟子曰:"子之道,貉[2]道也。万室之国,一人陶,则可乎?"

　　曰:"不可,器不足用也。"

　　曰:"夫貉,五谷不生,惟黍生之;无城郭、宫室、宗庙、祭祀之礼,无诸侯币帛饔飧[3],无百官有司,故二十取一而足也。今居中国,去人伦,无君子[4],如之何其可也?陶以寡,且不可以为国,况无君子乎?欲轻之于尧舜之道者,大貉小貉也;欲重之于尧舜之道者,大桀小桀也。"

【注释】

　　[1]白圭:名丹,曾做过魏国的宰相。筑堤治水很有名。[2]貉(mò):又作"貃",古代北方的一个小国。[3]饔(yōng):早餐。飧(sūn):晚餐。这里以饔飧代指请客吃饭的礼节。[4]去人伦,无君子:去人伦,指无君臣、祭祀、交际的礼节;无君子,指无百官有司。

【译文】

　　白圭说:"我想定税率为二十抽一,怎么样?"

　　孟子说:"你的办法是貉国的办法。一个有一万户人的国家,只有一个人做陶器,怎么样?"

　　白圭说:"不可以,因为陶器会不够用。"

　　孟子说:"貉国,五谷不能生长,只能长黍子;没有城墙、宫廷、祖庙和祭祖的礼节,没有诸侯之间的往来送礼和宴饮,也没有各种衙署和官吏,所以二十抽一便够了。如今在中原国家，取消社会伦常，不要各种官吏，那怎么能行呢？做陶器的人太少，尚且不能够使一个国家搞好，何况没有官吏呢？想要比尧舜十分抽一的税率更轻的，是大貉小貉；想要比尧舜十分抽一的税率更重的，是大桀小桀。"

阅读理解

那就只能十分抽一，完全合于尧舜之道了。

白圭知道孟子主张薄赋税，所以故意来问他，定税率为二十抽一怎么样。殊不知，孟子从实际情况出发，奉行的是无过无不及的中庸之道，所以，在这里展开了一次中庸的现实运用。既回答了白圭的问题，又表明了自己无过无不及的主张。

财政税收是维持一个国家运转必不可少的手段。可是，财政税收多少合适？这就是一个问题了。如果横征暴敛，苛捐杂税太多、太重，老百姓就会受不了，怨声载道；如果偷税漏税太多，税率太低，国家财政紧张，入不敷出，又会影响国家机构的正常运转。孟子从实际出发，提出了自己的看法：只有恰到好处，才是儒者的追求。

写作借鉴

本篇运用了反问、排比的修辞手法，对问题全面认识，不走极端，无过无不及，全面辩证地看问题。

回味思考

有时我们在思考问题时，总是容易理想化，也就是容易走极端。比如，认识到要好好学习，便舍弃应该从事的活动，成为书呆子。或者老师提倡大家多多参与活动，我们便忽视了学习等。我们应该怎样做到无过无不及呢？其实也就是如何把握好"度"的问题？

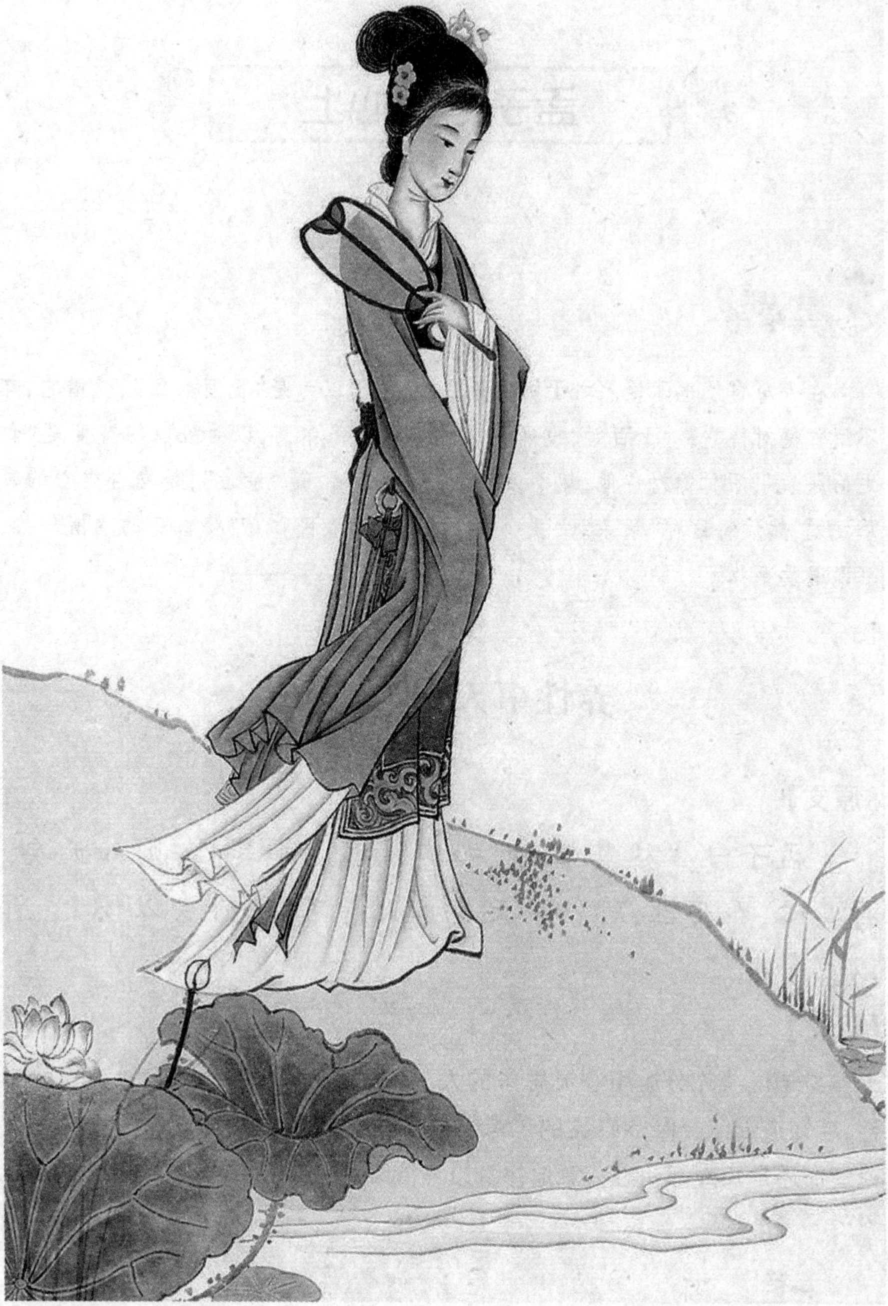

孟子·尽心上

导语

在人与自然也即是人之于物的关系中,孟子以为是"爱而弗仁",爱惜它,却不用仁德对待它;对于百姓,也即是与他人的关系中,他以为应取的态度是"仁之而弗亲",用仁德对待他,却不亲爱他;对于亲者,是"亲亲",是发自内心的真挚之爱,然后将这种"亲亲"之爱外推,就可以对人民仁慈,将仁慈的感情外推,可以遍爱万物。

养性事天,修身立命

【原文】

孟子曰:"尽其心者,知其性也。知其性,则知天矣。存其心,养其性,所以事天也。夭寿不贰,修身以俟之,所以立命也。"

【译文】

孟子说:"充分运用心灵思考的人,是知道人的本性的人。知道人的本性,就知道天命。保持心灵的思考,涵养本性,这就是对待天命的方法。无论短命还是长寿都一心一意地修身以等待天命,这就是安身立命的方法。"

阅读理解

佛问："你向什么处安身立命？"儒答："养性事天，修身立命。"孟子谈天命，谈人的本性，没有消极被动的神秘色彩，而是充满了积极主动的个体精神。对待天命，不过是保持心灵的思考，涵养人之所以为人的本性罢了。所谓安身立命，也不过是一心一意地进行自身修养而已。用我们今天的话来说，就是要加强知识学习和思想修养，充实自己的心灵。

所以，不要做悠悠天地中的匆匆过客，东奔西走，北觅南寻，"芒鞋踏破岭头云"。其结果，往往是占有外物越多，内心越空虚，最终成为一个徒具外形，为外物所役的臭皮囊。

相反，"归来闲对梅花嗅，春在枝头已十分。"只要你保持心灵的思考，涵养本性，顺受天命，身体自然就会有着落，精神自然就会有寄托，生命之春就会永远在你的把持之中。

写作借鉴

本篇文章采用顶针的修辞手法，环环相扣，说明修身立命的重要性。

回味思考

现代社会竞争日益激烈，我们不敢随便玩耍，辜负老师和父母的教导。家长和老师更是苦口婆心，循循善诱，告诫我们时间的宝贵，我们没有心思去欣赏外边的美丽风景，对于这些我们似乎麻木了。你怎样看待我们所处的这种情况？

古之贤士，乐道忘势

【原文】

孟子曰："古之贤王好善而忘势，古之贤士何独不然？

乐则而忘人之势。故王公不致敬尽礼，则不得亟^①见之。见且由不得亟，而况得而臣之乎？"

【注释】

①亟(qì)：多次。

【译文】

孟子说："古代的贤明君王喜欢听取善言，不把自己的权势放在心上。古代的贤能之士又何尝不是这样呢？乐于自己的学说，不把他人的权势放在心上。所以，即使是王公贵人，如果不对他恭敬地尽到礼数，也不能够多次和他相见。相见的次数尚且不能够多，何况要他做臣下呢？"

阅读理解

乐道忘势，是弘扬读书人的气节和骨气。还是曾子所说的那个道理："彼以其富，我以吾仁；彼以其爵，我以吾义。吾何慊乎哉？"(《孟子·公孙丑下》)他有他的富，我有我的仁；他有他的官位，我有我的正义。我有什么输于他的呢？这样一想，也就不把他的权势放在心上了。所以，真正的贤士能够笑傲王侯，我行我素。

当然，如里王侯本身也能够好善而忘势，对贤能之士礼数有加，当成真正的朋友而平等对待，那又是另一回事了。总之，领导人好善忘势，尊重知识，尊重人才；人才乐道忘势，不逢迎拍马，屈从权贵。这是相反相成的两方面。正如朱熹《孟子集注》所说："二者势若相反，而实则相成，盖亦各尽其道而已。"

写作借鉴

孟子说理善用反问修辞，增强语言气势。

回味思考

如果国家的领导人都能做到"乐道好施"，畅想一下咱们的国家会变成什么样子呢?

穷则独善其身,达则兼善天下

【原文】

孟子谓宋勾践①曰:"子好游②乎?吾语子游:人知之,亦嚣嚣③;人不知,亦嚣嚣。"

曰:"何如斯可以嚣嚣矣?"

曰:"尊德乐义,则可以嚣嚣矣。故士穷不失义,达不离道。穷不失义,故士得己④焉;达不离道,故民不失望焉。古之人,得志,泽加于民;不得志,修身见于世。穷则独善其身,达则兼善天下。"

【注释】

①宋勾践:人名,姓宋,名勾践,生平不详。②游:指游说。③嚣嚣:安详自得的样子。④得己:即自得。

【译文】

孟子对宋勾践说:"你喜欢游说各国的君主吗?我告诉你游说的态度:别人理解也安详自得,别人不理解也安详自得。"

宋勾践问:"怎样才能做到安详自得呢?"

孟子说:"尊崇道德,喜爱仁义,就可以安详自得了。所以士人穷困时不失去仁义,显达时不背离道德。穷困时不失去仁义,所以安详自得;显达时不背离道德,所以老百姓不失望。古代的人,得志时恩惠施于百姓,不得志时修养自身以显现于世。穷困时独善其身,显达时兼善天下。"

阅读理解

穷达都是身外事,只有道义才是根本。所以能穷不失义,达不离道。至于

"穷则独善其身,达则兼善天下",则与孔子所说"用之则行,舍之则藏"一样,进可以攻,退可以守,成为两千多年来中国知识分子立身处世的座右铭,成为最强有力的心理武器,既对他人,也对这个世界,更对自身。当你穷困不得志时,它以"独善其身"的清高抚慰着你那一颗失落的心;当你飞黄腾达有时机时,它又以"兼善天下"的豪情为你心安理得地做官提供着坚实的心理基础。

因此,无论你穷与达,它都是一剂绝对见效的心理良药,是知识分子战无不胜的思想武器与法宝。

写作借鉴

本篇采用"穷"与"达"两相对举的方式说理,形成鲜明的对照。告诉我们在不同的境况下,我们应该怎么做,说理严密。

回味思考

1. 你怎样理解"穷则独善其身,达则兼善天下"?

2. "人知之,亦嚣嚣;人不知,亦嚣嚣。"对这句话的理解,我们在学《论语十则》时,孔子的一句话也告诉过我们这个道理,是哪一句呢?

君子本色,表里如一

【原文】

孟子曰:"广土众民,君子欲之,所乐不存焉;中天下而立,定四海之民,君子乐之,所性不存焉。君子所性,虽大行①不加焉,虽穷居不损焉,分定故也。君子所性,仁义礼智根于心,其生色也睟然②,见于面,盎③于背,施于四体,四体不言而喻。"

【注释】

①大行:指理想、抱负行于天下。②睟(suì)然:颜色润泽。(3)盎(àng):显露。

【译文】

孟子说:"拥有广阔的土地、众多的人民,这是君子所想望的,但却不是他的快乐所在;立于天下的中央,安定天下的百姓,这是君子的快乐,但却不是他的本性所在。君子的本性,纵使他的抱负实现也不会增加,纵使他穷困也不会减少,因为他的本分已经固定。君子的本性,仁义礼智植根于内心,外表神色清和润泽,呈现于脸面,流溢于肩背,充实于四肢,四肢的动作,不用言语,别人也能理解。"

阅读理解

治国平天下是人间的赏心乐事,也是儒学外治(与内修相应)的最高境界。但对于真正的君子来说,穷达都是身外事,只有仁义礼智根于心,清和润泽显于外才是本性所在。

孟子所描述的,是一个胸怀高远、雍容大度的儒雅君子!外在形象与内在灵魂统一,表里如一,通体流溢着生命的光辉。想来,即便在儒教中,这也不过是一个理想人物罢了!因为他已超越了治国平天下的境界,就像尼采笔下的查拉图斯特拉,站在高高的山上,睥睨着人类。但他不是超人,因为他并没有离开人间,没有上过查拉图斯特拉那座山。

写作借鉴

本篇论述采用对比的修辞手法,先从人们普遍认为的快乐谈起,然后指出君子的快乐是与众不同的。从而更加衬托出君子的更博大的胸怀。

回味思考

1. 你知道君子的快乐和本性是怎样的吗?
2. 君子的本性会因环境的变化而改变吗?

孟子·尽心下

导语

在人与人的交往关系中,有几种迥异的态度。一种仅是让别人像猪一样地活着,这就是"豕交"的态度;一种是"兽畜",这是一种爱而不敬的态度,他可以像宠爱小狗、小猫一样地畜养你,但他并不将你看作是人。而真实的合于人的尊严的交往,只能是发自内心的"恭敬"。

春秋无义战

【原文】

孟子曰:"春秋无义战。彼善于此,则有之矣。征者,上伐下也,敌国①不相征也。"

【注释】

①敌国:指地位相等的国家。"敌"在这里不是"敌对"的意思。

【译文】

孟子说:"春秋时代没有合乎义的战争。那一国或许比这一国要好一点,这样的情况倒是有的。所谓征,是指上讨下伐,同等级的国家之间是不能够相互讨伐的。"

阅读理解

"春秋无义战",这既表达了孟子的历史观,也是其政治观的体现。因为,儒家认为"礼乐征伐自天子出",这才是合乎义的,而春秋时代则是"礼崩乐坏""礼乐征伐自诸侯出",所以没有合乎义的战争。其实,孟子的思想依然是来自孔子。孔子在《论语·季氏》中已经说过:"天下有道,则礼乐征伐自天子出;天下无道,则礼乐征伐自诸侯出。"礼乐征伐自天子出是西周的时代,礼乐征伐自诸侯出就是春秋时代了。

战争的确是和政治紧紧联系在一起的,因此,也的确有正义的战争和非正义的战争之分。但以我们今天的观点来看,衡量正义的战争和非正义战争的标准主要是看发动战争的人目的是什么,而不是看什么人来发动战争。就这一点来说,我们的观点与孟子这里所论是不同的了。

所以,"春秋无义战"虽然已成为一句流传很广的名言,但我们却有必要弄清楚孟子所谓"无义"的内涵。弄清楚内涵以后,我们就会知道,以我们今天的观点来看,似乎还不能笼而统之地一概认为"春秋无义战",而要具体情况作具体的分析了。

写作借鉴

语言简洁凝练,说理透彻深刻。一个"义"字,一语双关,辩证地论述了政治与战争的关系。

回味思考

1. "春秋无义战"是什么意思?怎样理解"无义"?
2. 你了解春秋时代发生的哪些战争?

民为贵，社稷次之，君为轻

【原文】

孟子曰："民为贵，社稷①次之，君为轻。是故得乎丘②民而为天子，得乎天子为诸侯，得乎诸侯为大夫。诸侯危社稷，则变置。牺牲③既成，粢盛既洁④，祭祀以时，然而旱干水溢，则变置社稷。"

【注释】

①社稷：社，土神。稷：谷神。古代帝王或诸侯建国时，都要立坛祭祀"社"、"稷"，所以，"社稷"又作为国家的代称。②丘：众。③牺牲：供祭祀用的牛、羊、猪等祭品。④粢盛既洁：盛在祭器内的祭品已洁净了。粢(zī)，稷，粟米。

【译文】

孟子说："百姓最为重要，代表国家的土神、谷神其次，国君为轻。所以，得到民心的做天子，得到天子欢心的做国君，得到国君欢心的做大夫。国君危害到土神、谷神——国家，就改立国君。祭品丰盛，祭品洁净，祭扫按时举行，但仍然遭受旱灾水灾，那就改立土神、谷神。"

阅读理解

国君和社稷都可以改立更换，只有老百姓是不可更换的。所以，百姓最为重要。《尚书》也说："民惟邦本，本固君宁。"老百姓才是国家的根本，根本稳固了，国家也就安宁。改用现代的口号，那就是——人民万岁！这一段是孟子民本思想最为典型、最为明确的体现，"民贵君轻"成为后世广泛流传的名言，一直为人们所引用。有必要提出的是，"民"是一个集合概念，"民"作为一个集合的整体是贵的、重于国君的，但"民"当中的每一个个体，普普通通的一介小民又怎么样呢？孟子这里没有说，也就很难说了。不过，就我们的了解来看，个体的小民是不可能与国君的重要性相抗衡的，不仅不能抗衡，而且还不知道要轻了多少倍呢。或许，孟子在这个问题上的认识也有所局限。其实，又何止是孟子有所局限，就是进化到两千多年后的民主时代，我们不也仍然在花大力气清除封建主义思想的严重影响和桎梏吗？

写作借鉴

层次清晰、条分缕析的说理是我们值得学习的。

回味思考

民贵君轻提了这么多年，但是到现在为止，仍存在着它的局限性。你是怎么看待这个问题的呢？

养心莫善于寡欲

【原文】

孟子曰："养心莫善于寡欲。其为人也寡欲，虽有不存焉者，寡矣；其为人也多欲，虽有存焉者，寡矣。"

【译文】

孟子说："修养心性的最好办法是减少欲望。一个人如果欲望很少，即便本性有所失去，那也是很少的；一个人如果欲望很多，即便本性还有所保留，那也是很少的了。"

阅读理解

那失去或保留的本性是什么？就是"人之初，性本善"的"善"。外物改变人的本性,感官之欲减损人的善心。所以,欲望太多的人,往往利令智昏,做了欲望的奴隶,其结果是"欲望号街车"不知驶向哪里,失去控制,坠入万劫不复的深渊。因此,修养心性的最好办法就是减少欲望,寡欲清心。老子说:"见素抱朴,少私寡欲。"孟子当然不是老子的学生,在"寡欲"的问题上也绝不会走得像老子那样远,不会到"禁欲"的程度。但在"养心莫善于寡欲"的见解上有相通之处,这也的确是事实。毕竟,儒、道两家并非在所有问题上都是针锋相对的罢。

写作借鉴

寥寥数语,通过对比,道出养心就要寡欲。

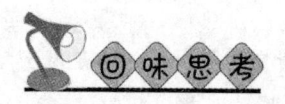

回味思考

1.有人说,人类没有欲望,社会就会停滞不前,你怎样理解这句话?
2.你同意知足常乐的说法吗?谈谈你的看法。

考题回顾

2009 年北京卷

文言文阅读(共9分)

阅读《生于忧患,死于安乐》,完成第1—3题。

①舜发于畎亩之中,傅说举于版筑之间,胶鬲举于鱼盐之中,管夷吾举于士,孙叔敖举于海,百里奚举于市。故天将降大任于是人也,必先苦其心志,劳其筋骨,饿其体肤,空乏其身,行拂乱其所为,所以动心忍性,曾益其所不能。

②人恒过然后能改,困于心衡于虑而后作,征于色发于声而后喻。入则无法家拂士,出则无敌国外患者,国恒亡,然后知生于忧患而死于安乐也。

1.解释下列语句中加点词的意思。(2分)

(1)舜发于畎亩之中　　发:＿＿＿＿＿＿＿＿＿＿＿＿＿＿

(2)人恒过然后能改　　过:＿＿＿＿＿＿＿＿＿＿＿＿＿＿

2.用现代汉语翻译下面的语句。(4分)

(1)饿其体肤

翻译:＿＿＿＿＿＿＿＿＿＿＿＿＿＿＿＿＿＿＿＿＿＿＿＿＿

(2)行拂乱其所为

翻译:＿＿＿＿＿＿＿＿＿＿＿＿＿＿＿＿＿＿＿＿＿＿＿＿＿

3.阅读第②段,说出就"国"而言,"死于安乐"中的"安乐"指的是什么。(3分)

答:＿＿＿＿＿＿＿＿＿＿＿＿＿＿＿＿＿＿＿＿＿＿＿＿＿＿＿

＿＿＿＿＿＿＿＿＿＿＿＿＿＿＿＿＿＿＿＿＿＿＿＿＿＿＿＿＿

2009年辽宁大连卷

古诗文阅读(16分)

(一)生于忧患,死于安乐

舜发于畎亩之中,傅说举于版筑之中,胶鬲举于鱼盐之中,管夷吾举于士,孙叔敖举于海,百里奚举于市。故天将降大任于是人也,必先苦其心志,劳其筋骨,饿其体肤,空乏其身,行拂乱其所为,所以动心忍性,曾益其所不能。

人恒过,然后能改;困于心,衡于虑,而后作;征于色,发于声,而后喻。入则无法家拂士,出则无敌国外患者,国恒亡。然后知生于忧患,而死于安乐也。

1.解释文中加点的词。(2分)

(1)征于色发于声而后喻 喻(　　)

(2)出则无敌国外患者 则(　　)

(3)然后知生于忧患而死于安乐也 然(　　)

2.用现代汉语翻译文中画横线的句子。(2分)

所以动心忍性,曾益其所不能。

_____

3.请概括回答"故天将降大任于是人也"中"是人"指的是哪一类人。(2分)

答:_____

2009年湖南衡阳卷

生于忧患,死于安乐
《孟子》

舜发于畎亩之中,傅说举于版筑之间,胶鬲举于鱼盐之中,管夷吾举于士,孙叔敖举于海,百里奚举于市。

故天将降大任于是人也,必先苦其心志,劳其筋骨,饿其体肤,空乏其身,行拂乱其所为,所以动心忍性,曾益其所不能。

人恒过,然后能改;困于心,衡于虑,而后作;征于色,发于声,而后喻。入则无法家拂士,出则无敌国外患者,国恒亡。

然后知生于忧患,而死于安乐也。

1. 选出下列加点字用法相同的一项:(　　)(1分)

　A.困于心　苛政猛于虎也
　B.苦其心志　帝感其诚
　C.出则无敌国外患者　肉食者谋之
　D.舜发于畎亩之中　何陋之有

2. 选出下列加点词词义相同的一项:(　　)(2分)

　A.故天将降大任于是人也　　上使外将兵
　B.傅说举于版筑之间　　　　在乎山水之间也
　C.人恒过,然后能改　　　　还过岳殿东
　D.征于色,发于声　　　　　野芳发而幽香

3. 本文主要论述了人要有所作为就必须先经受多方面的艰苦磨砺,才能取得"曾益其所不能"的结果或成就的道理,请列举一个恰当的事例作论据。(2分)

_____
_____

2009年山东济宁卷

【甲】人恒过然后能改;困于心,衡于虑,而后作;征于色,发于声,而后喻。入则无法家拂士,出则无敌国外患者,国恒亡。然后知生于忧患,而死于安乐也。

【乙】孟子少时,诵①,其母方②织。孟子辍然③中止,乃复进。其母知其喧④也,呼而问之曰:"何为中止?"对曰:"有所失复得。"其母引⑤刀裂其织,以此诫之。自是之后,孟子不复喧矣。

(选自《韩诗外传》卷九)

【注释】

①诵:背诵。②方:正在。③辍然:突然中止的样子。辍,停止,废止。④喧:遗忘。⑤引:拿来。

1. 解释下列加点的词语。(4分)

   ①人恒过然后能改　恒过＿＿＿＿＿＿＿＿＿＿

   ②其母引刀裂其织　裂＿＿＿＿＿＿＿＿＿＿＿

2. 翻译下列句子。(4分)

   ①生于忧患,死于安乐

   ＿＿＿＿＿＿＿＿＿＿＿＿＿＿＿＿＿＿＿＿＿

   ②自是之后,孟子不复喧矣。

   ＿＿＿＿＿＿＿＿＿＿＿＿＿＿＿＿＿＿＿＿＿

3. 【甲】、【乙】两文在表达方面有什么不同? (4分)

4. 你认为【乙】文中孟母教子的方法有什么独特的地方?这个故事说明了什么道理? (3分)

参考答案

2009年北京卷

1.(1)起,指被任用　(2)犯错误(或:犯过失)
2.(1)使他经受饥饿(之苦)。(或:使他经受饥饿,以致身体消瘦)
　(2)使他做事不顺。
3.无法家拂士,无敌国外患。

2009年辽宁大连卷

1.(1)明白(了解、知道)　(2)如果(假若)　(3)这样
2.(通过这些)使他(们)的心惊动,使他(们)的性格坚强起来,增加他(们)所没有的才能。(翻译意思对,语句连贯;"益"字翻译正确即可)
3.受艰苦磨炼之后,能够成就不平凡事业的人。

2009年湖南衡阳卷

1.B　2.B
3.示例:"逆境能成才"的历史人物。①盖文王拘而演《周易》。②仲尼厄而作《春秋》。③屈原放逐,乃赋《离骚》。④左丘失明,厥有《国语》。⑤孙子膑脚,兵法修列。⑥不韦迁蜀,世传《吕览》。⑦韩非囚秦,《说难》、《孤愤》。⑧《诗》三百篇,大抵贤圣发愤之所作也。

2009年山东济宁卷

1.①常常犯错误　②割断
2.①因有忧患而得以生存,因沉迷安乐而衰亡。
　②从此以后,孟子不再因为分心而遗忘书中的内容了。
3.甲文以议论为主,语言精练,分析透辟;乙文以叙述为主,用引刀裂织的方法明理,自然巧妙。
4.孟母是用实际行动来教育孩子。说明了做任何事情都要全神贯注,一心一意不能分心的道理。

207

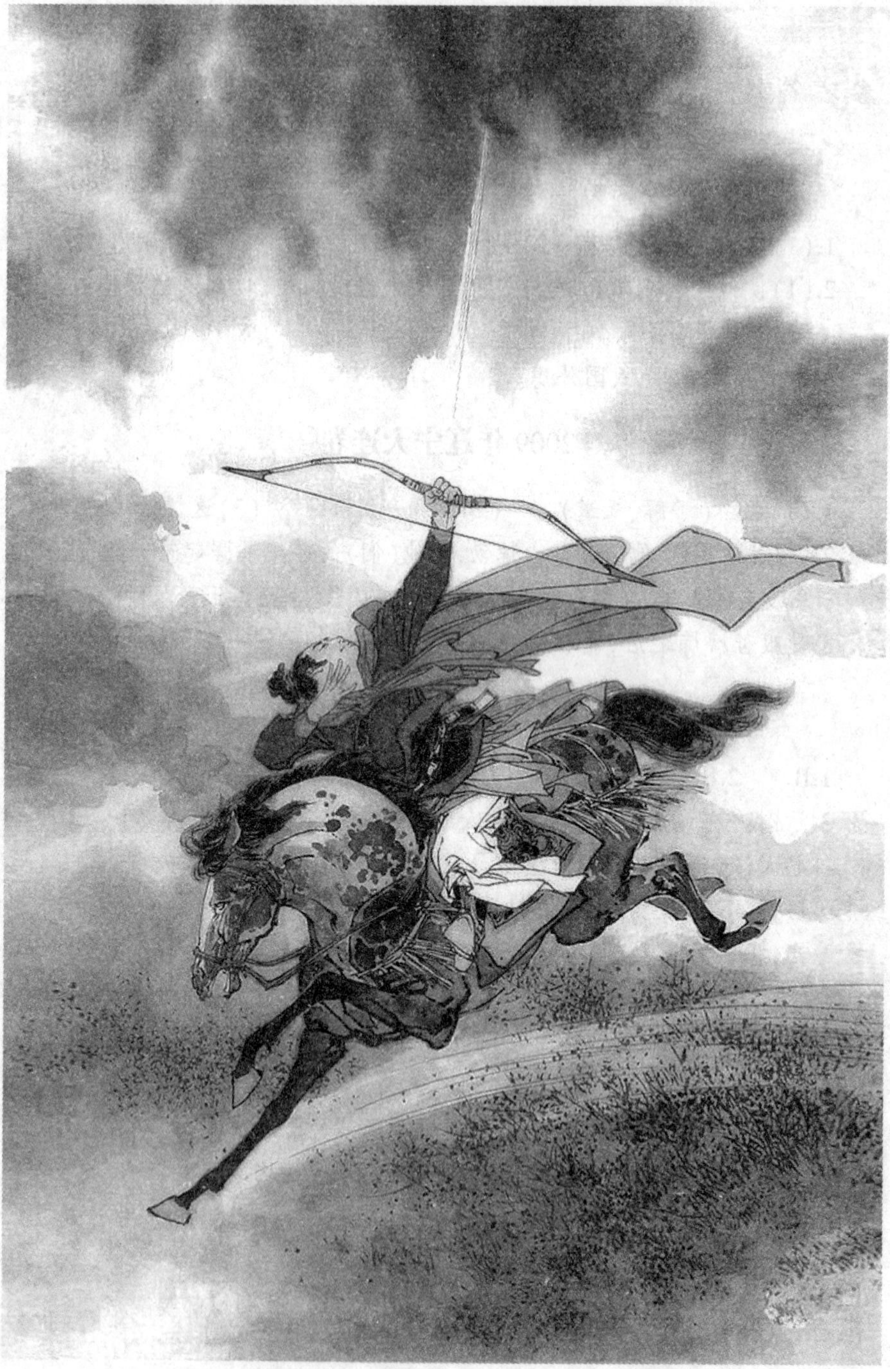

读后感

《孟子》读后感

  每读《孟子》都如饮一杯淡雅的香茗,除了唇齿间的缕缕余香,还有久久不能散去的让人回味无穷的余味。孟轲的文字总能让我从中悟出些世间的真谛,他的文章论点、论据俱全,长于说理,不若《论语》般读整书方知逻辑,也不若《道德经》玄妙牵强,读起来萌化感比较强。

  《孟子》最吸引我的地方就是先从一般事物说起,再慢慢引出道理,让别人不知不觉间承认自己的错误。孟子说:"我的力气足以举起三千斤的东西,却举不起一片羽毛;我的视力足以看清秋天野兽毫毛的尖端,却看不见一车子的柴禾。"话中所说的显然不符合常理。显然,一片羽毛举不起来,是因为不肯用力气;一车的柴禾看不见,是因为不肯用目力;百姓不被爱抚,是因为统治者不肯施恩德啊。

  只是简单的几句话,孟子便让君主认识到自己的错误。比起直说直谏,这些言语无疑让至高无上的君主更容易接受。道理层层递进,就像是设下了圈套,一步一步地让人不知不觉走进去。

  "民为贵,社稷次之,君为轻。"这是孟子的重民思想。真是治国之本啊,广大的人民群众又怎么能忽视呢?"君者,舟也;庶人者,水也。水则载舟,水则覆舟。"没有人民群众的支持,多大的江山也很难保住啊。"乐民之乐者,民亦乐其乐;忧民之忧者,民亦忧其忧。"君主把百姓的快乐和忧患当作自己的快乐和忧患,百姓也就会把君主的忧患和快乐当作自己的忧患和快乐。这个思想一直延续到现在。以人为本,"三个代表",党的宗旨,无不是

"民为贵,社稷次之,君为轻"的真实体现吗?

试想,远在古代的人就能有这种思想,能让人不敬佩吗?

读《孟子》有感

孟子,是我国古代的思想家、教育家,他跟孔子是儒家学派的鼻祖。

孟子小时候,就有自己独到的见解,他很崇拜孔圣人,十几岁的时候,他还去到鲁国,想找孔圣人的门第来教自己,可是,孔子的徒弟差不多都已经逝世了,于是,孟子找到了司徒牛,这时,司徒牛也已经是个驼背老人了。司徒牛原是子思的老师,子思是孔子最重视的学生,不过,一场疾病导致了他不敢见人,因为他的背上莫名其妙地长出了一个"小山丘",于是他隐居山林,谁也没见过他,但是孟子找到了他,司徒牛听了孟子的讲述,决定收他为徒,三年后,司徒牛让孟子离开了那里,劝他去更加开阔的地方展示才华。

孟子泪别老师后,回家兴学育才,凭借着他的本领,孟子成了有名的老师。

公元前347年秋,孟子带着几个门徒去了齐国。起先,他受到了齐威王的欢迎,齐威王知道他是一个人才,但孟子在齐国不被重用,因为他坚持的是仁政思想,而齐威王却行霸道,他想要把整个天下据为己有,此时,孟子拿出了他的"武器"——口才,他学识渊博,他利用自己的口才,成功说服了齐威王行仁政,他给齐威王讲了很多故事道理,其中蕴涵的道理深深地让君王叹服。

78岁时,孟子辞官,在君王的一再挽留下,孟子满含热泪挥别齐国,他度过了生命中重要的35年。

85岁,古稀之年,孟子去世。出殡这天,雪大,风狂,连天地山川都为一颗巨星的滑落而哭泣,百姓赶到孟子的家乡,为他披麻戴孝,在风雪的呼啸中把孟子送向天堂……

他的渊博、谦虚、好学,时刻激励着我,一直向前。

庄 子

内篇　逍遥游第一

导语

"逍遥"也写作"消摇",意思是优游自得的样子;"逍遥游"就是没有任何束缚地、自由自在地活动。本篇是《庄子》的代表篇目之一,充满奇特的想象和浪漫的色彩,寓说理于寓言和生动的比喻中,形成独特的风格。在庄子的眼里,客观现实中的一事一物,包括人类本身都是对立而又相互依存的,这就没有绝对的自由,要想无所依凭就得无己。因而他希望一切顺乎自然,超脱于现实,否定人在社会生活中的一切作用,把人类的生活与万物的生存混为一体;提倡不滞于物,追求无条件的精神自由。

【原文】

北冥有鱼①,其名曰鲲②。鲲之大,不知其几千里也;化而为鸟,其名为鹏③。鹏之背,不知其几千里也;怒而飞④,其翼若垂天之云⑤。是鸟也,海运则将徙于南冥⑥。南冥者,天池也⑦。齐谐者⑧,志怪者也⑨。谐之言曰:"鹏之徙于南冥也,水击三千里⑩,抟扶摇而上者九万里⑪,去以六月息者也⑫。"野马也⑬,尘埃也⑭,生物之以息相吹也⑮。天之苍苍,其正色邪?其远而无所至极邪⑯?其视下也,亦若是则已矣。且夫水之积也不厚,则其负大舟也无力。覆杯水于坳堂之上⑰,则芥为之舟⑱;置杯焉则胶,水浅而舟大也。风之积也不厚,则其负大翼也无力,故九万里则风斯在下矣⑲。而后乃今培风⑳,背负青天而莫之夭阏者㉑,而后乃今将图南。蜩与学鸠笑之曰㉒:"我决起而飞㉓,抢榆枋㉔,时则不至,而控于地而已矣㉕;奚以之九万里而南为㉖?"适莽苍者㉗,三飡而反㉘,腹犹果然㉙;适百里者,宿舂粮㉚;适千里者,三月聚粮。之二虫又何知㉛?小知不及大知㉜,小年不及大年。奚以知其然也?朝菌不知晦朔㉝,蟪蛄不知春秋㉞,此小年也。楚之南有冥灵者㉟,以五百岁为春,五百岁为秋;上古有大椿者㊱,以八千岁为春,八千岁为秋㊲。而彭祖乃今以久特闻㊳,众人匹之㊴,不亦悲乎?

【注释】

①冥:亦作溟,海之意。"北冥",就是北方的大海。下文的"南冥"仿此。传说北海无边无际,水深而黑。②鲲(kūn):本指鱼卵,这里借表大鱼之名。③鹏:本为古"凤"字,这里用表大鸟之名。④怒:奋起。⑤垂:边远。这个意义后代写作"陲"。一说遮,遮天。⑥海运:海水运动,这里指汹涌的海涛。一说指鹏鸟在海面飞行。徙:迁移。⑦天池:天然的大池。⑧齐谐:书名。一说人名。⑨志:记载。⑩击:拍打,这里指鹏鸟奋飞而起双翼拍打水面。⑪抟(tuán):环绕而上。一说"抟"当作"搏(bó)",拍击的意思。扶摇:又名叫飙,由地面急剧盘旋而上的暴风。⑫去:离,这里指离开北海。息:停歇。⑬野马:春天林泽中的雾气。雾气浮动状如奔马,故名"野马"。⑭尘埃:扬在空中的土叫"尘",细碎的尘粒叫"埃"。⑮生物:概指各种有生命的东西。息:这里指有生命的东西呼吸所产生的气息。⑯极:尽。⑰覆:倾倒。⑱坳(ào):坑凹处,"坳堂"指厅堂地面上的坑凹处。⑱芥:小草。⑲斯:则,就。⑳而后乃今:意思是这之后方才。以下同此解。培:通作"凭",凭借。㉑莫:这里作没有什么力量讲。夭阏(è):又写作"夭遏",意思是遏阻、阻拦。"莫之夭阏",即"莫夭阏之"的倒装。㉒蜩(tiáo):蝉。学鸠:一种小灰雀,这里泛指小鸟。㉓决(xuè):通作"翅",迅疾的样子。㉔抢(qiāng):突过。榆枋:两种树名。㉕控:投下,落下来。㉖奚以:何以。之:去到。

为:句末疑问语气词。㉗适:往,去到。莽苍:指迷茫看不真切的郊野。㉘飡(cān):同餐。反:返回。㉙犹:还。果然:饱的样子。㉚宿:这里指一夜。㉛之:这。二虫:指上述的蜩与学鸠。㉜知(zhì):通"智",智慧。㉝朝:清晨。晦朔:一个月的最后一天和最初一天。一说"晦"指黑夜,"朔"指清晨。㉞蟪蛄(huìgū):即寒蝉,春生复死或复生秋死。㉟冥灵:传说中的大龟,一说树名。㊱大椿:传说中的古树名。㊲根据前后用语结构的特点,此句之下当有"此大年也"一句,但传统本子均无此句。㊳彭祖:古代传说中年寿最长的人。乃今:而今。以:凭。特:独。闻:闻名于世。㊴匹:配,比。

【译文】

　　北方的大海里有一条鱼,它的名字叫作鲲。鲲的体积,真不知道大到几千里。变化成为鸟,它的名字就叫鹏。鹏的脊背,真不知道长到几千里;当它奋起而飞的时候,那展开的双翅就像天边的云。这只鹏鸟呀,随着海上汹涌的波涛迁徙到南方的大海。南方的大海是个天然的大池。《齐谐》是一部专门记载怪异事情的书,这本书上记载说:"鹏鸟迁徙到南方的大海,翅膀拍击水面激起三千里的波涛,海面上急骤的狂风盘旋而上直冲九万里高空,离开北方的大海用了六个月的时间方才停歇下来。"春日林泽原野上蒸腾浮动犹如奔马的雾气,低空里沸沸扬扬的尘埃,都是大自然里各种生物的气息吹拂所致。天空是那么湛蓝湛蓝的,难道这就是它真正的颜色吗?抑或是高旷辽远没法看到它的尽头呢?鹏鸟在高空往下看,不过也就像这个样子罢了。再说水汇积不深,它浮载大船就没有力量。倒杯水在庭堂的低洼处,那么小小的芥草也可以给它当作船;而搁置杯子就粘住不动了,因为水太浅而船太大了。风聚积的力量不雄厚,它托负巨大的翅膀便力量不够。所以,鹏鸟高飞九万里,狂风就在它的身下,然后方才凭借风力飞行,背负青天而没有什么力量能够阻遏它了,然后才像现在这样飞到南方去。寒蝉与小灰雀讥笑它说:"我从地面急速起飞,碰着榆树和檀树的树枝,常常飞不到而落在地上,为什么要到九万里的高空而向南飞呢?"到迷茫的郊野去,带上三餐就可以往返,肚子还是饱饱的;到百里之外去,要用一整夜时间准备干粮;到千里之外去,三个月以前就要准备粮食。寒蝉和灰雀这两个小东西懂得什么!小聪明赶不上大智慧,寿命短比不上寿命长。怎么知道是这样的呢?清晨的菌类不会懂得什么是晦朔,寒蝉也不会懂得什么是春秋,这就是短寿。楚国南边有叫冥灵的大龟,它把五百年当作春,把五百年当作秋;上古有叫大椿的古树,它把八千年当作春,把八千年当作秋,这就是长寿。可是彭祖到如今还是以年寿长久而闻名于世,人们与他攀比,岂不可悲可叹吗?

【原文】

汤之问棘也是已①:"穷发之北有冥海者②,天池也。有鱼焉,其广数千里,未有知其修者③,其名曰鲲。有鸟焉,其名为鹏,背若太山④,翼若垂天之云;抟扶摇、羊角而上者九万里⑤,绝云气⑥,负青天,然后图南,且适南冥也。斥鷃笑之曰⑦:'彼且奚适也?我腾跃而上,不过数仞而下⑧,翱翔蓬蒿之间,此亦飞之至也⑨。而彼且奚适也?'"此小大之辩也⑩。

【注释】

①汤:商汤。棘:汤时的贤大夫。已:矣。②穷发:不长草木的地方。③修:长。④太山:大山。一说即泰山。⑤羊角:旋风,回旋向上如羊角状。⑥绝:穿过。⑦斥鷃(yàn):一种小鸟。⑧仞:古代长度单位,周制为八尺,汉制为七尺,这里应从周制。⑨至:极点。⑩辩:通作"辨",辨别、区分的意思。

【译文】

商汤询问棘的话是这样的:"在那草木不生的北方,有一个很深的大海,那就是'天池'。那里有一种鱼,它的脊背有好几千里,没有人能够知道它有多长,它的名字叫作鲲。有一种鸟,它的名字叫鹏,它的脊背像座大山,展开双翅就像天边的云。鹏鸟奋起而飞,翅膀拍击急速旋转向上的气流直冲九万里高空,穿过云气,背负青天,这才向南飞去,打算飞到南方的大海。斥鷃讥笑它说:'它打算飞到哪儿去?我奋力跳起来往上飞,不过几丈高就落了下来,盘旋于蓬蒿丛中,这也是我飞翔的极限了。而它打算飞到什么地方去呢?'"这就是小与大的不同了。

【原文】

故夫知效一官①、行比一乡②、德合一君、而徵一国者③,其自视也亦若此矣。而宋荣子犹然笑之④。且举世而誉之而不加劝⑤,举世而非之而不加沮⑥,定乎内外之分⑦,辩乎荣辱之境⑧,斯已矣。彼其于世,未数数然也⑨。虽然,犹有未树也。夫列子御风而行⑩,泠然善也⑪,旬有五日而后反⑫。彼于致福者⑬,未数数然也。此虽免乎行,犹有所待者也⑭。若夫乘天地之正⑮,而御六气之辩⑯,以游无穷者,彼且恶乎待哉⑰?故曰:至人无己⑱,神人无功⑲,圣人无名⑳。

【注释】

①效:功效。这里含有胜任的意思。官:官职。②行(xíng):品行。比:比并。③而:通作"能",能力。徵:取信。④宋荣子:一名宋钘,宋国人,战国时期的思想家。犹然:讥笑的样子。⑤举:全。劝:劝勉,努力。⑥非:责难,批评。沮(jǔ):沮丧。⑦内外:这里分别指自身和身外之物。在庄子看来,自主的精神是内在的,荣誉和非难都是外在的,而只有自主的精神才是重要的、可贵的。⑧境:界限。⑨数数(shuò)然:急急忙忙的样子。⑩列子:郑国人,名叫列御寇,战国时代思想家。御:驾驭。⑪泠(líng)然:轻盈美好的样子。⑫旬:十天。有:又。⑬致:罗致,这里有寻求的意思。⑭待:凭借,依靠。⑮乘:遵循,凭借。天地:这里指万物,指整个自然界。正:本。这里指自然的本性。⑯御:含有因循、顺着的意思。六气:指阴、阳、风、雨、晦、明。辩:通作"变",变化的意思。⑰恶(wū):何,什么。⑱至人:这里指道德修养最高尚的人。无己:清除外物与自我的界限,达到忘掉自己的境界。⑲神人:这里指精神世界完全能超脱于物外的人。无功:不建树功业。⑳圣人:这里指思想修养臻于完美的人。无名:不追求名誉地位。

【译文】

所以,那些才智足以胜任一个官职,品行合乎一乡人心愿,道德能使国君感到满意,能力足以取信一国之人的人,他们看待自己也像是这样哩。而宋荣子却讥笑他们。世上的人们都赞誉他,他不会因此越发努力,世上的人们都为难他,他也不会因此而更加沮丧。他清楚地划定自身与物外的区别,辨别荣誉与耻辱的界限,不过如此而已呀!宋荣子他对于整个社会,从来不急急忙忙地去追求什么。虽然如此,他还是未能达到最高的境界。列子能驾风行走,那样子实在轻盈美好,而且十五天后方才返回。列子对于寻求幸福,从来没有急急忙忙的样子。他这样做虽然免除了行走的劳苦,可还是有所依凭呀。至于遵循宇宙万物的规律,把握"六气"的变化,遨游于无穷无尽的境域,他还仰赖什么呢!因此说,道德修养高尚的"至人"能够达到忘我的境界,精神世界完全超脱物外的"神人"心目中没有功名和事业,思想修养臻于完美的"圣人"从来不去追求名誉和地位。

【原文】

尧让天下于许由①,曰:"日月出矣,而爝火不息②;其于光也,不亦难乎?时雨降矣③,而犹浸灌④;其于泽也⑤,不亦劳乎⑥?夫子立而天下治⑦,而我犹尸之⑧;吾自视缺然⑨,请致天下⑩。"许由曰:"子治天下⑪,天下既已治也;而我犹代子,吾将为名乎?名者,实之宾也⑫;吾将为宾乎?鹪鹩巢于深林⑬,不过一枝;偃鼠饮河⑭,不过满腹。归休乎君⑮,予无所用天下为⑯!庖人虽不治庖⑰,尸祝不越樽俎而代之矣⑱!"

【注释】

①尧:我国历史上传说时代的圣明君主。许由:古代传说中的高士,字仲武,隐于箕山。相传尧要让天下给他,他自命高洁而不受。②爝(jué)火:炬火,木材上蘸上油脂燃起的火把。③时雨:按时令季节及时降下的雨。④浸灌:灌溉。⑤泽:润泽。⑥劳:这里含有徒劳的意思。⑦立:位,在位。⑧尸:庙中的神主,这里用其空居其位,虚有其名之义。⑨缺然:不足的样子。⑩致:给予。⑪子:对人的

尊称。⑫宾：次要的、派生的东西。⑬鹪鹩(jiāo liáo)：一种善于筑巢的小鸟。⑭偃鼠：鼹鼠。⑮休：止，这里是算了的意思。⑯为：句末疑问语气词。⑰庖人：厨师。⑱尸祝：祭祀时主持祭祀的人。樽：酒器。俎：盛肉的器皿。"樽俎"这里代指各种厨事。成语"越俎代庖"出于此。

【译文】

尧打算把天下让给许由，说："太阳和月亮都已升起来了，可是小小的炬火还在燃烧不熄，它要跟太阳和月亮的光亮相比，不是很难吗？季雨及时降落了，可是还在不停地浇水灌地，如此费力的人工灌溉对于整个大地的润泽，不显得徒劳吗？先生如能居于国君之位，天下一定会获得大治，可是我还空居其位，我自己越看越觉得能力不够，请允许我把天下交给你。"许由回答说："你治理天下，天下已经获得了大治，而我却还要去替代你，我是为了名声吗？'名'是'实'所派生出来的次要东西，我是去追求这次要的东西吗？鹪鹩在森林中筑巢，不过占用一棵树枝；鼹鼠到大河边饮水，不过喝满肚子。你还是打消念头回去吧，天下对于我来说没有什么用处啊！厨师即使不下厨，祭祀主持人也不会越俎代庖的！"

【原文】

肩吾问于连叔曰①："吾闻言于接舆②，大而无当③，往而不反④。吾惊怖其言。犹河汉而无极也⑤；大有迳庭⑥，不近人情焉。"连叔曰："其言谓何哉？"曰："藐姑射之山⑦，有神人居焉。肌肤若冰雪，淖约若处子⑧，不食五谷，吸风饮露，乘云气，御飞龙，而游乎四海之外；其神凝⑨，使物不疵疠而年谷熟⑩。吾以是狂而不信也⑪。"连叔曰："然。瞽者无以与乎文章之观⑫，聋者无以与乎钟鼓之声。岂唯形骸有聋盲哉？夫知亦有之！是其言也犹时女也⑬。之人也，之德也，将旁礴万物以为一⑭，世蕲乎乱⑮，孰弊弊焉以天下为事⑯！之人也，物莫之伤：大浸稽天而不溺⑰，大旱金石流，土山焦而不热。是其尘垢秕糠将犹陶铸尧舜者也⑱，孰肯以物为事？"

【注释】

①肩吾、连叔：旧说皆为有道之人，实是庄子为表达的需要而虚构的人物。②接舆：楚国的隐士，姓陆，名通，接舆为字。③当(dàng)：底，边际。④反：返。⑤河汉：银河。极：边际、尽头。⑥迳：门外的小路。庭：堂外之地。迳、庭连用，这里喻指差异很大。成语"大相径庭"出于此。⑦藐(miǎo)：遥远的样子。姑射(yè)：传说中的山名。⑧淖(chuò)约：柔弱、美好的样子。处子：处女。⑨凝：指神情专一。⑩疵疠(lì)：疾病。⑪以：认为。狂：通作"诳"，虚妄之言。信：真实可靠。⑫瞽(gǔ)：盲。文章：花纹、色彩。⑬时：是。女：汝，你。旧注指时女为处女，联系上下文实是牵强，故未从。⑭旁礡：混同的样子。⑮蕲(qí)：祈求的意思。乱：这里作"治"讲，这是古代同词义反的语言现象。⑯弊弊焉：忙忙碌碌、疲惫不堪的样子。⑰大浸：大水。稽：至。⑱秕：瘪谷。糠："糠"字之异体。陶：用土烧制瓦器。铸：熔炼金属铸造器物。

【译文】

肩吾向连叔求教："我从接舆那里听到谈话，大话连篇没有边际，一说下去就回不到原来的话题上。我十分惊恐他的言谈，就好像天上的银河没有边际，跟一般人的言谈差异甚远，确实是太不近情理了。"连叔问："他说的是些什么呢？"肩吾转述道："在遥远的姑射山上，住着一位神人，皮肤润白像冰雪，体态柔美如处女，不食五谷，吸清风、饮甘露，乘云气、驾飞龙，遨游于四海之外。他的神情那么专注，使得世间万物不受病害，年年五谷丰登。我认为这全是虚妄之言，一点也不可信。"连叔听后说："是呀！对于瞎子没法同他们欣赏花纹和色彩，对于聋子没法同他们聆听钟鼓的乐声。难道只是形骸上有聋与瞎吗？思想上也有聋和瞎啊！这话似乎就是说你肩吾的呀。那位神人，他的德行，与万事万物混同一起，以此求得整个天下的治理，谁还会忙忙碌碌把管理天下当成回事！那样的人呀，外物没有什么能伤害他，滔天的大水不能淹没他，天下大旱使金石熔化、土山焦裂，他也不感到灼热。他所留下的尘埃以及瘪谷糠麸之类的废物,也可造就出尧、舜那样的圣贤人君来,他怎么会把忙着管理万物当作己任呢!"

【原文】

宋人资章甫而适诸越①,越人断发文身②,无所用之。尧治天下之民,平海内之政,往见四子藐姑射之山,汾水之阳③,窅然丧其天下焉④。

【注释】

①资:贩卖。章甫:古代殷地人的一种礼帽。适:往。②断发:不蓄头发。文身:在身上刺满花纹。越国处南方,习俗与中原的宋国不同。③四子:旧注指王倪、啮缺、被衣、许由四人,实为虚构的人物。阳:山的南面或水流的北面。④窅(yǎo)然:怅然若失的样子。丧(shàng):丧失,忘掉。

【译文】

北方的宋国有人贩卖帽子到南方的越国,越国人不蓄头发,满身刺着花纹,没什么地方用得着帽子。尧治理好天下的百姓,安定了海内的政局,到姑射山上、汾水北面,去拜见四位得道的高士,不禁怅然若失,忘记了自己居于治理天下的地位。

【原文】

惠子谓庄子曰①:"魏王贻我大瓠之种②,我树之成③,而实五石④。以盛水浆,其坚不能自举也⑤。剖之以为瓢,则瓠落无所容⑥。非不呺然大也⑦,吾为其无用而掊之⑧。"庄子曰:"夫子固拙于用大矣⑨!宋人有善为不龟手之药者⑩,世世以洴澼絖为事⑪。客闻之,请买其方百金⑫。聚族而谋曰:'我世世为洴澼絖,不过数金;今一朝而鬻技百金⑬,请与之。'客得之,以说吴王⑭。越有难⑮,

吴王使之将⑯,冬与越人水战,大败越人,裂地而封之⑰。能不龟手一也⑱,或以封⑲,或不免于洴澼絖,则所用之异也。今子有五石之瓠,何不虑以为大樽⑳,而浮于江湖,而忧其瓠落无所容?则夫子犹有蓬之心也夫㉑!"

【注释】

①惠子:宋国人,姓惠,名施,做过梁惠王的相。惠施本是庄子的朋友,为先秦名家代表,但本篇及以下许多篇章中所写惠施与庄子的故事,多为寓言性质,并不真正反映惠施的思想。②魏王:即梁惠王。贻(yí):赠送。瓠(hú):葫芦。③树:种植,培育。④实:结的葫芦。石(dàn):容量单位,十斗为一石。⑤举:拿起来。⑥瓠落:又写作"廓落",很大很大的样子。⑦呺(xiāo)然:庞大而又中空的样子。⑧为(wèi):因为。掊(pǒu):砸破。⑨固:实在,确实。⑩龟(jūn):通作"皲",皮肤受冻开裂。⑪洴(píng):浮。澼(pí):在水中漂洗。絖(kuàng):丝絮。⑫方:药方。⑬鬻(yù):卖,出售。⑭说(shuì):劝说,游说。⑮难:发难,这里指越国对吴国有军事行动。⑯将(jiàng):统帅部队。⑰裂:划分出。⑱一:同一,一样的。⑲或:无定代词,这里指有的人。以:凭借,其后省去宾语"不龟手之药"。⑳虑:考虑。一说通作"摅",用绳络缀结。樽:本为酒器,这里指形似酒樽,可以拴在身上的一种凫水工具,俗称腰舟。㉑蓬:草名,其状弯曲不直。"有蓬之心"喻指见识浅薄不能通晓大道理。

【译文】

惠子对庄子说:"魏王送我大葫芦种子,我将它培植起来后,结出的果实有五石容积。用大葫芦去盛水浆,可是它的坚固程度承受不了水的压力。把它剖开做瓢也太大了,没有什么地方可以放得下。这个葫芦不是不大呀,我因为它没有什么用处而砸烂了它。"庄子说:"先生实在是不善于使用大东西啊!宋国有一善于调制不皲手药物的人家,世世代代以漂洗丝絮为职业。有个游客听说了这件事,愿意用百金的高价收买他的药方。全家人聚集在一起商量:'我们世世代代在河水里漂洗丝絮,所得不过数金,如今一下子就可卖得百金。还是把药方卖给他吧。'游客得到药方,来游说吴王。正巧越国发难,吴王派他统率部队,冬天跟越军在水上交战,大败越军,吴王划割土地封赏他。能使手不皲裂,药方是同样的,有的人用它来获得封赏,有的人却只能靠它在水中漂洗丝絮,这是使用的方法不同。如今你有五石容积的大葫芦,怎么不考虑用它来制成腰舟,而浮游于江湖之上,却担忧葫芦太大无处可容?看来先生你还是心窍不通啊!"

【原文】

惠子谓庄子曰:"吾有大树,人谓之樗①。其大本拥肿而不中绳墨②,其小枝卷曲而不中规矩③,立之涂④,匠人不顾。今子之言大而无用,众所同去也。"庄子曰:"子独不见狸狌乎⑤?卑身而伏⑥,以候敖者⑦;东西跳梁⑧,不辟高下⑨;中于机辟⑩,死于罔罟⑪。今夫斄牛⑫,其大若垂天之云。此能为大矣,而不能执鼠。今子有大树,患其无用,何不树之于无何有之乡⑬,广莫之野⑭,彷徨乎无为其侧⑮,逍遥乎寝卧其下。不夭斤斧⑯,物无害者,无所可用,安所困苦哉!"

【注释】

①樗(chū):一种高大的落叶乔木,但木质粗劣不可用。②大本:树干粗大。拥(擁)肿:今写作"臃肿",这里形容树干弯曲、疙里疙瘩。中(zhòng):符合。绳墨:木工用以求直的墨线。③规矩:即圆规和角尺。④涂:通作"途",道路。⑤狸(lí):野猫。狌(shēng):黄鼠狼。⑥卑:低。⑦敖:通"遨",遨游。⑧跳梁:跳跃的意思。⑨辟:避开,这个意义后代写作"避"。⑩机辟:捕兽的机关陷阱。⑪罔:网。罟(gǔ):网的总称。⑫斄(lí)牛:牦牛。⑬无何有之乡:指什么也没有生长的地方。⑭莫:大。⑮彷徨:徘徊,纵放。无为:无所事事。⑯夭:夭折。斤:伐木之斧。

【译文】

惠子又对庄子说:"我有棵大树,人们都叫它'樗'。它的树干却疙里疙瘤,不符合绳墨取直的要求;它的树枝弯弯扭扭,也不适应圆规和角尺取材的需要。虽然生长在道路旁,木匠连看也不看。现今你的言谈,大而无用,大家都会鄙弃它的。"庄子说:"先生你没看见过野猫和黄鼠狼吗?低着身子匍匐于地,等待那些出洞觅食或游乐的小动物。一会儿东,一会儿西,跳来跳去,一会儿高,一会儿低,上下窜越,不曾想到落入猎人设下的机关,死于猎网之中。再有那犛牛,庞大的身体就像天边的云,它的本事可大了,不过不能捕捉老鼠。如今你有这么大一棵树,却担忧它没有什么用处,怎么不把它栽种在什么也没有生长的地方,栽种在无边无际的旷野里,悠然自得地徘徊于树旁,优游自在地躺卧于树下。大树不会遭到刀斧砍伐,也没有什么东西会去伤害它。虽然没有派上什么用场,可是哪里又会有什么困苦呢?"

阅读理解

修养高的人,会忘掉小我;修养达到神秘莫测境地的人,不再去建功立业;修养达到圣人境界的人,更连任何名位都不追求了。这就是庄子追求的"逍遥游"的境界。忘掉小我,提升自己的修养,让自己变得更加完善,这应是每一个人的追求,而让人们"不再去建功立业"却是一种消极思想。

写作借鉴

寓说理于故事之中是本篇的主要特点,这样使抽象的道理变得形象化。通过具体的事物表达出自己的思想,善于托物言志。

回味思考

1. 在庄子看来,真正的"逍遥游"指什么?用文中的句子回答。
2. 作者通过朝菌、蛄与冥灵(大乌龟)、大椿的比喻来说明什么?
3. 你怎样认为庄子"逍遥游"的思想?对你有所帮助吗?

内篇　齐物论第二

导语

　　本篇是《庄子》的又一代表篇目。"齐物论"包含齐物与齐论两个意思。庄子认为世界万物包括人的品性和感情，看起来是千差万别，归根结底却又是齐一的，这就是"齐物"。庄子还认为人们的各种看法和观点，看起来也是千差万别的，但世间万物既是齐一的，言论归根结底也应是齐一的，没有所谓是非和不同，这就是"齐论"。"齐物"和"齐论"合在一起便是本篇的主旨。

【原文】

　　南郭子綦隐机而坐①，仰天而嘘②，苔焉似丧其耦③。颜成子游立侍乎前④，曰："何居乎⑤？形固可使如槁木⑥，而心固可使如死灰乎⑦？今之隐机者，非昔之隐机者也⑧。"子綦曰："偃⑨，不亦善乎，而问之也⑩？今者吾丧我，汝知之乎？女闻人籁⑪，而未闻地籁，女闻地籁而未闻天籁夫！"子游曰："敢问其方⑫。"子綦曰："夫大块噫气⑬，其名为风，是唯无作⑭，作则万窍怒呺⑮，而独不闻之翏翏乎⑯？山林之畏佳⑰，大木百围之窍穴，似鼻，似口，似耳，似枅⑱，似圈，似臼，似洼者，似污者⑲。激者⑳，謞者㉑，叱者，吸者，叫者，譹者㉒，宎者㉓，咬者㉔，前者唱于而随者唱喁㉕。泠风则小和㉖，飘风则大和，厉风济则众窍为虚㉗。

而独不见之调调之刁刁乎㉘?"子游曰:"地籁则众窍是已㉙,人籁则比竹是已㉚,敢问天籁。"子綦曰:"夫吹万不同㉛,而使其自己也㉜,咸其自取㉝,怒者其谁邪㉞?"

【注释】

①南郭子綦(qí):楚人,居住南郭,故名南郭子綦。旧说为楚庄王庶出的弟弟,做过楚庄王的司马。疑为庄子中寓托的高士,而非历史人物。隐:凭倚。机:亦作几,案几。②嘘:吐气。③荅(tà)焉:亦作"嗒焉",离形去智的样子。耦:匹对。庄子认为人是肉体和精神的对立统一体,"耦"在这里即指与精神相对立的躯体。丧其耦,表示精神超脱躯体达到忘我的境界。④颜成子游:子綦的学生,姓颜,名偃,子游为字,死后谥成,故名颜成子游。⑤居(jī):表疑问的语气词。⑥固:诚然。槁:干枯。⑦心:思想,精神。固:岂,难道。⑧"今之隐机者"与"昔之隐机者"实指一人,即南郭子綦,意思是南郭子綦今日隐机入神出体与旧时大不一样。⑨偃:见注④。⑩而:你,人称代词。"不亦善乎,而问之也"乃是"尔问之不亦善乎"之倒置。⑪籁(lài):箫,古代的一种管状乐器,这里泛指从孔穴里发出的声响。"人籁"即出人为的声响,与下两句的"地籁"、"天籁"相对应,所谓"地籁"或"天籁",即出自自然的声响。⑫敢:表示谦敬的副词,含有"冒昧地"、"斗胆地"的意思。方:道术,指所言"地籁"、"天籁"的真实含意。⑬大块:大地。噫(yī)气:吐气。⑭是:此,这里指风。唯:句中语气词,含有仅此的意思。作:兴起。⑮窍:孔穴。呺(háo):亦作"号",吼叫。⑯翏翏(liú):亦作飂飂,大风呼呼的声响。⑰林:通作"陵",大山。畏佳(cuī):亦作"崔佳",即嵬崔,山陵高峻的样子。⑱枅(jī):柱头横木。⑲洼:停滞不流的水塘。⑳激:水流湍急的声音。㉑謞(xiào):这里用来形容箭头飞去的声响。㉒譹(háo):嚎哭声。㉓宎(yǎo):深而沉。㉔咬(jiāo):鸟鸣叫的声音。一说哀切声。㉕于、喁(yú):风吹树动前后相和的声音。㉖泠(líng)风:小风,清风。㉗厉风:迅猛的暴风。济:止。㉘调调、刁刁:风吹草木晃动摇曳的样子。"刁刁"亦作"刀刀"。㉙是:这样。已:矣。㉚比:并合。竹:这里指并合在一起可以发出声响的、不同形状的竹管。㉛这句及以下是表述"天籁"的,故有人疑"夫"字之后缺"天籁者"三字。㉜使其自己:意思是使它们自身发出各种各样的声音。一说"己"当作"已",是停止的意思,但联系上下文不宜从此解。㉝咸:全。㉞怒:这里是发动的意思。

226

【译文】

　　南郭子綦靠着几案而坐,仰首向天缓缓地吐着气,那离神去智的样子真好像精神脱出了躯体。他的学生颜成子游陪站在跟前说道:"这是怎么啦?形体诚然可以使它像干枯的树木,精神和思想难道也可以使它像死灰那样吗?你今天凭几而坐,跟往昔凭几而坐的情景大不一样呢。"子綦回答说:"偃,你这个问题不是问得很好吗?今天我忘掉了自己,你知道吗?你听见过'人籁'却没有听见过'地籁',你即使听见过'地籁'却没有听见过'天籁'啊!"子游问:"我冒昧地请教它们的真实含意。"子綦说:"大地吐出的气,名字叫风。风不发作则已,一旦发作整个大地上数不清的窍孔都怒吼起来。你独独没有听过那呼呼的风声吗?山陵上陡峭峥嵘的各种去处,百围大树上无数的窍孔,有的像鼻子,有的像嘴巴,有的像耳朵,有的像圆柱上插入横木的方孔,有的像圈围的栅栏,有的像舂米的臼窝,有的像深池,有的像浅池。它们发出的声音,像湍急的流水声,像迅疾的箭镞声,像大声的呵斥声,像细细的呼吸声,像放声叫喊,像号啕大哭,像在山谷里深沉回荡,像鸟儿鸣叫叽喳,真好像前面在呜呜倡导,后面在呼呼随和。清风徐徐就有小小的和声,长风呼呼便有大的反响,迅猛的暴风突然停歇,万般窍穴也就寂然无声。你难道不曾看见风儿过处万物随风摇曳晃动的样子吗?"子游说:"地籁是从万种窍穴里发出的风声,人籁是从比并的各种不同的竹管里发出的声音。我再冒昧地向你请教什么是天籁。"子綦说:"天籁虽然有万般不同,但使它们发生和停息的都是出于自身,发动者还有谁呢?"

【原文】

　　大知闲闲①,小知闲闲②;大言炎炎③,小言詹詹④。其寐也魂交⑤,其觉也形开⑥;与接为构⑦,日以心斗:缦者⑧,窖者⑨,密者⑩。小恐惴惴⑪,大恐缦缦⑫。其发若机栝⑬,其司是非之谓也⑭;其留如诅盟⑮,其守胜之谓也。其杀若秋冬⑯,以言其日消也;其溺之所为之⑰,不可使复之也;其厌也如缄[18]，以言其老洫也[19]；近死之心，莫使复阳也[20]。喜怒哀乐，虑叹变[21]，姚佚启态[22]。乐出虚[23]，蒸成菌[24]。日夜相代乎前[25]，而莫知其所萌[26]。已乎[27]，已乎！旦暮得此[28]，其所由以生乎[29]！

【注释】

①闲闲：广博豁达的样子。②闲闲(jiàn)：今简作"间"，"闲闲"即间间，明察细别的样子。③炎炎：猛烈。这里借猛火炎燎之势，比喻说话时气焰盛人。④詹詹：言语琐细，说个没完。⑤寐：睡眠。魂交：心灵驰躁，神魂交接。⑥觉：睡醒。形开：身形开朗，目开意悟。一说形体不宁。⑦接：接触，这里指与外界环境接触。搆："构(搆)"字的异体，交合的意思。⑧缦(màn)：通作"慢"，疏怠迟缓的意思。⑨窖：深沉，用心不可捉摸。⑩密：隐秘、谨严。⑪惴惴(zhuì)：恐惧不安的样子。⑫缦缦(màn)：神情沮丧的样子。⑬机：弩机，弩上的发射部位。栝(guā)：箭杆末端扣弦部位。⑭司：主。"司是非"犹言主宰是非，意思是"是"与"非"都由此产生。一说"司"通"伺"，窥伺人之是非的意思。⑮留：守住，指留存内心，与上句的"发"相对应。诅盟：誓约。结盟时的誓言，坚守不渝。⑯杀(shài)：肃杀，衰败。⑰溺：沉湎。"之"疑讲作"于"。⑱厌(yā)：通作"压"，闭塞的意思。缄：绳索，这里是用绳索加以束缚的意思。⑲洫(xù)：败坏。⑳复阳：复生，恢复生机。㉑虑：忧虑。叹：感叹。变：反复。㉒姚：轻浮躁动。佚(yì)：奢华放纵。启：这里指放纵情欲而不知收敛。态：这里是故作姿态的意思。㉓乐：乐声。虚：中空的情态，用管状乐器中空的特点代指乐器本身。㉔蒸成菌：在暑热潮湿的条件下蒸腾而生各种菌类。㉕相代：相互对应地更换与替代。㉖萌：萌发，产生。㉗已：止，算了。㉘旦暮：昼夜，这里表示时间很短。此：指上述对立、对应的各种情态形成发生的道理，犹如乐出于虚，菌出于气，一切都形成于"虚"、"无"。㉙由：从，自。所由：产生的缘由。

【译文】

才智超群的人广博豁达，只有点小聪明的人则乐于细察、斤斤计较。合于大道的言论就像猛火烈焰一样气焰凌人，拘于智巧的言论则琐细无方、没完没了。他们睡眠时神魂交构，醒来后身形开朗。跟外界交接相应，整日里勾心斗角。有的疏怠迟缓，有的高深莫测，有的辞慎语谨。小的惧怕惴惴不安，大的惊恐失魂落魄。他们说话就好像利箭发自弩机快疾而又尖刻，那就是说是与非都由此而产生；他们将心思存留心底就好像盟约誓言坚守不渝，那就是说持守胸臆坐待胜机。他们衰败犹如秋冬的草木，这说明他们日益销毁；他们沉湎于所从事的各种事情，致使他们不可能再恢复到原有的情状；他们心灵闭塞好像被绳索缚住，这说明他们衰老颓败，没法使他们恢复生气。他们欣喜、愤怒、悲哀、欢乐，他们忧思、叹惋、反复、恐惧，他们躁动轻浮、奢华放纵、情张欲狂、造姿作态。好像乐声从中空的乐管中发出，又像菌类由地气蒸腾而成。这种种情态日夜在面前相互对应地更换与替代，却不知道是怎么萌生的。算了吧，算了吧！一旦懂得这一切发生的道理，不就明白了这种种情态发生、形成的原因？

【原文】

非彼无我①，非我无所取②。是亦近矣③，而不知其所为使④。若有真宰⑤，而特不得其眹⑥，可行已信，而不见其形，有情而无形⑦。百骸⑧、九窍⑨、六藏⑩，赅而存焉⑪，吾谁与为亲⑫？汝皆说之乎⑬？其有私焉⑭？如是皆有为臣妾乎？其臣妾不足以相治乎？其递相为君臣乎？其有真君存焉⑮？如求得其情与不得⑯，无益损乎其真。一受其成形⑰，不亡以待尽⑱。与物相刃相靡⑲，其行尽如驰⑳，而莫之能止，不亦悲乎！终身役役而不见其成功㉑，然疲役而不知其所归㉒，可不哀邪！人谓之不死，奚益！其形化，其心与之然，可不谓大哀乎？人之生也，固若是芒乎㉓？其我独芒，而人亦有不芒者乎？

【注释】

①彼：就字面上讲指"我"的对立面，也可以理解为非我的大自然，甚至包括

上述各种情态。②取:资证,呈现。③近:彼此接近。引申一步,像前两句话("非彼无我,非我无所取")那样的认识和处理,就接近于事物的本质,接近于认识事物的真理。④所为使:为……所驱使。⑤宰:主宰。"真宰",犹如今日言"造世主",但也可理解为真我,即我身的主宰。⑥特:但,只。朕(zhěn):端倪,征兆。⑦情:真,指事实上的存在。⑧百:概数,言其多,非确指。骸:骨节。⑨九窍:人体上九个可以向外张开的孔穴,指双眼、双耳、双鼻孔、口、生殖器、肛门。⑩藏:内脏。这个意义后代写作"臟",简化成"脏"。心、肺、肝、脾、肾俗称五脏,但也有把左右两肾分别称谓的,这就成了"六脏"。⑪赅:齐备。⑫谁与:与谁。⑬说(yuè):喜悦,这个意义后代写作"悦"。⑭私:偏私,偏爱。⑮真君:对待"我"来说,"真君"即"真我"、"真心",对待社会的各种情态说,"真君"就是"真宰"。⑯情:究竟,真实情况。⑰一:一旦。⑱亡:亦作"忘",忘记。一说"亡"为"代"字之讹,变化的意思。尽:耗竭,消亡。⑲刃:刀口,这里喻指针锋相对的对立面。靡:倒下,这里是顺应的意思。⑳驰:迅疾奔跑。㉑役役:相当于"役于役"。意思是为役使之物所役使。一说劳苦不休的样子。㉒然:疲倦困顿的样子。疲役:犹言疲于役,为役使所疲顿。㉓芒:通作"茫",迷昧无知。

【译文】

没有我的对应面就没有我本身,没有我本身就没法呈现我的对应面。这样的认识也就接近于事物的本质,然而却不知道这一切受什么所驱使。仿佛有"真宰",却又寻不到它的端倪。可以去实践并得到验证,然而却看不见它的形体,真实的存在而又没有反映它的具体形态。众多的骨节,眼、耳、口、鼻等九个孔窍和心、肺、肝、肾等六脏,全都齐备地存在于我的身体,我跟它们哪一部分最为亲近呢?你对它们都同样喜欢吗?还是对其中某一部分格外偏爱呢?这样,每一部分都只会成为臣妾似的仆属吗?难道臣妾似的仆属就不足以相互支配了吗?还是轮流作为君臣呢?难道又果真有什么"真君"存在其间?无论寻求到它的究竟与否,那都不会对它的真实存在有什么增益和损坏。人一旦禀承天地之气而形成形体,就不能忘掉自身而等待最后的消亡。他们跟外界环境或相互对立,或相互顺应,他们的行动全都像快马奔驰,没有什么力量能使他们止步,这不是很可悲吗!他们终身承受役使却看不到自己的成功,一辈子困顿疲劳却不知道自己的归宿,这能不悲哀吗！人们说这种人不会死亡，这又有什么益处！人的形骸逐渐衰竭，人的精神和感情也跟着一块儿衰竭，这能不算是最大的悲哀吗？人生在世，本来就像这样迷昧无知吗？难道只有我才这么迷昧无知，而世人也有不迷昧无知的吗？

【原文】

夫随其成心而师之①，谁独且无师乎？奚必知代而心自取者有之②？愚者与有焉。未成乎心而有是非，是今日适越而昔至也③。是以无有为有。无有为有，虽有神禹且不能知④，吾独且奈何哉！

【注释】

①成心：业已形成的偏执之见。②代：更改，变化。"知代"意思是懂得变化更替的道理。取：资证、取信的意思。③这句是比喻，说明没有成见就已经出现是非观念。④神禹：神明的夏禹。

【译文】

追随业已形成的偏执己见并把它当作老师，那么谁会没有老师呢？为什么必须通晓事物的更替并从自己的精神世界里找到资证的人才有老师呢？愚昧的人也会跟他们一样有老师哩。还没有在思想上形成定见就有是与非的观念，这就像今天到越国去而昨天就已经到达。这就是把没有当作有。没有就是有，即使圣明的大禹尚且不可能通晓其中的奥妙，我偏偏又能怎么样呢？

【原文】

夫言非吹也①。言者有言，其所言者特未定也②。果有言邪？其未尝有言邪？其以为异于鷇音③，亦有辩乎④？其无辩乎？

道恶乎隐而有真伪？言恶乎隐而有是非⑤？道恶乎往而不存？言恶乎存而不可？道隐于小成⑥，言隐于荣华⑦。故有儒墨之是非⑧，以是其所非而非其所是。欲是其所非而非其所是，则莫若以明⑨。

【注释】

①吹：风吹。根据本段大意看，"言"似有所指，不宜看作一般所谓的说话、言谈，而指"辩论"。下句的"言者"则当指善辩的人。辩言之是非出于己见，而风吹出于自然，所以说"言非吹"。②特：但，只。③鷇(gòu)音：刚刚破卵而出的鸟的叫声。④辩：通作"辨"，分辨、区别。⑤恶(wū)：何，怎么。隐：隐秘，藏匿。⑥成：成就。"小成"这里指一时的、局部的成功。⑦荣华：木草之花，这里喻指华丽的辞藻。⑧儒墨：儒家和墨家，战国时期两个政治和哲学流派。⑨莫若以明：传统的解释为"莫如即以本然之明照之"，意思是"不如用其自然加以观察"。姑存此说。

【译文】

说话辩论并不像是吹风。善辩的人辩论纷纭，他们所说的话也不曾有过定论。果真说了些什么吗？还是不曾说过些什么呢？他们都认为自己的言谈不同于雏鸟的鸣叫，真有区别，还是没有什么区别呢？

大道是怎么隐匿起来而有了真和假呢？言论是怎么隐匿起来而有了是与非呢？大道怎么会出现而又不复存在？言论又怎么存在而又不宜认可？大道被小小的成功所隐蔽，言论被浮华的辞藻所掩盖。所以就有了儒家和墨家的是非之辩，肯定对方所否定的东西而否定对方所肯定的东西。想要肯定对方所否定的东西而非难对方所肯定的东西，那么不如用事物的本然去加以观察而求得明鉴。

【原文】

物无非彼，物无非是。自彼则不见，自知则知之①。故曰：彼出于是，是亦因彼。彼是，方生之说也②。虽然，方生方死,方死方生;方可方不可,方不可方可③;因是因非,因非因是④。是以圣人不由而照之于天⑤,亦因是⑥也。是亦彼也,彼亦是也。彼亦一是非,此亦一是非⑦。果且有彼是乎哉?果且无彼是乎哉⑧?彼是莫得其偶⑨,谓之道枢⑩。枢始得其环中⑪,以应无穷⑫。是亦一无穷,非亦一无穷也。故曰莫若以明。

【注释】

①"自知"疑为"自是"之误,与上句之"自彼"互文。若按"自知"讲,语义亦不通达。②方生:并存。一说"方"通作"旁",依的意思。③方:始,随即。④因:遵循,依托。⑤由:自,经过。一说用,"不由"就是不用。照:观察。天:这里指事物的自然,即本然。⑥因:顺着。⑦一:同一,同样。⑧果:果真。⑨偶:对,对立面。⑩枢:枢要。道枢:大道的关键之处。庄子认为,彼和此是事物对立的两个方面,如果彼和此都失去了相对立的一面,那么这就是道的枢要,即齐物以至齐论的关键。一切都出自虚无,一切都归于虚无,还有不"齐物"和"齐论"的吗?⑪环中:环的中心。"得其环中"喻指抓住要害。⑫应:适应,顺应。穷:尽。

【译文】

各种事物无不存在它自身对立的那一面,各种事物也无不存在它自身对立的这一面。从事物相对立的那一面看便看不见这一面,从事物相对立的这一面看就能有所认识和了解。所以说:事物的那一面出自事物的这一面,事物的这一面亦起因于事物的那一面。事物对立的两个方面是相互并存、相互依赖的。虽然这样,刚刚产生随即便是死亡,刚刚死亡随即便会复生;刚刚肯定随即就是否定,刚刚否定随即又予以肯定;依托正确的一面同时也就遵循了谬误的一面,依托谬误的一面同时也就遵循了正确的一面。因此圣人不走划分正误是非的道路而是观察比照事物的本然,也就是顺着事物自身的情态。事物的这一面也就是事物的那一面,事物的那一面也就是事物的这一面。事物的那一面同样存在是与非,事物的这一面也同样存在正与误。事物果真存在彼此两个方面吗?事物果真不存在彼此两个方面的区分吗?彼此两个方面都没有其对立的一面,这就是大道的枢纽。抓住

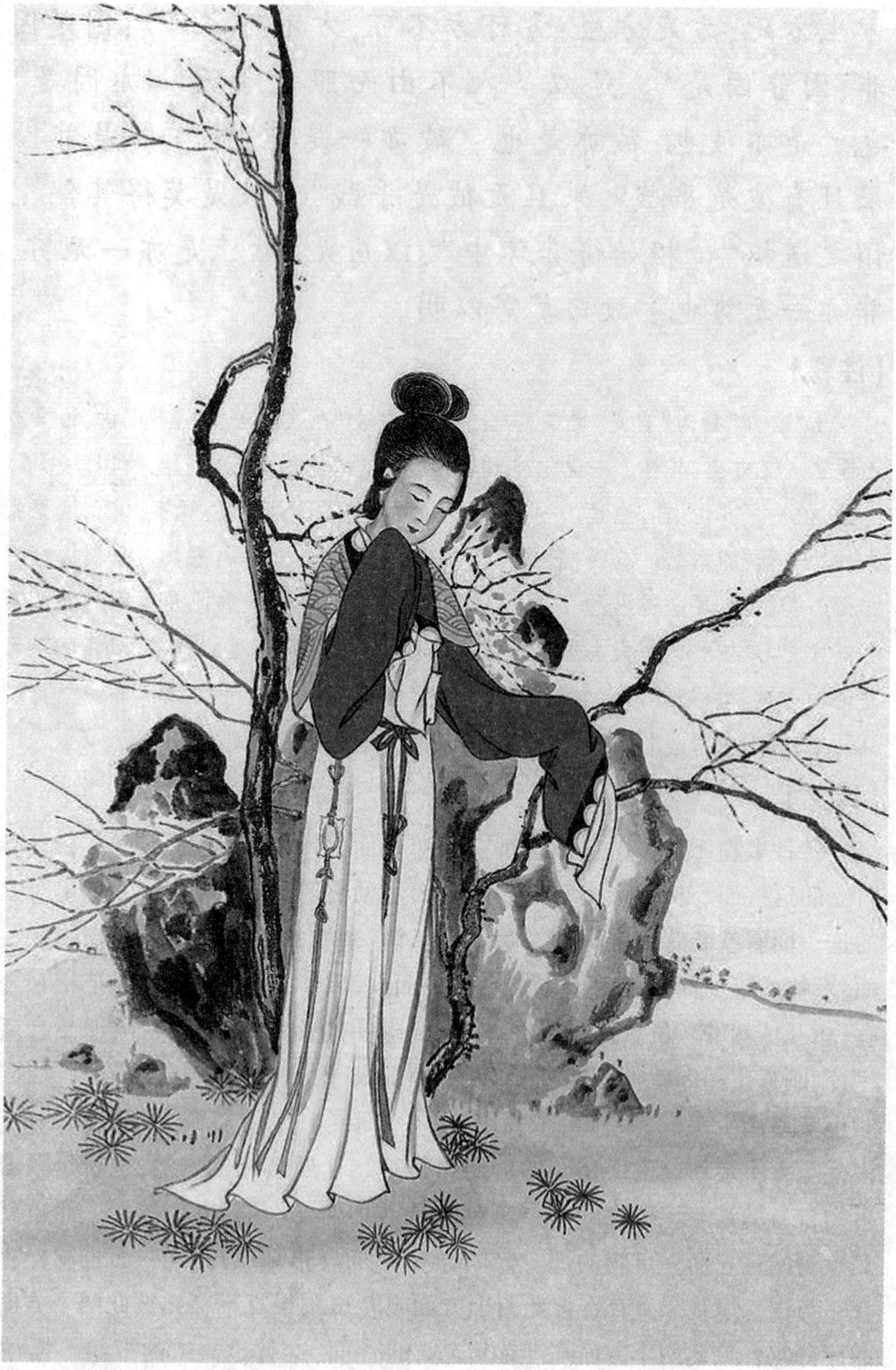

了大道的枢纽也就抓住了事物的要害,从而顺应事物无穷无尽的变化。"是"是无穷的,"非"也是无穷的。所以说不如用事物的本然来加以观察和认识。

【原文】

以指喻指之非指,不若以非指喻指之非指也①;以马喻马之非马②,不若以非马喻马之非马也。天地一指也,万物一马也。

可乎可,不可乎不可。道行之而成,物谓之而然③。恶乎然?然于然。恶乎不然?不然于不然④。恶乎可?可于可。恶乎不可?不可于不可⑤。物固有所然,物固有所可;无物不然,无物不可。故为是举莛与楹⑥、厉与西施⑦、恢恑憰怪⑧,道通为一⑨。其分也⑩,成也⑪;其成也,毁也⑫。凡物无成与毁,复通为一。唯达者知通为一⑬,为是不用而寓诸庸⑭。庸也者,用也⑮;用也者,通也;通也者,得也⑯;适得而几矣⑰。因是已⑱,已而不知其然⑲,谓之道。劳神明为一而不知其同也⑳,谓之朝三㉑。何谓朝三?狙公赋芧曰㉒:"朝三而暮四"。众狙皆怒。曰:"然则朝四而暮三"。众狙皆悦。名实未亏而喜怒为用㉓,亦因是也。是以圣人和之以是非而休乎天钧㉔,是之谓两行㉕。

【注释】

①指:不宜讲作手指之指,战国名家学派公孙龙子著《指物论》,这里应是针对该篇内容而言,所谓"指",即组成事物的要素。联系下一句,事物的要素并非事物本身,而事物的要素只有在事物内才有它的存在,故有"指之非指"的说法。喻:说明。②马:跟上句的"指"一样,同是当时论辩的主要论题。名家公孙龙子就曾作《白马篇》,阐述了"白马非马"的观点。③谓:称谓,称呼。然:这样。④然:对的,正确的。⑤以上十二句历来认为有错简或脱落现象,句子序列暂取较

通行的校勘意见。⑥莛(tíng)：草茎。楹(yíng)：厅堂前的木柱。"莛"、"楹"对文，代指物之细小者和巨大者。⑦厉：通作"疠"，指皮肤溃烂，这里用表丑陋的人。西施：吴王的美姬，古代著名的美人。⑧恢：宽大。恑(guǐ)：奇变。憰(jué)：诡诈。怪：怪异。恢、恑、憰、怪四字连在一起，概指千奇百怪的各种事态。⑨一：浑一，一体。联系上文，庄子认为世上一切小与大、丑与美千差万别的各种情态或各种事物，都是相通而又处在对立统一体内，从这一观点出发，世上一切事物就不会不"齐"，不会不具有某种共同性。⑩分：分开，分解。⑪成：生成，形成。"成"和"分"也是相对立的，一个事物被分解了，这就意味生成一新的事物。⑫毁：毁灭，指失去了原有的状态。"毁"与"成"也是相对立的，一个新事物通过分解而生成了，这就意味原事物的本有状态必定走向毁灭。⑬达：通达，"达者"这里指通晓事理的人。⑭为是不用：为了这个缘故不用固执己见。"不用"之后有所省略，即一定把物"分"而"成"的观点，也就是不"齐"的观点。寓：寄托。诸：讲作"之于"。庸：指平常之理。一说讲作"用"，含有功用的意思。⑮以下四句至"适得而几矣"，有人认为是衍文，是前人作注的语言，并非庄子的原文。⑯得：中，合乎常理的意思。一说自得。⑰适：恰。几：接近。⑱因：顺应。是：此，这里指上述"为一"的观点，即物之本然而不要去加以分别的观点。⑲已：这里是一种特殊的省略，实指前面整个一句话，"已"当讲作"因是已"。⑳劳：操劳，耗费。神明：心思，指精神和才智。为一：了解、认识事物浑然一体、不可分割的道理。言外之意，事物本来就是浑然一体，并不需要去辨求。同：具有同一的性状和特点。㉑朝三："朝三暮四"的故事《列子·黄帝篇》亦有记载。朝是早晨，暮是夜晚，三和四表示数量，即三升、四升。"朝三暮四"或者"朝四暮三"，其总和皆为"七"，这里借此比喻名虽不一，实却无损，总都归结为"一"。㉒狙(jū)：猴子。狙公：养猴子的人。赋：给予。芧(xù)：橡子。㉓亏：亏损。为用：为之所用，意思是喜怒因此而有所变化。㉔和：调和，混用。"和之以是非"即"以是非和之"，把是和非混同起来。休：本指休息，这里含有优游自得地生活的意思。钧：通作"均"。"天钧"即自然而又均衡。㉕两行：物与我，即自然界与自我的精神世界都能各得其所，自行发展。

【译文】

用组成事物的要素来说明要素不是事物本身，不如用非事物的要素来说明事物的要素并非事物本身；用白马来说明白马不是马，不如用非马来说明白马不是马。整个自然界不论存在多少要素,但作为要素而言却是一样的,各种事物不论存在多少具体物象,但作为具体物象而言也都是一样的。

【原文】

古之人,其知有所至矣。恶乎至①?有以为未始有物者,至矣,尽矣,不可以加矣。其次以为有物矣,而未始有封也②。其次以为有封焉,而未始有是非也。是非之彰也,道之所以亏也。道之所以亏,爱之所以成③。果且有成与亏乎哉?果且无成与亏乎哉?有成与亏,故昭氏之鼓琴也④。无成与亏,故昭氏之不鼓琴也。昭文之鼓琴也,师旷之枝策也⑤,惠子之据梧也⑥,三子之知几乎⑦!皆其盛者也,故载之末年⑧。唯其好之也⑨,以异于彼;其好之也,欲以明之⑩。彼非所明而明之,故以坚白之昧终⑪。而其子又以文之纶终⑫,终身无成。若是而可谓成乎?虽我亦成也⑬。若是而不可谓成乎?物与我无成也。是故滑疑之耀⑭,圣人之所图也⑮。为是不用而寓诸庸,此之谓以明。

【注释】

①至:造极,最高的境界。②封:疆界,界线。③以:原本作"之"据文义改。④昭氏:即昭文,以善于弹琴著称。庄子认为,音本是一个整体,没有高低长短之分就无法演奏,任何高明的琴师都不可能同时并奏各种各样的声音。正因为分出音的高低长短才能在琴弦上演奏出来。⑤师旷:晋平公时的著名乐师。枝策:用如动词,用枝或策叩击拍节,犹如今天的打拍子。一说举杖击节。⑥惠子:惠施,古代名家学派的著名人物。据:依。梧:树名。惠施善辩,"据梧"意思就是靠着桐树高谈阔论。一说"梧"当讲作桐木几案,"据梧"则是靠着几案的意思。⑦几:尽,意思是达到了顶点。⑧载:记载。一说载誉。末年:晚年。⑨好(hào):喜好。"好之"意思是各自喜好自己的专长和学识。⑩明:明白,表露。⑪坚白:指石的颜色白而质地坚,但"白"和"坚"都独立于"石"之外。公孙龙子

曾有"坚白论"之说,庄子是极不赞成的。昧:迷昧。⑫其子:指昭文之子。一说指惠施之子。纶:绪,这里指继承昭文的事业。⑬这句语意有所隐含,意思是"虽我无成亦成也",即如果上述情况都叫有所成就的话,即使是我没有什么成就也可说有了成就了。⑭滑(gǔ)疑:纷乱的样子,这里指各种迷乱人心的辩说。⑮图:亦写作"啚",疑为"鄙"字之误,瞧不起,摒弃的意思。

【译文】

　　自古以来,人们对道的认知程度是有各自不同的深度的。他们对道的认知都到什么程度了呢？有人认为最本源的时代是没有任何事物的,到头了,已经是极限了,不可能有再原始的时代了。认识稍微浅一些的人,认为最本源的时代事物都是存在的,只不过是还没有各自的名字,没有区分开而已。认识再浅薄一点的人,认为最本源的时代,事物就已经被相互区分开了,只是还没有对与错的概念而已。自从人们开始把事情分为对的和错的,道也开始有欠缺了,被损害了。道之所以受到损害,是因为人们开始对事物有了偏爱。对事物的偏爱和对道的损害,是否真的存在呢？这可以用昭氏弹琴的故事来解释。昭氏是春秋时郑国的一个太师,姓昭名文。有一天他见到有人在河边弹琴,引得河里的鱼也跳出水面来听,这个弹琴的人就是瓠巴。昭文于是就弃官不做了,拜他为师学琴。昭文弹琴,是因为对琴音的喜爱,而这种偏爱也就对道造成了损害,如果他不喜爱这个琴声,就不会弹琴,也不会对道造成损害。昭文弹琴的技艺,师旷用杖辨音的本领和惠子在梧树下的辩论技巧都是闻名遐迩的,在这些方面的认知也算达到了极致了,这些都是他们特别擅长的方面,所以能够终其一生去探究其中的奥秘。因为他们对这些技艺非常擅长,所以才区别于其他人;因为喜好,所以就想让别人也明白其中的奥秘。他们并不了解其他人,却想让其他人明白那些技艺的奥秘,所以终究也是徒劳无功,就好像"坚白论"一样愚昧。(坚白论是战国末年赵国一个叫公孙龙子的人提出的,他在《坚白论》中提出,一块又硬又白的石头,应该一分为二地看待,从颜色看应该是"白石",从硬度看应该是"坚石",必须这样严格地区分对待,才能正确地认识事物的本性。在庄子看来,这显然是非常愚昧的。)再说昭文弹琴,他的儿子也是一辈子学习弹琴,却没有什么成就。像昭文的儿子这样能够说是爱好弹琴吗？如果是,那我也可以算是爱好弹琴了。那这样就不能说是爱好弹琴吗？如果不能,对我来说也就没有什么爱好了。因此,圣人所希望得到的,也就是灵光一闪、若有若无的那种道的光辉,而不是像昭文、师旷和惠施的那种闪耀一辈子的光彩。所以不是把道当作工具使用而是将它贯彻到日常的活动中,这才叫"以明",即真正的理解道。

【原文】

瞿鹊子问乎长梧子曰①:"吾闻诸夫子②,圣人不从事于务③,不就利④;不违害⑤,不喜求,不缘道⑥;无谓有谓⑦,有谓无谓,而游乎尘垢之外。夫子以为孟浪之言⑧,而我以为妙道之行也。吾子以为奚若⑨?"

长梧子曰:"是黄帝之所听荧也⑩,而丘也何足以知之!且女亦大早计⑪,见卵而求时夜⑫,见弹而求鸮炙⑬。予尝为女妄言之,女以妄听之。奚旁日月⑭,挟宇宙?为其脗合⑮,置其滑涽⑯,以隶相尊⑰。众人役役⑱,圣人愚芚⑲,参万岁而一成纯⑳。万物尽然㉑,而以是相蕴㉒。"

【注释】

①瞿鹊子、长梧子:杜撰的人名。②夫子:孔子,名丘,字仲尼,儒家创始人。③务:事,含有琐细事务的意思。④就:趋赴,追求。⑤违:避开。⑥缘:因循。"不缘道"即不拘于道。⑦谓:说,言谈。⑧孟浪:言语轻率不当。⑨奚若:何如,怎么样。⑩听荧(yíng):疑惑不明。⑪大早:过早。计:考虑。⑫时夜:司夜,即报晓的鸡。⑬鸮(xiāo):一种肉质鲜美的鸟,俗名斑鸠。炙:烤肉。⑭奚:这里用同"盍",意思是"怎么不"。旁(bàng):依傍。⑮脗:"吻"字的异体。⑯滑(gǔ):通作"汩",淆乱的意思。涽(hūn):乱。一说讲作暗。⑰隶:奴仆,这里指地位卑贱,与"尊"相对。⑱役役:驰骛于是非之境,意思是一心忙于分辨所谓是与非。⑲芚(chūn):浑然无所觉察和识别的样子。⑳参:糁糅。万岁:年代久远。"参万岁"意思是糅合历史的长久变异与沉浮。纯:精粹不杂,指不为纷乱和差异所乱。㉑尽:皆,全。㉒以是:因此,因为这个缘故。蕴:积。

【译文】

瞿鹊子向长梧子问道:"我从孔夫子那里听到这样的谈论:圣人不从事

琐细的事务,不追逐私利,不回避灾害,不喜好贪求,不因循成规;没说什么又好像说了些什么,说了些什么又好像什么也没有说,因而遨游于世俗之外。孔夫子认为这些都是轻率不当的言论,而我却认为是精妙之道的实践和体现。先生你认为怎么样呢?"

长梧子说:"这些话黄帝也会疑惑不解的,而孔丘怎么能够知晓呢!而且你也谋虑得太早,就好像见到鸡蛋便想立即得到报晓的公鸡,见到弹子便想立即获取烤熟的斑鸠肉。我姑且给你胡乱说一说,你也就胡乱听一听。怎么不依傍日月、怀藏宇宙?跟万物吻合为一体,置各种混乱纷争于不顾,把卑贱与尊贵都等同起来。人们总是一心忙于去争辩是非,圣人却好像十分愚昧,无所觉察,糅合古往今来多少变异、沉浮,自身却浑成一体不为纷杂错异所困扰。万物全都是这样,而且因为这个缘故相互蓄积于浑朴而又精纯的状态之中。"

【原文】

"予恶乎知说生之非惑邪①!予恶乎知恶死之非弱丧而不知归者邪②!丽之姬③,艾封人之子也④。晋国之始得之也,涕泣沾襟,及其至于王所⑤,与王同筐床⑥,食刍豢⑦,而后悔其泣也。予恶乎知夫死者不悔其始之蕲生乎⑦!梦饮酒者,旦而哭泣;梦哭泣者,旦而田猎⑧。方其梦也⑨,不知其梦也。梦之中又占其梦焉,觉而后知其梦也。且有大觉而后知此其大梦也,而愚者自以为觉,窃窃然知之⑩。君乎、牧乎,固哉⑪!丘也与女,皆梦也;予谓女梦,亦梦也。是其言也,其名为吊诡⑫。万世之后而一遇大圣,知其解者,是旦暮遇之也⑬!"

【注释】

①说(yuè):通"悦",喜悦。②恶死:讨厌死亡。弱:年少。丧(sàng):丧失,这里指流离失所。③丽:丽戎,春秋时的小国。姬:美女。"丽之姬"即丽姬,宠于晋献公,素以美貌称于世。④艾:地名。封人:封疆守土的人。子:女儿。⑤

及:等到。⑥筐床:亦写作"匡床",方正而又安适的床。⑦蕲(qí):祈,求的意思。⑧田:打猎。这个意义后代写作"畋"。"田猎"即畋猎。⑨方:正当。⑩窃窃然:明察的样子。⑪牧:牧夫,用指所谓卑贱的人,与高贵的"君"相对。固:鄙陋。⑫吊(dì)诡:奇特,怪异。⑬旦暮:很短的时间,含有偶然的意思。

【译文】

"我怎么知道贪恋活在世上不是困惑呢?我又怎么知道厌恶死亡不是年幼流落他乡而老大还不知回归呢?丽姬是艾地封疆守土之人的女儿,晋国征伐丽戎时俘获了她,她当时哭得泪水浸透了衣襟,等她到晋国进入王宫,跟晋侯同睡一床而宠为夫人,吃上美味珍馐,也就后悔当初不该那么伤心地哭泣了。我又怎么知道那些死去的人不会后悔当初的求生呢?睡梦里饮酒作乐的人,天亮醒来后很可能痛哭饮泣;睡梦中痛哭饮泣的人,天亮醒来后又可能在欢快地逐围打猎。正当他在做梦的时候,他并不知道自己是在做梦。睡梦中还会卜问所做之梦的吉凶,醒来以后方知是在做梦。人在最为清醒的时候方才知道他自身也是一场大梦,而愚昧的人则自以为清醒,好像什么都知晓,什么都明了。君尊牧卑,这种看法实在是浅薄鄙陋呀!孔丘和你都是在做梦,我说你们在做梦,其实我也在做梦。上面讲的这番话,它的名字可以叫作奇特和怪异。万世之后假若一朝遇上一位大圣人,悟出上述一番话的道理,这恐怕也是偶尔遇上的吧!"

【原文】

"即使我与若辩矣①,若胜我,我不若胜②,若果是也,我果非也邪?我胜若,若不吾胜,我果是也,而果非也邪③?其或是也,其或非也邪?其俱是也,其俱非也邪?我与若不能相知也,则人固受其黮③,吾谁使正之⑤?使同乎若者正之?既与若同矣,恶能正之!使同乎我者正之?既同乎我矣,恶能正之!使异乎我与若者正之?既异乎我与若矣,恶能正之!使同乎我与若者正之?既同乎我与若矣,恶能正之!然则我与若与人,俱不能相知也,而待彼也邪⑥？化声之相待⑦，若其不相待，和之以天倪⑧，因之以曼衍⑨，所以穷年也⑩。"

【注释】

①若：你，即说话人的对方瞿鹊子。我：为说话人长梧子。②不若胜：即不胜你。③而：你。④黮(dǎn)：昏暗不明的样子。⑤谁使：使谁。⑥彼：这里讲作另外的什么人。⑦化声：变化的声音，这里指是非不同的言论。这一句及至"所以穷年也"，计五句二十五字，旧本原在下段中部"然若果然也"之前，今据上下文意和多本校勘意见前移于此。⑧倪：分。"天倪"即天然的分际。⑨因：顺应。曼衍：变化发展。⑩所以：这里讲作"用这样的办法来……"穷：尽，终了。

【译文】

"倘使我和你展开辩论，你胜了我，我没有胜你，那么，你果真对，我果真错吗？我胜了你，你没有胜我，我果真对，你果真错吗？难道我们两人有谁是正确的，有谁是不正确的吗？难道我们两人都是正确的，或都是不正确的吗？我和你都无从知道，而世人原本也都承受着蒙昧与晦暗，我们又能让谁作出正确的裁定？让观点跟你相同的人来判定吗？既然看法跟你相同，怎么能作出公正的评判！让观点跟我相同的人来判定吗？既然看法跟我相同，怎么能作出公正的评判！让观点不同于我和你的人来判定吗？既然看法不同于我和你，怎么能作出公正的评判！让观点跟我和你都相同的人来判定吗？既然看法跟我和你都相同，又怎么能作出公正的评判！如此，那么我和你跟大家都无从知道这一点，还等待别的什么人呢？辩论中的不同言辞跟变化中的不同声音一样相互对立，就像没有相互对立一样，都不能相互作出公正的评判。用自然的分际来调和它，用无尽的变化来顺应它，还是用这样的办法来了此一生吧。"

【原文】

罔两问景曰①："曩子行②，今子止；曩子坐，今子起。何其无特操与③？"景曰："吾有待而然者邪④？吾所待又有待而然者邪？吾待蛇蚹蜩翼邪⑤？恶识所以然？恶识所以不然?"

昔者庄周梦为胡蝶⑥,栩栩然胡蝶也⑦,自喻适志与⑧!不知周也。俄然觉⑨,则蘧蘧然周也⑩。不知周之梦为胡蝶与,胡蝶之梦为周与?周与胡蝶,则必有分矣。此之谓物化⑪。

【注释】

①罔两:影子之外的微阴。景:影子。这个意义后代写作"影"。②曩(nǎng):以往,从前。③特:独。操:操守。④待:依靠,凭借。⑤蚹(fù):蛇肚腹下的横鳞,蛇赖此行走。蜩:蝉。⑥胡蝶:亦作蝴蝶。⑦栩(xǔ)栩然:欣然自得的样子。⑧喻:通作"愉",愉快。适志:合乎心意,心情愉快。⑨俄然:突然。⑩蘧(qú)蘧然:惊惶的样子。⑪物化:事物自身的变化。根据本段文意,所谓变化即外物与自我的交合,推进一步,一切事物也都将浑而为一。

【译文】

影子之外的微阴问影子:"先前你行走,现在又停下;以往你坐着,如今又站了起来。你怎么没有自己独立的操守呢?"影子回答说:"我是有所依凭才这样的吗?我所依凭的东西又有所依凭才这样的吗?我所依凭的东西难道像蛇的蚹鳞和鸣蝉的翅膀吗?我怎么知道因为什么缘故会是这样?我又怎么知道因为什么缘故而不会是这样?"

过去庄周梦见自己变成蝴蝶,欣然自得地飞舞着的一只蝴蝶,感到多么愉快和惬意啊!不知道自己原本是庄周。突然间醒起来,惊惶不定之间方知原来自己是庄周。不知是庄周梦中变成蝴蝶呢,还是蝴蝶梦见自己变成庄周呢?庄周与蝴蝶那必定是有区别的。这就可叫作物我的交合与变化。

阅读理解

庄子看到了客观事物存在这样、那样的区别,看到了事物的对立。但出于万物一体的观点,他又认为这一切又都是统一的、浑然一体的,而且都在向其对立的一面不断转化,因而又都是没有区别的。庄子还认为各种各样的学派和论争都是没有价值的。是与非、正与误,从事物本于一体的观点看也是不存在的。本篇文章充满辩证的思想。

写作借鉴

本篇语言生动形象,多处运用比喻、拟人等修辞手法,如:子綦把窍孔比做鼻子、嘴巴、耳朵、圆柱上插入横木的方孔、圈围的栅栏、舂米的臼窝,像深池,像浅池。把声音比做湍急的流水声、迅疾的箭镞声、大声的呵斥声、细细的呼吸声、放声叫喊、号啕大哭,像在山谷里深沉回荡,像鸟儿鸣叫叽喳。通过这些形象的比喻形象地解释了什么是"地籁"。影子之外的微阴与影子的对话生动有趣,形象地说明了任何事物都有所依而又无所依的情形。

回味思考

1. 通过阅读,你认为什么是天籁?本篇中又是怎么说的?
2. 庄子对"近死之心"是什么态度?说明了什么?
3. 李商隐的"庄生晓梦迷蝴蝶"与本篇最后一小节表达的思想有何不同?

外篇　秋水第十七

导语

《秋水》是《庄子》中的又一长篇，用篇首的两个字作为篇名，中心是讨论人应怎样去认识外物。本篇强调了认识事物的复杂性，即事物本身的相对性和认知过程的变异性，指出了认知之不易和准确判断的困难。但篇文过分强调了事物变化的不定因素，未能揭示出认知过程中相对与绝对间的辩证关系，很容易导向不可知论，因而最终仍只能顺物自化，返归无为，这是庄子消极一面的体现。

【原文】

"秋水时至①，百川灌河②；泾流③之大，两涘渚崖之间不辨牛马④。于是焉河伯⑤欣然自喜，以天下之美为尽在己⑥。顺流而东行，至于北海⑦，东面而视，不见水端。于是焉河伯始旋其面目⑧，望洋向若⑨而叹曰："野语⑩有之曰'闻道百⑪，以为莫己若⑫'者，我之谓也。且夫我尝闻少仲尼之闻⑬而轻伯夷之义⑭者，始吾弗信；今我睹子之难穷也⑮，吾非至于子之门则殆矣，吾长见笑于大方之家⑯。"

【注释】

①时至：随着时令来到。②百川灌河：许多小河流的水都注入河里。③泾流：直流的水波。"泾"同"径"。④两涘渚崖之间不辨牛马：从两岸或者从河中

沙洲到水边的高岸(隔水望去)分不清是牛还是马,形容水涨后河面极宽。⑤河伯:传说中的黄河之神。⑥尽在己:全在自己这里。⑦北海:(河东端)北方的大海,指东海的北部。⑧旋其面目:转过脸来。⑨望洋向若:迷茫地面对着海神若。望洋,仰望的样子。若,海神名。⑩野语:俗语。⑪闻道百:听的道理很多。⑫莫己若:没有谁比得上自己。⑬少仲尼之闻:小看孔子的见闻(学问)。⑭轻伯夷之义:轻视伯夷的义。⑮今我睹子之难穷也:现在我看到您的广阔无边。⑯吾长见笑于大方之家:我将长久地被大方之家耻笑。

【译文】

"秋天里山洪按照时令汹涌而至,众多大川的水流汇入黄河,河面宽阔,波涛汹涌,两岸和水中沙洲之间连牛马都不能分辨。于是河神欣然自喜,认为天下一切美好的东西全都聚集在自己这里。河神顺着水流向东而去,来到北海边,面朝东边一望,看不见大海的尽头。于是河神方才改变先前洋洋自得的面孔,面对着海神仰首慨叹道:"俗语有说'听到了上百条道理,便认为天下再没有谁能比得上自己',说的就是我这样的人了。而且我还曾听说过孔丘懂得的东西太少、伯夷的高义不值得看重的话语,开始我不敢相信,如今我亲眼看到了你是这样的浩渺博大、无边无际,我要不是因为来到你的门前,真可就危险了,我必定会永远受到修养极高的人的耻笑。"

【原文】

北海若曰:"井鼃①不可以语于海②者,拘于虚也③;夏虫不可以语于冰④者,笃于时也⑤;曲士⑥不可以语于道⑦者,束于教⑧也。今尔出于崖涘,观于大海,乃知尔丑,尔将可与语大理⑨矣。天下之水,莫大于海,万川归之,不知何时止而不盈⑩;尾闾泄⑪之,不知何时已⑫而不虚⑬;春秋不变,水旱不知。此其过⑭江河之流,不可为量数⑮。而吾未尝以此自多⑯者,自以比形于天地⑰而受气于阴阳⑱,吾在于天地之间,犹小石小木之在大山也。方存乎见少⑲,

又奚以自多！计四海之在天地之间也,不似礨空[20]之在大泽乎？计中国[21]之在海内,不似稊米之在大仓乎？号[22]物之数谓之万,人处一焉；人卒九州,谷食之所生[23],舟车之所通,人处一焉；此其比万物也,不似豪末之在于马体乎？五帝之所连[24],三王之所争,仁人之所忧,任士之所劳,尽此矣！伯夷[25]辞之以为名,仲尼[26]语之以为博,此其自多也；不似尔向之自多于水乎？"

【注释】

①井鼃:井里的青蛙。②语于海:跟他们(青蛙)谈论大海。③拘于虚也:他们受到生活空间的限制。④语于冰:跟他们(夏天的虫子)谈论冰冻。⑤笃于时也:他们受到生活时间的限制。笃:受到……的限制。⑥曲士:乡曲学者。⑦语于道:跟他们(乡曲之士)谈论大道。⑧教:教养。⑨与语大理:参与谈论大道。⑩盈:满溢,灌满。⑪泄:泄漏。⑫已:停止。⑬虚:减少。⑭过:远远超过。⑮为量数:用数量计算。⑯自多:自满,自大。⑰比形于天地:从天地那里承受到形体。⑱受气于阴阳:从阴和阳那里秉承到元气。⑲见少:以为渺小。⑳礨空:石间孔隙。㉑中国:中原大地。㉒号:号称。㉓所生:在这里生长。㉔连:续连。㉕伯夷:相传为颛顼之师。㉖仲尼:孔子的字,孔子名丘,春秋鲁国人。

【译文】

海神说:"井里的青蛙,不可能跟它们谈论大海,是因为受到生活空间的限制；夏天的虫子,不可能跟它们谈论冰冻,是因为受到生活时间的限制；乡曲之士,不可能跟他们谈论大道,是因为教养的束缚。如今你从河岸边出来,看到了大海,方才知道自己的鄙陋,你将可以参与谈论大道了。天下的水面,没有什么比海更大的,千万条河川流归大海,不知道什么时候才会停歇而大海却从不会满溢；海底的尾闾泄漏海水,不知道什么时候才会停止而海水却从不曾减少；无论春天还是秋天不见有变化,无论水涝还是干旱不会有知觉。这说明大海远远超过了江河的水流,不能够用数量来计算。可是我从不曾因此而自满,自认为从天地那里承受到形体并且从阴和阳那里秉承到元气,我存在于天地之间,就好像一小块石子、一小块木屑存在于大山之中。我正以为自身的存在实在渺小,又哪里会自以为满足而自负呢?想一想,四海存在于天地之间,不就像小小的石间孔隙存在于大泽之中吗?再想一想,中原大地存在于四海之内,不就像细碎和米粒存在于大粮仓里吗?号称事物的数字叫作万,人类只是万物中的一种。人们聚集于九州,粮食在这里生长,舟车在这里通行,而每个人只是众多人群中的一员。一个人他比起万物,不就像是毫毛之末存在于整个马体吗?五帝所续连的,三王所争夺的,仁人所忧患的,贤才所操劳的,全在于这毫末般的天下呢!伯夷辞让它而博取名声,孔丘谈论它而显示渊博,这大概就是他们的自满与自傲,不就像你先前在河水暴涨时的洋洋自得吗?"

【原文】

河伯曰:"然则吾大①天地而小②豪末,可乎?"

北海若曰:"否。夫物,量无穷③,时无止④,分⑤无常⑥,终始无故⑦。是故大知⑧观于远近,故小⑨而不寡⑩,大而不多,知量无穷,证曏⑪今故⑫,故遥⑬而不闷,掇⑭而不跂⑮,知时无止;察⑯乎盈虚⑰,故得而不喜,失而不忧,知分之无常也;明乎坦涂⑱,故生而不说⑲,死而不祸,知终始之不可故也。计⑳人之所知,不若其所不知;其生㉑之时,不若未生之时;以其至小求穷㉒其至大之域,是故迷乱而不能自得也。由此观之,又何以知豪末之足以定㉓至细之倪㉔?又何以知天地之足以穷至大之域?"

【注释】

①大:看作最大。②小:看作最小。③穷:穷尽。④止:止境。⑤分:得与失的界分。⑥常:常规。⑦故:定因,原因,缘故。⑧大知:具有大智的人。⑨小:体积小。⑩不寡:不看作是少的。⑪曏:明察。⑫今故:古往今来(的各种情况)。

⑬遥:(寿命)久远。⑭掇:拾取眼前的。⑮跂:抬起脚后跟站着。⑯察:观察,洞察。⑰盈虚:事物有盈有虚的规律。⑱坦涂:没有阻隔的平坦大道。⑲说:通"悦",欢喜。⑳计:计算。㉑生:生存。㉒穷:探究。㉓定:判定。㉔至细之倪:最为细小的限度。

【译文】

河神说:"这样,那么我把天地看作是最大,毫毛之末看作是最小,可以吗?"

海神回答:"不可以。万物的量是不可穷尽的,时间的推移是没有止境的,得与失的禀分没有不变的常规,事物的终结和起始也没有定因。所以具有大智的人观察事物从不局限于一隅,因而体积小却不看作就是少,体积大却不看作就是多,这是因为知道事物的量是不可穷尽的;证验并明察古往今来的各种情况,所以对流逝的遥远过去并不厌倦,对未来并不期望。"这是因为知道时间的推移是没有止境的;洞悉事物有盈有虚的规律,因而有所得却不欢欣喜悦,有所失也不悔恨忧愁,这是因为知道得与失的禀分是没有定规的;明了生与死之间犹如一条没有阻隔的平坦大道,因而生于世间不会倍加欢喜,死离人世不觉祸患加身,这是因为知道终了和起始是不会一成不变的。算算人所懂得的知识,远远不如他所不知道的东西多,他生存的时间,也远远不如他不在人世的时间长。用极为有限的智慧去探究没有穷尽的境域,所以内心迷乱而必然不能有所得!由此看来,又怎么知道毫毛的末端就可以判定是最为细小的限度呢?又怎么知道天与地就可以看作是最大的境域呢?"

【原文】

河伯曰:"世之议者皆曰:'至精无形,至大不可围。'是信①情乎?"

北海若曰:"夫自②细视大者不尽,自大视细者不明③。夫精④,小之微也;垺⑤,大之殷也;故异便⑥。此势⑦之有也。夫精粗者,期于⑧有形者也;无形者,数之所不能分也⑨；不可围者⑩，数之所不能穷也。可以言论者⑪，物之粗⑫也；可以致意者⑬，物之精⑭也。言之所不能论，意之所不能察致者，不期精粗焉。是故大人⑮之行，不出乎害人，不多仁恩⑯；动不为利，不贱门隶；货财弗⑰争，不多⑱辞让；事焉不借人⑲，不多食乎力，不贱贪污；行殊乎俗，不多辟异⑳；为在从众，不贱佞谄，世之爵禄不足以为劝，戮耻不足以为辱；知是非之不可为分，细大之不可为倪㉑。闻曰：'道人㉒不闻，至德㉓不得，大人㉔无己'。约分之至也㉕。"

【注释】

①信：真实可信。②自：从。③明：真切，清楚。④精：精细。⑤垺：庞大。⑥异便：便，通"辨"。犹分别。⑦势：事物的态势。⑧期于：仅限于。⑨数之所不能分也：是不能用计算数量的办法来加以剖解的。⑩不可围者：不可限定范围的东西。⑪言论者：用言语来谈论的东西。⑫粗：粗浅的外在表象。⑬致意者：用心意来传告的东西。⑭精：细的内在实质。⑮大人：修养高尚者。⑯不多仁恩：不会赞赏给人以仁慈和恩惠。⑰弗：不。⑱多：推重。⑲不借人：借助他人的力气。⑳不多辟异：不主张邪僻乖异。㉑不可为倪：不可能确定清晰的界限。㉒道人：能体察大道的人。㉓至德：修养高尚的人。㉔大人：清虚宁寂的人。㉕约分之至也：约束自己而达到适得其分的境界。

【译文】

河神说："世间议论的人们总是说：'最细小的东西没有形体可寻，最巨大的东西不可限定范围。'这样的话是真实可信的吗？"海神回答："从细小的角度看庞大的东西不可能全面，从巨大的角度看细小的东西不可能真切。精细，是小中之小；庞大，是大中之大。不过大小虽有不同却各有各的合宜之处。这就是事物固有的态势。所谓精细与粗大，仅限于有形的东西，至于没有形体的事物，是不能用计算数量的办法来加以剖解的；而不可限定范围的东西，更不是用数量能够精确计算的。可以用言语来谈论的东西，是事物粗浅的外在表象;可以用心意来传告的东西,则是事物精细的内在实质。言语所不能谈论的,心意所不能传告的,也就不限于精细和粗浅的范围了。所以修养高尚者的行动,不会出于对人的伤害,也不会赞赏给人以仁慈和恩惠。无论干什么都不是为了私利,也不会轻视从事守门差役之类的人。无论什么财物都不去争夺,也不推重谦和与辞让。凡事从不借助他人的力气,但也不提倡自食其力,同时也不鄙夷贪婪与污秽。行动与世俗不同,但不主张邪僻乖异;行为追随一般的人,也不以奉承和谄媚为卑贱。人世间的所谓高官厚禄不足以作为劝勉,刑戮和侮辱不足以看作是羞耻。知道是与非的界线不能清楚地划分,也懂得细小和巨大不可能确定清晰的界限。听人说:'能体察大道的人不求闻达于世,修养高尚的人不会计较得失,清虚宁寂的人能够忘却自己。'这就是约束自己而达到适得其分的境界。"

【原文】

河伯曰:"然则我何为①乎?何不为乎?吾辞受②趣舍③,吾终奈何?"

北海若曰:"以道观之,何贵何贱,是谓反衍④;无拘而志,与道大蹇⑤。何少何多,是谓谢施⑥;无一而行,与道参差⑦。严乎若国之有君,其无私德⑧,繇繇乎⑨若祭之有社,其无私福;泛泛乎⑩其若四方之无穷,其无所畛域。兼怀万物,其孰承翼⑪?是谓无方。万物一齐,孰短孰长?道无终始,物有死生,不恃其成⑫;一虚一满,不位乎其形。年不可举⑬,时不可止;消息盈虚,终则有始。是所以语大义之方⑭,论万物之理也。物之生也,若骤若驰⑮,无动而不变,无时而不移。何为乎?何不为乎?夫固将自化⑯。"

【注释】

①何为:做什么。②辞受:推辞或接纳。③趣舍:趋就或舍弃。④是谓反衍:

这可称之为循环往复。⑤与道大蹇:跟大道相违碍。⑥谢施:更替续延。⑦参差:相违背。⑧其无私德:确实没有一点儿偏私的恩惠。⑨繇繇乎:优游自得的样子。⑩泛泛乎:浩瀚周遍的样子。⑪其孰承翼:难道谁专门有所承受或者有所庇护。⑫不恃其成:不可能依仗一时的成功。⑬举:挽留。⑭语大义之方:评说万物的道理。⑮若骤若驰:像马儿飞奔,像马车疾行。⑯自化:自然地变化。

【译文】

河神说:"既然这样,那么我应该做些什么呢?又应该不做什么呢?我将怎样推辞或接纳、趋就或舍弃,我终究将怎么办?"

海神回答:"用道的观点来观察,什么是贵,什么是贱,这可称之为循环往复,不必束缚你的心志,而跟大道相违碍。什么是少,什么是多,这可称之为更替续延,不要偏执于事物的某一方面行事,而跟大道不相一致。端庄、威严的样子像是一国的国君,确实没有一点儿偏私的恩惠;优游自得的样子像是祭祀中的土地神,确实没有任何偏私的赐福;浩瀚周遍的样子像是通达四方而又旷远无穷,确实没有什么区分界限。兼蓄并且包藏万物,难道谁专门有所承受或者有所庇护?这就称作不偏执于事物的任何一个方面。宇宙万物本是混同齐一的,谁优谁劣呢?大道没有终结和起始,万物却都有死有生,因而不可能依仗一时的成功。时而空虚时而充实,万物从不固守于某一不变的形态。岁月不可以挽留,时间从不会停息,消退、生长、充实、空虚,宇宙万物终结便又有了开始。这样也就可以谈论大道的准则、评说万物的道理了。万物的生长,像是马儿飞奔,像是马车疾行,没有什么举动不在变化,没有什么时刻不在迁移。应该做些什么呢?又应该不做什么呢?一切必定都将自然地变化!"

【原文】

河伯曰:"然则何贵于道①邪?"

北海若曰:"知道者②必达③于理,达于理者必明于权④,明于权者不以物害己。至德者,火弗能热,水弗能溺,寒暑弗能害,禽兽弗能贼。非谓其薄⑤之也,言察乎安危⑥,宁于祸福⑦,谨于去就⑧,莫之能害也。故曰:天在内,人在外,德在乎天⑨。知天人之行,本乎天⑩,位乎得;蹢而屈伸,反要而语极⑪。"

【注释】

①何贵于道:为什么看重大道。②知道者:懂得大道的人。③达:通达。④明于权:明白应变。⑤薄:迫近。⑥察乎安危:明察安危。⑦宁于祸福:安于祸福。⑧谨于去就:慎处离弃与追求。⑨德在乎天:高尚的修养顺应自然。⑩本乎天:立足自然规律。⑪反要而语极:返归大道的要冲可谈论至极的道理。

【译文】

河神说:"既然如此,那么为什么还要那么看重大道呢?"

海神回答:"懂得大道的人必定通达事理,通达事理的人必定明白应变,明白应变的人定然不会因为外物而损伤自己。道德修养高尚的人烈焰不能烧灼他们,洪水不能沉溺他们,严寒酷暑不能侵扰他们,飞禽走兽不能伤害他们。不是说他们逼近水火、寒暑的侵扰和禽兽的伤害而能幸免,而是说他们明察安危,安于祸福,慎处离弃与追求,因而没有什么东西能够伤害他们。所以说:"天然蕴含于内里,人为显露于外在,高尚的修养则顺应自然。懂得人的行止,立足于自然的规律,居处于自得的环境,徘徊不定,屈伸无常,也就可以返归大道的要冲而可谈论至极的道理。"

【原文】

夔怜①蚿,蚿怜蛇,蛇怜风,风怜目,目怜心。

夔谓蚿曰:"吾以一足趻踔而行②,予无如矣!今子之使万足,独奈何?"蚿曰:"不然。予不见乎唾③者乎?喷则大者如珠,小者如雾,杂而下者不可胜数也。今予动吾天机④,而不知其所以然⑤。"

蚿谓蛇曰:"吾以众足行而不及子之无足,何也?"蛇曰:"夫天机之所动,何可易⑥邪?吾安用足哉!"

　　蛇谓风曰:"予动吾脊胁⑦而行,则有似也。今子蓬蓬然起于北海,蓬蓬然入于南海,而似无有⑧,何也?"风曰:"然。予蓬蓬然起于北海而入于南海也,然而指我则胜我⑨,鳅我亦胜我⑩。虽然,夫折大木、蜚⑪大屋者,唯我能也,故以众小不胜为大胜也。为大胜者,唯圣人能之。"

【注释】

①怜:羡慕。②趻踔而行:跳跃而行。③唾:吐唾沫。④动吾天机:启动我天生的机能。⑤然:这样。⑥何可易:怎么可以改变。⑦脊胁:脊柱和腰胁。⑧而似无有:却没有留下有足而行的形迹。⑨指我则胜我:用手来阻挡我而我并不能吹断(人们)的手指。⑩鳅我亦胜我:用腿脚来踢踏我而我也不能吹断(人们)的腿脚。⑪蜚:掀翻。

【译文】

　　独脚的夔羡慕多脚的蚿,多脚的蚿羡慕无脚的蛇,无脚的蛇羡慕无形的风,无形的风羡慕明察外物的眼睛,明察外物的眼睛羡慕内在的心灵。

　　夔对蚿说:"我依靠一只脚跳跃而行,没有谁再比我简便的了。现在你使用上万只脚行走,竟是怎么样的呢?"蚿说:"不对哩。你没有看见那吐唾沫的情形吗?喷出唾沫大的像珠子,小的像雾滴,混杂着吐落而下的不可以数计。如今我启动我天生的机能而行走,不过我也并不知道自己为什么能够这样。"

　　蚿对蛇说:"我用众多的脚行走反倒不如你没有脚,这是为什么呢?"蛇说:"仰赖天生的机能而行动,怎么可以改变呢?我哪里用得着脚呢!"

　　蛇对风说:"我启动我的脊柱和腰胁而行走,还是像有足而行的样子。如今你呼呼地从北海掀起,又呼呼地驾临南海,却没有留下有足而行的形迹,这是为什么呢?"风说:"是的,我呼呼地从北海来到南海。可是人们用手来阻挡我而我并不能吹断手指,人们用腿脚来踢踏我而我也不能吹断腿脚。即使这样,折断大树、掀翻高大的房屋,却又只有我能够做到,而这就是细小的方面不求胜利而求获得大的胜利。获取大的胜利,只有圣人才能做到。"

【原文】

孔子游于匡,宋人围之数币,而弦歌不惙①。子路入见,曰:"何夫子之娱②也?"孔子曰:"来,吾语女!我讳穷③久矣,而不免,命④也;求通⑤久矣,而不得,时⑥也。当尧、舜而天下无穷人,非知得⑦也;当桀、纣而天下无通人,非知失⑧也。时势适然。夫水行不避蛟龙者,渔人之勇也。陆行不避兕虎者,猎夫之勇也。白刃交于前,视死若生者,烈士之勇也。知穷之有命,知通之有时,临大难而不惧者,圣人之勇也。由,处矣⑨!吾命有所制⑩矣!"

无几何⑪,将甲者⑫进,辞⑬曰:"以为阳虎也,故围之;今非也,请辞而退。"

【注释】

①弦歌不惙:不停地弹琴诵读。②娱:欢心的事。③讳穷:违忌、困窘、蔽塞。④命:命运。⑤通:通达。⑥时:时运。⑦知得:才智超人。⑧知失:才智低下。⑨处矣:安然处之。⑩所制:受限制。⑪无几何:没过多久。⑫将甲者:统带士卒的将官。⑬辞:抱歉。

【译文】

孔子周游到匡地,卫国人一层又一层地包围了他,可是孔子仍在不停地弹琴诵读。子路入内见孔子说:"先生如此欢心是为什么呢?"孔子说:"来,我告诉你!我违忌、困窘、蔽塞已经很久很久了,可是始终不能免除,这是命运啊。我寻求通达也已经很久很久了,可是始终未能达到,这是时运啊。当尧、舜的时代,天下没有一个困顿潦倒的人,并非因为他们都才智超人;当桀、纣的时代,天下没有一个通达的人,并非因为他们都才智低下。这都是时运所造成的。在水里活动而不躲避蛟龙的,乃是渔夫的勇敢;在陆上活动而不躲避犀牛、老虎的,乃是猎人的勇敢;刀剑交错地横于眼前,看待死亡犹如生还的,乃是壮烈之士的勇敢。懂得困厄潦倒乃是命中注定,知道顺利通达乃是时运造成,面临大难而不畏惧的,这就是圣人的勇敢。仲由啊,你还是安然处之吧!我命中注定要受制啊!"

没有过多久,统带士卒的将官走了进来,深表歉意地说:"大家把你看作是阳虎,所以包围了你,现在知道了你不是阳虎,请让我向你表示歉意并且撤离部队。"

【原文】

庄子钓于濮水,楚王使大夫二人往先焉,曰:"愿以境内累①矣!"

庄子持竿不顾②,曰:"吾闻楚有神龟,死已③三千岁矣,王巾笥④而藏之庙堂之上。此龟者,宁其死为留骨而贵⑤乎?宁其生而曳尾于涂中⑥乎?"二大夫曰:"宁生而曳尾涂中。"庄子曰:"往矣,吾将曳尾于涂中。"

【注释】

①累:使……受累。②不顾:不回头。③已:已经。④巾笥:用竹箱装,用巾饰覆盖。⑤死为留骨而贵:死去留下骨骸显示尊贵。⑥曳尾于涂中:拖着尾巴在泥水里。

【译文】

庄子在濮水边垂钓,楚王派遣两位大臣先行前往致意,说:"楚王愿将国内政事委托给你而劳累你了。"

庄子手把钓竿头也不回地说:"我听说楚国有一神龟,已经死了三千年了,楚王用竹箱装着它,用巾饰覆盖着它,珍藏在宗庙里。这只神龟,是宁愿死去为了留下骨骸而显示尊贵呢,还是宁愿活着在泥水里拖着尾巴呢?"两位大臣说:"宁愿拖着尾巴活在泥水里。"庄子说:"你们走吧!我仍将拖着尾巴生活在泥水里。"

阅读理解

庄子通过河伯与海神的对话告诉人们：既然宇宙是无限的，人的认识是有限的，那么就可以得出结论：人的认识是一个无止境的过程。这不仅是说个人的知识是无止境的，而且说整个人类的知识也是无止境的。

写作借鉴

本篇主要通过人物对话和各种形象的比喻来说明道理，形象生动，通俗易懂。同时运用拟人手法来阐释道理，"夔怜蚿，蚿怜蛇，蛇怜风，风怜目，目怜心。"大胆的想象拓展了文章的思维空间，对比手法的巧妙运用使得文章的主题更加鲜明。

回味思考

1. 本文通过河伯经历的一件事想要告诉我们一个什么样的道理呢？
2. "秋水"这个题目只是取课文的前两个字，那么根据你的理解，给本文换个题目。

杂篇　说剑第三十

导语

　　《说剑》一篇内容就是写庄子说剑。赵文王喜欢剑，整天与剑士为伍而不料理朝政，庄子前往游说。庄子说剑有三种，即天子之剑、诸侯之剑和庶民之剑，委婉地指出赵文王的所为实际上是庶民之剑，而希望他能成为天子之剑。《说剑》里的庄子已不是倡导无为无已、逍遥顺应、齐物齐论中的庄子，完全是一个说客，即战国时代的策士形象。

【原文】

　　昔赵文王喜剑，剑士夹门①而客三千余下，日夜相击于前，死伤者岁②百余人，好之不厌③。如是三年，国衰，诸侯谋之④。太子悝患⑤之，募左右⑥曰："孰能说王之意止剑士者，赐之千金。"左右曰："庄子当能⑦。"

【注释】

　　①夹门：蜂拥而至。②岁：每年。③不厌：不曾得到满足。④诸侯谋之：诸侯都在谋算攻打赵国。⑤患：担忧。⑥左右：左右侍从。⑦当能：担当此任务。

【译文】

　　当年赵文王喜好剑术，击剑的人蜂拥而至，门下食客三千余人，在赵文王面前日夜相互比试剑术，死伤的剑客每年都有百余人，而赵文王喜好击剑从来就不曾得到满足。像这样过了三年，国力日益衰退，各国诸侯都在谋算怎样攻打赵国。太子悝十分担忧，征求左右近侍说："谁能够说服赵王停止比试剑术，赠予他千金。"左右近侍说："只有庄子能够担当此任。"

【原文】

太子乃使人以千金奉①庄子。庄子弗受，与使者俱，往见太子曰："太子何以教周，赐周千金？"太子曰："闻夫子明圣②，谨奉千金以币从者。夫子弗受，悝尚何敢言！"庄子曰："闻太子所欲用周者，欲绝王之喜好也。使臣上说③大王而逆④王意，下不当⑤太子，则身刑⑥而死，周尚安所事⑦金乎？使臣上说大王，下当太子，赵国何求而不得也⑧！"太子曰："然。吾王所见，唯⑨剑士也。"庄子曰："诺。周善为剑。"太子曰："然吾王所见剑士，皆蓬头突鬓垂冠⑩，曼胡之缨，短后之衣，瞋目⑪而语难，王乃说之。今夫子必儒服⑫而见王，事必大逆⑬。"庄子曰："请治⑭剑服。"治剑服三日，乃见太子。太子乃与见⑮王，王脱白刃⑯待之。

【注释】

①奉：赠送。②明圣：通达贤明。③说：游说。④逆：忤逆。⑤不当：不符合。⑥身刑：遭受刑戮。⑦事：用得着。⑧何求而不得也：希望得到什么难道还得不到。⑨唯：只有。⑩蓬头突鬓垂冠：头发蓬乱、鬓毛突出、帽子低垂。⑪瞋目：瞪大眼睛。⑫儒服：穿儒服。⑬大逆：糟糕。⑭治：准备。⑮见：拜见。⑯脱白刃：解下利剑。

【译文】

太子于是派人携带千金厚礼赠送给庄子。庄子不接受，跟随使者一道，前往会见太子说："太子有什么见教，赐给我千金的厚礼？"太子说："听说先生通达贤明，谨此奉上千金用以犒赏从者。先生不愿接受，我还有什么可说的!"庄子说:"听说太子想要用我,意欲断绝赵王对剑术的爱好。假如我对上游说赵王却违拗了赵王的心意,对下也未能符合太子的意愿。那也就一定会遭受刑戮而死去,我还哪里用得着这些赠礼呢?假如我对上能说服赵王,对下能合于太子的心愿,在赵国这片天地上我希望得到什么难道还得不到!"太子说:"是这样。父王的心目中,只有击剑的人。"庄子说:"好的,我也善于运用剑术。"太子说:"不过父王所见到的击剑人,全都头发蓬乱、鬓毛突出、帽子低垂、帽缨粗实、衣服紧身、瞪大眼睛而且气喘语塞,大王竟喜欢见到这样打扮的人。如今先生一定是穿儒服去会见赵王,事情一定会弄糟。"庄子说:"请让我准备剑士的服装。"三天以后剑士的服装裁制完毕,于是面见太子。太子就跟庄子一道拜见赵王,赵王解下利剑等待着庄子。

【原文】

庄子入殿门不趋①,见王不拜②。王曰:"子欲何以教③寡人,使太子先。"曰:"臣闻大王喜剑,故以剑见王。"王曰:"子之剑何能禁制④?"曰:"臣之剑,十步一人,千里不留行⑤。"王大悦之,曰:"天下无敌矣!"

【注释】

①不趋:不急不忙。②不拜:不行跪拜之礼。③教:教导。④禁制:遏阻(对手)。⑤千里不留行:行走千里也不会受人阻留。

【译文】

庄子不急不忙地进入殿内,见到赵王也不行跪拜之礼。赵王说:"你想用什么话来开导我,而且让太子先做引荐。"庄子说:"我听说大王喜好剑术,特地用剑术来参见大王。"赵王说:"你的剑术怎样能遏阻剑手、战胜对方呢?"庄子说:"我的剑术,十步之内可杀一人,行走千里也不会受人阻留。"赵王听了大喜,说:"天下没有谁是你的对手了!"

【原文】

　　王曰："愿闻三剑。"曰："有天子剑,有诸侯剑,有庶人剑。"王曰："天子之剑何如?"曰："天子之剑,以燕溪石城为锋①,齐岱为锷②,晋魏为脊③,周宋为镡④,韩魏为夹⑤;包以四夷,裹以四时,绕以渤海,带以常山;制⑥以五行,论⑦以刑德;开以阴阳⑧,持以春秋⑨,行以秋冬⑩。此剑,直之无前,举之无上,案之无下,运之无旁,上决浮云,下绝地纪。此剑一用,匡⑪诸侯,天下服矣。此天子之剑也。"文王芒然自失,曰："诸侯之剑何如?"曰："诸侯之剑,以知勇士为锋,以清廉士为锷,以贤良士为脊,以忠圣士为镡,以豪杰士为夹。此剑,直之亦无前,举之亦无上,案之亦无下,运之亦无旁;上法圆天以顺三光⑫,下法方地以顺四时⑬,中和民意以安四乡⑭。此剑一用,如雷霆之震也,四封之内,无不宾服而听从君命者矣。此诸侯之剑也。"王曰："庶人之剑何如?"曰："庶人之剑,蓬头突鬓垂冠,曼胡之缨,短后之衣,瞋目而语难。相击于前,上斩颈领,下决肝肺,此庶人之剑,无异于斗鸡,一旦命已绝矣,无所用于国事。今大王有天子之位而好庶人之剑,臣窃为⑮大王薄⑯之。"

【注释】

①为锋:做剑尖。②为锷:做剑刃。③为脊:做剑脊。④为镡:做剑环。⑤为夹:做剑柄。⑥制:统驭。⑦论:论断。⑧开以阴阳:遵循阴阳的变化而进退。⑨持以春秋:遵循春秋的时令而持延。⑩行以秋冬:遵循秋冬的到来而运行。⑪匡:匡正。⑫上法圆天以顺三光:对上效法于天而顺应日月星辰。⑬下法方地以顺四时:对下取法于地而顺应四时序列。⑭中和民意以安四乡:居中则顺和民

意而安定四方。⑮窃为:私下认为。⑯薄:鄙薄。

【译文】

赵王说:"愿意听听你介绍三种剑。"庄子说:"有天子之剑,有诸侯之剑,有百姓之剑。"赵王说:"天子之剑怎么样?"庄子说:"天子之剑,拿燕溪的石城山做剑尖,拿齐国的泰山做剑刃,拿晋国和卫国做剑脊,拿周王畿和宋国做剑环,拿韩国和魏国做剑柄;用中原以外的四境来包扎,用四季来围裹,用渤海来缠绕,用恒山来做系带;靠五行来统驭,靠刑律和德教来论断;遵循阴阳的变化而进退,遵循春秋的时令而持延,遵循秋冬的到来而运行。这种剑,向前直刺一无阻挡,高高举起无物在上,按剑向下所向披靡,挥动起来旁若无物,向上割裂浮云,向下斩断地纪。这种剑一旦使用,可以匡正诸侯,使天下人全都归服。这就是天子之剑。"赵文王听了茫然若有所失,说:"诸侯之剑怎么样?"庄子说:"诸侯之剑,拿智勇之士做剑尖,拿清廉之士做剑刃,拿贤良之士做剑脊,拿忠诚圣明之士做剑环,拿豪杰之士做剑柄。这种剑,向前直刺也一无阻挡,高高举起也无物在上,按剑向下也所向披靡,挥动起来也旁若无物;对上效法于天而顺应日月星辰,对下取法于地而顺应四时序列,居中则顺和民意而安定四方。这种剑一旦使用,就好像雷霆震撼四境之内,没有不归服而听从国君号令的。这就是诸侯之剑。"赵王说:"百姓之剑又怎么样呢?"庄子说:"百姓之剑,全都头发蓬乱、鬓毛突出、帽子低垂、帽缨粗实、衣服紧身、瞪大眼睛而且气喘语塞。相互在人前争斗刺杀,上能斩断脖颈,下能剖裂肝肺,这就是百姓之剑,跟斗鸡没有什么不同,一旦命尽气绝,对于国事就什么用处也没有。如今大王拥有夺取天下的地位却喜好百姓之剑,我私下认为大王应当鄙薄这种做法。"

【原文】

王乃牵而上殿。宰人上食①,王三环②之。庄子曰:"大王安坐定气,剑事已毕奏③矣。"于是文王不出宫三月,剑士皆服毙自处④也。

【注释】

①宰人上食：厨师献上食物。②三环：绕了三圈。③毕奏：启奏完毕。④服毙自处：在自己的住处自刎。

【译文】

赵文王于是牵着庄子来到殿上。厨师献上食物，赵王绕着座席惭愧地绕了三圈。庄子说："大王安坐下来定定心气，有关剑术之事我已启奏完毕。"于是赵文王三月不出宫门，剑士们都在自己的住处自刎而死。

阅读理解

庄子在本篇中没有体现"逍遥游"、"无为而治"等思想，而变成了一位为国、为民担忧的策士形象，通过与赵王说剑，使赵王真正认识到自己"好剑"之利害，并能"三环之，不出宫三月，剑士皆服毙自处也"。真正达到自己"说剑"的目的。

写作借鉴

庄子在与赵文王的对话中，采用"以子之矛攻子之盾"的手法，赵王喜欢剑术庄子就从剑术开始游说，并且在说的过程中，引用赵王喜欢的剑士"蓬头、突鬓、垂冠、曼胡之缨、短后之衣、瞋目而语难"来回敬赵王，使赵王心服口服。同时，还运用大量比喻，形象具体可感，很有说服力。

回味思考

1. 庄子在本篇中与其他篇的表现有何不同？
2. 庄子说剑的目的达到了吗？从文中什么地方能看出来？

考题回顾

2007年山东省临沂市初中毕业生学业考试试题

阅读下面的文言语段,完成下列各题。

惠子相梁,庄子往见之。或谓惠子曰:"庄子来,欲代子相。"于是惠子恐,搜于国中三日三夜。庄子往见之,曰:"南方有鸟,其名为鹓鶵,子知之乎?夫鹓鶵发于南海,而飞于北海,非梧桐不止,非练实不食,非醴泉不饮。于是鸱得腐鼠,鹓鶵过之,仰而视之曰:'吓!'今子欲以子之梁国而吓我邪?"

1. 庄子是_____家的代表人物,《庄子》一书留下了许多脍炙人口的成语典故,例如_____、_____。(3分)

2. 解释下列句中加点词。(2分)
   ① 庄子来,欲代子相_____
   ② 于是鸱得腐鼠_____

3. 用现代汉语翻译下面这个句子。(2分)
   今子欲以子之梁国而吓我邪?
   _____
   _____

4. 庄子在文中将自己比做_____的"鹓鶵",将惠子比做醉心利禄猜忌君子的"鸱",把"腐鼠"比做_____,巧借鹓鶵的故事辛辣地讥讽了惠子。(2分)

2007年广东省深圳市初中毕业生学业考试

阅读下面两段文字,完成下列各题。

鱼,我所欲也;熊掌,亦我所欲也。二者不可得兼,舍鱼而取熊掌者也。生,亦我所欲也;义,亦我所欲也。二者不可得兼,舍鱼而取熊掌者也。生亦我所欲,所欲有甚于生者,故不为苟得也;死亦我所恶,所恶有甚于死者,故患有所不辟也。如使人之所欲莫甚于生,则凡可以得生者何不用也?使人之所恶莫甚于死者,则凡可以辟患者何不为也?由是则生而有不用也,由是则可以辟患而有不为也。是故所欲有甚于生者,所恶有甚于死者。非独贤者有是心也,人皆有之,贤者能勿丧耳。

(节选自《鱼我所欲也》)

惠子相梁,庄子往见之。或谓惠子曰:"庄子来,欲代子相。"于是惠子恐,搜于国中三日三夜。庄子往见之,曰:"南方有鸟,其名为鹓鶵,子知之乎?夫鹓鶵发于南海,而飞于北海,非梧桐不止,非练实不食,非醴泉不饮。于是鸱得腐鼠,鹓鶵过之,仰而视之曰:'吓!'今子以梁国而吓我邪?"

(节选自《〈庄子〉故事两则》)

1.用现代汉语翻译下面句子。(2分)
  鱼,我所欲也;熊掌,亦我所欲也。二者不可得兼,舍鱼而取熊掌者也。

2.《鱼我所欲也》、《得道多助,失道寡助》以及《生于忧患,死于安乐》等三篇文章中孟子的形象与《〈庄子〉故事两则》(《惠子相梁》、《庄子与惠子游于濠梁》))中庄子的形象有很大不同。请你用简洁的语言,分别概括孟子与庄子形象的不同点。(3分)

参考答案

2007年山东省临沂市初中毕业生学业考试试题

1. 道　游刃有余　望洋兴叹(螳臂当车　涸辙之鲋　朝三暮四　沉鱼落雁　相濡以沫等)
2. (1)做宰相　(2)在这时
3. 现在你也想用你的梁国来吓我吧?
4. 志向高洁　功名利禄

深圳市2007年初中毕业生学业考试

1. 鱼,是我喜爱(想要)的;熊掌,也是我喜爱(想要)的。这两样东西不能同时得到,我愿意舍弃鱼而得到熊掌。(得分要点:整句翻译准确流畅得满分,其中"所欲"、"得兼"的准确翻译各占0.5分)

2. 孟子积极入世;庄子消极避世。(答到"积极"、"消极"或"入世"、"避世"的意思,均可得满分;答到孟子"重义轻生",庄子"不贪图富贵,幽默风趣"等也可给满分)。

读后感

读《庄子》有感

随着社会的不断发展,生活和工作中的竞争也日益激烈,来自多方面的压力便向我们袭来。也许我们忧郁,也许我们压抑,也许我们烦恼。这个时候看看《庄子》吧,会对我们有所启发的。

庄子的生活似乎没有任何不快,因为在他看来一切都是平淡、无关紧要的。庄子的老婆去世了,庄子却放声击缶高歌,邻人感到奇怪便去问他,他说:"人已走了,我正好可以为他唱歌以求超度,人选择痛苦一天也过去,选择快乐一天也过去,何不快乐呢?"看,似乎没有什么痛苦的事可以让他痛苦,没有什么悲痛的事可以让他悲痛。因此,他总是快乐地生活着,也许你是痛苦的主人、烦恼的常客,也许你应该在梦中去拜访庄子,在《庄子》中去理解庄子,让庄子成为你的导师。为你解说你心中的痛苦与烦恼。

庄周梦蝶,让我们看到庄子对自由生活的向往,故事中庄子把自己梦成一只自由快乐的蝴蝶,他对于事物有其独到的见解。"沉鱼落雁之容"庄子是这样解读的:鱼看到美女像怪物一样,害怕得下沉到水底,大雁看到由于害怕而落下来了。所有的事物在庄子心目中就显得这么奇特、这么美好。

学一学庄子,做一个快乐、自由、幸福的人。多看一看《庄子》,学一学庄子,在梦中去拜访庄子,在《庄子》中去探寻,捕捉庄子的灵魂,让他成为我们的导师,在我们的人生道路上为我们指点迷津,让我们的人生充满快乐、幸福与自由。

图书在版编目(CIP)数据

论语·孟子·庄子／顾振彪主编. —延吉：延边人民出版社，2011.9(2021.11重印)
(阅读1+1工程)
ISBN 978-7-5449-1805-3

Ⅰ.①论… Ⅱ.①顾… Ⅲ.①儒家②道家 Ⅳ.①B222.21②B223.1

中国版本图书馆CIP数据核字(2011)第195928号

声　明

本套书在编选过程中，有一部分作者未能取得联系，在此深表歉意。敬请作者见到此声明后尽快与我们联系，以便奉上稿酬。

联系电话:010-84925116-808　电子邮箱:dywbook@163.com

责任编辑	刘玉涛
责任校对	沈山明
封面设计	刘小红
出版发行	延边人民出版社
地　　址	吉林省延吉市长白山东路98号
邮　　编	133001
网　　址	http://www.ybcbs.com
电　　话	0433-2902107
印　　刷	天津兴湘印务有限公司
版　　次	2011年9月第1版
印　　次	2021年11月第6次印刷
幅面尺寸	155mm×230mm
印　　张	17.5
字　　数	255千字
ISBN 978-7-5449-1805-3	
定　　价	43.80元

如有印装错误，请与出版社发行部联系调换(电话:0433-2902113)